LA OTRA CARA DE AMÉRICA

Historias de los inmigrantes latinoamericanos que están cambiando a Estados Unidos

JORGE RAMOS

LA OTRA CARA DE AMÉRICA

Historias de los inmigrantes latinoamericanos que están cambiando a Estados Unidos

Círculo de Lectores

Edición de Círculo de Lectores

La otra cara de América fue publicado originalmente
en México por Editorial Grijalbo, S.A. de C.V.,
una división de Grijalbo Mondadori, en 2000.

La edición de Círculo de Lectores es publicada
en cooperación con Editorial Grijalbo, S.A. de C.V.

Impreso en los Estados Unidos de América

ISBN: 1-880335-17-4

A todos los que se tuvieron que ir
del país donde nacieron...
A todos los que han tenido que
comenzar su vida de nuevo...

La caída de los muros para dejar salir
ha dado origen a nuevos muros
para no dejar entrar.

Leopoldo Zea

*En el siglo (*xxi*) todos los grupos étnicos de*
Estados Unidos serán minorías.

Harold Evans
(The American Century)

Estados Unidos es un país multirracial
y un país multicultural...
éste es el gran reto histórico
de Estados Unidos.

Octavio Paz

Índice

Venimos de todos lados

VIDUSA: la vida en Estados Unidos

El racismo

El *espanglish*

El sueño americano

Nuestro futuro

Epílogo

Agradecimientos

Estados Unidos me ha dado las oportunidades que México no me pudo dar. Me fui de México por la censura de prensa, por la falta de alternativas políticas y económicas, porque no creía en sus gobernantes, porque me hubiera sido casi imposible saltar de ahí al mundo. Curiosamente, mientras más tiempo paso lejos de México, más mexicano me siento. De verdad, yo no quería ser un inmigrante. Pero me tuve que convertir en uno. Y encontré un país dispuesto a recibir mis pasiones y a reencauzar la energía atorada de mis frustraciones. Mi agradecimiento a Estados Unidos es enorme, gigantesco; por no permitir que me tropezara con el presente y por echarme un empujón hacia el futuro.

Esto, en general.

Pero quienes realmente me salvaron en mi nueva vida de inmigrante mexicano en Estados Unidos fueron los particulares. Shawnesee Colaw me dejó dormir en la sala de su pequeñísimo apartamento horas después de aterrizar en Los Ángeles la noche del 2 de enero de 1983. Gracias por el calor, el refugio y mis primeras lecciones de inglés.

Marco Mendoza me extendió su mano cuando mi chequera se quedó flaca y chupada. Si no hubiera sido por él, habría regresado a México con un fracaso a cuestas. Marco me proporcionó el tiempo que necesitaba para salir a flote. Y ahora Marco ya se nos fue y no sé cómo pagarle.

Pete Moraga, sin conocerme, me dio mi primer trabajo en la televisión norteamericana. Todavía me pregunto por qué lo hiciste. Pete, gracias mil.

Y luego están mis apoyos.

Siempre he sospechado que mi familia nunca entendió todas las razones por las que tenía que irme de México. En realidad, no tengo cómo justificar estas dos décadas lejos de Lourdes mi madre y de Lourdes mi hermana y confidente, y de Alex, Eduardo y Gerardo mis hermanos y puntos cardinales. En la aventura, hasta perdí a mi padre. Pero me siento tan cerca de ellos como si me hubiera ido ayer.

De nuevo, Lisa, Paola y Nicolás me enseñan todos los días lo que es importante en la vida. Ellos saben que en este asunto siempre seré sólo un estudiante.

Mi gran amigo, Benjamín Beckhart, durante 25 años nunca ha dejado de preguntarme: ¿cómo estás? Ben, te agradeceré siempre tu pregunta, pero sobre todo tu paciencia, cariño y amplitud de criterio para escuchar la respuesta.

José Luis Betancourt y Angélica Arriaga, Benito Martínez y María Amparo Escandón nunca me dejaron solo, triste o hambriento en Estados Unidos. No he podido tener un grupo de amigos más solidario, aventado y divertido.

Patsy Loris es quien conoce mejor mi trabajo. Y a veces me asusta al decirme cosas que yo ni siquiera había notado; instinto de ángel guardián, supongo. Gracias por tus observaciones, sugerencias y correcciones. Eso y tu amistad son invaluables.

Y gracias a Gian Carlo Corte y a Ariel Rosales por tener sus líneas abiertas a mis inquietudes y por dejarme escribir lo que se me pega la gana.

¿Qué más puedo pedir?

Prólogo

Soy un inmigrante y vivo en un país de inmigrantes. Ésta ha sido mi realidad por casi dos décadas. A veces, tengo que reconocerlo, me he quejado y rebelado ante esta condición temporal de no ser de ningún lado. Pero ahora he asumido esta realidad plenamente. Soy un inmigrante y seguramente lo seguiré siendo por mucho tiempo más.

El inmigrante es quien no ha dejado del todo el lugar del que se fue, ni ha terminado por adaptarse completamente al sitio donde llegó. No es de aquí ni es de allá. El alma del inmigrante es como un niño que se revuelca en la cama sin poder dormir: inquieta, alerta, siempre en movimiento, en permanente búsqueda por un rincón donde descansar y sentirse seguro.

Formo parte de los 10 millones de mexicanos que decidieron vivir fuera de su país por la corrupción y falta de oportunidades, y de los más de dos millones de cubanos que no quisieron ser cómplices de la dictadura de Fidel Castro, y de los millones de salvadoreños, guatemaltecos y nicaragüenses que huyeron de la guerra, y de los cientos de miles de colombianos que no querían que sus hijos vivieran la violencia de narcos, rebeldes, soldados y paramilitares; y de los venezolanos que desconfiaron de sus gobiernos populistas y autoritarios; y de los sudamericanos que no querían una bota en sus cabezas; y de los haitianos y dominicanos que trataron de huir de la pobreza en un barquito o en una yola... Formo parte de los 120 millones de personas que hay en el mundo que viven en un país distinto al que nacieron. Éste es el grupo del que yo me siento parte.

Cuando llegué a Estados Unidos en 1983 caí en la Pink House, una casa de estudiantes internacionales localizada a un ladito de la Universidad de California en Los Ángeles. Mis primeros meses en el norte los compartí con un iraní, un pakistaní, un brasileño, un coreano, dos mexicanos, un anglosajón, una afroamericana y con un simpatiquísimo —y atormentado por la nostalgia— compañero de cuarto de Ghana. Fue mi primera y, sin duda, una de las mejores lecciones que he recibido de lo que es realmente Estados Unidos: una nación diversa, heterogénea, multicultural, multiétnica, plural, enrollada eternamente en tratar de definir la esencia de lo norteamericano. Y quizás esa esencia radica en ser un país construido, fundamentalmente, por gente que vino de fuera, por inmigrantes.

* * *

Existe un factor que expulsa y otro que atrae al inmigrante. (Son los factores conocidos como *push/pull* en inglés.) Por supuesto que hay otras variantes, como la historia personal del inmigrante y de los países involucrados en su travesía, familia, creencias religiosas, rutas y patrones migratorios. Pero en el nivel más simple algo negativo empuja al inmigrante a irse de su país y algo positivo lo atrae a otro.

La ruta de los inmigrantes es muy clara. Se van de donde han perdido la esperanza y llegan a donde perciben que habrá mejores posibilidades de sobrevivir. Así (de acuerdo con cifras del Banco Mundial), no es extraño que la mayoría de los emigrantes salga del 85 por ciento de la población mundial que vive en países donde se gana en promedio 5 mil dólares al año o menos... y que se quiera ir a la veintena de naciones más desarrolladas del mundo donde una persona puede ganar, en promedio, 25 mil dólares anuales o más.

Cada día nacen 230 mil personas en el mundo, sobre todo en países pobres. Y cada 12 años, según el demógrafo Wolfgang Lutz, la población aumenta en mil millones de personas. (En el año 2000 la población mundial sobrepasó los 6 mil millones de personas.) Por eso es lógico pensar que la migración tiende a ir de las naciones más pobres a las más ricas, excepto, claro, en situaciones de guerra o desplazamientos masivos de la población por persecuciones, masacres, desastres naturales y causas similares.

Hay pocos lugares en el mundo como la frontera entre México y Estados Unidos, donde se aprecia tan claramente este fenómeno y donde chocan con tanta fuerza dos corrientes: la de los que quieren entrar al norte y la de los que no los quieren dejar pasar. Lógicamente, Estados Unidos no puede establecer una política de puertas abiertas porque en pocos días quedaría inundado de inmigrantes de todo el mundo. Así que, cíclicamente, establece programas para tratar de limitar el flujo de inmigrantes. Pero la historia ha demostrado que ninguno ha tenido un éxito significativo. Los inmigrantes provenientes del sur siguen y seguirán cruzando mientras en sus países tengan que compartir la pobreza y en el norte exista la posibilidad de repartirse un pedacito de la riqueza.

En los más de tres mil kilómetros de frontera entre México y Estados Unidos chocan las voluntades de los que apenas tienen para vivir y de los que viven en la nación con más multimillonarios del mundo; de los que se juegan el pellejo para sobrevivir y de los que han hecho de la seguridad y la acumulación de capital un modo de vida.

Frecuentemente escucho la frustración de congresistas y funcionarios del gobierno de Estados Unidos al ver que su frontera con México es tan porosa como una esponja o un queso gruyère. Ellos creen que con más bardas, más agentes y más leyes van a detener el flujo de los inmigrantes hacia el norte. Pero se equivocan porque muchas veces no entienden la naturaleza de esta migración. La emigración del sur hacia Estados Unidos no tiene que ver con policías ni con leyes sino con la oferta y la demanda de empleos, así como con las enormes desigualdades económicas entre ambas regiones: mientras falten trabajos en México y en América Latina y sobren en Estados Unidos, continuará la emigración al norte.

Además, recibir inmigrantes es un magnífico negocio. Contrario a lo que piensan muchos norteamericanos, los inmigrantes aportan mucho más de lo que toman de la economía de Estados Unidos. El estudio más respetado en ese sentido fue realizado por la Academia Nacional de Ciencias (National Academy of Sciences) en 1997 y concluyó que los inmigrantes le añaden unos 10 mil millones de dólares al año a la producción económica de la nación. Y eso sin contar los incalculables aportes culturales.

En su libro *El espejo enterrado*, Carlos Fuentes escribió que los indocumentados son acusados de desplazar a los trabajadores norteamericanos, de dañar a la economía y a la nación, e incluso de amenazar la integridad cultural de Estados Unidos. Pero concluye Fuentes que estos inmigrantes siguen llegando porque nadie quiere hacer el trabajo que ellos realizan y que sin ellos toda la estructura del empleo en Estados Unidos se vería drásticamente afectada.

La migración está cambiando la faz de América. En este siglo todos los grupos étnicos de Estados Unidos se convertirán en una minoría. Todos. Así, el futuro de Estados Unidos depende de cómo solucione las tensiones que surgen en una sociedad multicultural, multiétnica y multirracial, de cómo resuelva el deseo de integración sin perder las características que diferencian a cada uno de los grupos que la componen y de cómo defienda su situación geopolítica de única superpotencia sin desintegrarse en sus partes.

¿Logrará Estados Unidos integrar, de alguna manera, a todos los grupos étnicos que lo componen? Ya en 1978, el escritor y poeta mexicano Octavio Paz había advertido: "Estados Unidos ha ignorado siempre al otro. En el interior, al negro, al chicano o al puertorriqueño; en el exterior: a las culturas y sociedades marginales". El verdadero reto de Estados Unidos es doble: primero, reconocerse como una sociedad multicultural. Y segundo, no resistirse a esa realidad sino asumirla plenamente. El camino, seguro, estará lleno de confrontaciones y resistencia por parte de los más racistas y xenofóbicos.

Como decía el excéntrico pero agudo escritor Gore Vidal en un reciente ensayo sobre Estados Unidos:

> Aquí, en casa, la gente se queja de la invasión del mundo hispano, de Haití, de la gente que viene en bote de Asia. Pero, les guste o no, estamos (los norteamericanos) cambiando de un país blanco y protestante gobernado por hombres a un sistema mixto, y en estos tiempos de cambio es inevitable que haya conflictos.

Hace mucho que Estados Unidos dejó de ser un país blanco. De hecho, en el sentido más estricto, Estados Unidos nunca fue un país puro y blanco; las poblaciones indígenas precedieron a los colonizadores europeos y a los inmigrantes latinoamericanos. Pero lo que sí es cierto es que la mayoría de la población en Estados Unidos percibe a su país como blanco, como un reflejo de sí mismo, cuando en realidad es cualquier cosa menos blanco.

Además, el 1o. de julio del año 2059 la población blanca se convertirá en el 49.9 por ciento de la población y a partir de entonces ningún grupo étnico en Estados Unidos será una mayoría numérica. Y eso, hay que reconocerlo, asusta a muchos. Sin embargo, yo lo veo como una gran oportunidad, como un extraordinario experimento en marcha.

Estados Unidos está viviendo una latinización no sólo en cifras, sino también en actitudes y cultura. Actualmente, uno de cada 10 habitantes de Estados Unidos es latino; en el año 2050 uno de cada cuatro será hispano. Y ahora, por ejemplo, se vende más salsa picante que *ketchup*, el español y *espanglish* (y los medios de comunicación latinos) dominan en amplios sectores de ciudades importantes —Chicago, Los Ángeles, Houston, Miami, Nueva York...— y algunos de los principales artistas y deportistas en Estados Unidos son de origen hispano.

A Estados Unidos, muchas veces, le aterra verse al espejo y reconocerse como lo que es: moreno, mestizo, mixto. Pero, consciente o no, Estados Unidos se parecerá cada vez más al resto del mundo. A principios del siglo XXI menos del 15 por ciento de la población mundial era blanca. Y hacia allá va Estados Unidos de América; a un futuro de mezclas, donde nadie será la mayoría dominante.

* * *

Que no quede la menor duda de que éste es un libro a favor de los inmigrantes. Si bien muchas de las historias y anécdotas que aquí cuento hablan de dolor y sufrimiento, surgen de la lección de Mahatma Gandhi de que al denunciar una injusticia estamos, también, luchando contra ella. Denunciar una injusticia es el primer paso para generar un cambio. Y aquí hay denuncia; es la voz de los que no tienen voz.

Pero éste también es un libro que celebra lo mejor de los seres humanos y de su espíritu de supervivencia. Independientemente de la cuestión legal, es impresionante que un mexicano o un salvadoreño o un guatemalteco decidan cruzar a pie durante tres días un desierto para tratar de entrar a Estados Unidos, o que un cubano se lance al mar en balsa para no vivir más en una dictadura, o que un dominicano intente saltar el canal de la Mona (y la pobreza) para luego dar un brinco aún más grande de Puerto Rico a Nueva York. También es muy impactante y dramático el saber lo que toda esta gente sacrificó en sus países de origen —hijos, esposos, padres, historia, casas, herencias, empleos, amigos...— con tal de poder controlar un poquito más su destino y de apostar por una vida mejor. Su esfuerzo, su fuerza de voluntad, su tesón, su determinación, es lo que celebro.

Los alcances de este libro, tengo que reconocerlo, son muy modestos. Éste no es un trabajo académico ni una investigación histórica exhaustiva de los inmigrantes. Para escribir un libro que refleje apropiadamente a todos los inmigrantes que viven en Estados Unidos requeriría más de una vida. Por eso tuve que definir claramente de quiénes quería hablar: sobre todo, de los recién llegados a Estados Unidos provenientes de Latinoamérica, de los hispanos más cercanos a mí y de personas con quienes he tenido la suerte de cruzarme en mi aventura americana. Para proteger su identidad, los nombres de algunos indocumentados han sido cambiados.

Más que global, lo que aquí presento es una visión de lupa, muy estrecha. Sin embargo, son experiencias que pueden aplicarse fácilmente a casi todos los inmigrantes latinoamericanos. Las posdatas después de la mayoría de los capítulos tienen la finalidad de poner en contexto —con cifras, estadísticas, observaciones y citas de expertos— las historias particulares que narro.

No debe extrañar tampoco que la mayoría de las historias y anécdotas que cuento involucran a mexicanos y, en menor escala, a cubanos. ¿Qué le vamos a hacer? Después de todo, soy un mexicano que lleva muchos años viviendo en Miami.

Por último, tengo que confesar que cada vez que le he puesto el punto final a este libro de los inmigrantes surge inevitablemente otra idea, otra historia que contar, otra estadística, otro abuso que denunciar, otra sospecha de que no estoy hablando con justicia de todos. Y me quedo con ese extraño sentimiento de que esto es sólo un incompleto vistazo a un fenómeno —el de de los inmigrantes— que nos rebasa y que apenas estamos empezando a entender.

Lo que aquí les presento es la otra cara de América, la que desconocen muchos estadounidenses y extranjeros por igual, pero que es esencial para comprender cómo se vive —y sobrevive— en Estados Unidos.

Del sur al norte: Historias de inmigrantes mexicanos

1. El bordo

Tijuana, Baja California. Hacía frío. Mucho frío. Estaba caminando hacia la frontera como un zombi, como si hubiera un imán que me jalara al otro lado y no tuviera la voluntad de resistirme. Estaba aquí pero en realidad no quería estar aquí. Otros como yo se acercaban también. Lenta, suave, pero firmemente. La mirada clavada en un horizonte de arbustos y planicies. Allá había que ir. Allá. Luego, a punto de llegar, nos paramos en seco. Frente a nosotros la cerca. Y del otro lado: Estados Unidos. La cerca era una mole metálica de unos tres metros de altura y llena de hoyos. "¿Y para esto se gastaron tanto dinero?", pensé. Donde la tela de metal no estaba cortada, se podía hacer una zanja —escarbándole un poquito— y pasarla por debajo. *No problem.* "Esta reja no detiene a nadie", dije en voz alta. Enfrente, a unos 300 metros, unos señoritos vestidos de verde y parados junto a una patrulla nos miraban fijamente a través de unos binoculares. Estaban tan lejos que a mí me parecían de caricatura. Pero seguro ellos podían ver el cansancio, detectar los ojos de miedo rojo y leer la determinación de burlarlos. Los que estaban a mi lado se sentaron de aguilita, como cuando uno quiere ir al baño y no hay ninguno cerca. A esperar. El plan de todos —había cientos— era muy sencillo; dejar que los de la migra se cansaran y se fueran. O esperar el cambio de turno. Total, no había a dónde más ir y eran apenas las 10 de la noche. Me senté también. Ahora, lo único que quería saber era cómo pensaban cruzar, por dónde, en qué momento, a quién debían pegarse, a quién evitar. El frío se me colaba por debajo de los pantalones. La chamarra era gruesa pero no me calentaba. Y entonces me acordé de mi hermana Lourdes cuando decía que "tenía frío por dentro". Yo también tenía frío por dentro. Me tomé algo caliente —un café muy aguado—, pero no me sirvió de nada. Pinche frío, pinche frío, pinche frío, repetía, como esperando que con la repetición me calentara. Empecé a temblar. Otros también temblaban, pero no sé si de frío o por acordarse de lo que dejaban atrás. Las familias se habían reducido a fotografías de blanco y negro en una carterita. Ahí, las fotos del niño que ya no lloraba y de la esposa que ya no besaba y del padre que ya no sonreía iban bien pegadas a la estampita de la Virgen. La verdad, no se querían ir. Aunque lueguito lueguito se acordaban de por qué estaban ahí: "Es que acá en México no hay jale". Mientras tanto, montones de ojos de águila seguían esperando un pestañazo de los de verde, la vuelta de la llanta del *jeep*, un momento de descuido. Las enormes luces del lado norteamericano —como las del estadio Azteca en el D.F., recordé— luchaban contra una noche sin luna. De pronto, las mandíbulas se apretaron, los estómagos se convirtieron en tablas y los cuellos se marcaron de venas a punto de reventar. Me agité y empecé a respirar muy rápido. Había llegado el momento de cruzar. Cambio de turno. Se oyó perfectamente la camioneta al prenderse y al poco tiempo el brooom del motor se perdió. Todos los de este lado se empezaron a mover, como en una coreografía. Primero medio agachados y luego, ya bien parados, echándose a correr a todo lo que daban. Ahí me detuve. Me toqué el bolsillo del pantalón y me sentí distinto. Era el bultito de mi pasaporte mexicano y mi *green card*. Por si las moscas. Ellos se fueron hasta convertirse en sombras y yo me quedé pensando que la vida es muy cabrona.

* * *

La noche que me acerqué a la frontera a pie, todavía del lado mexicano, había un hombre vendiendo bolsas de plástico.

—¿Bolsas de plástico para cruzar la frontera? —pregunté a uno de los muchachos que andaban por ahí—. ¿Para qué?

—Pues para que no se te mojen los pantalones, ñero —me contestó. Y luego añadió que cuando estás en Gringolandia no conviene que la migra se dé cuenta que acabas de cruzar. Eso pudiera significar irse derechito al bote, a la cárcel.

La venta de bolsas no era un negociazo, pero daba para vivir. Asimismo, en parrillitas de carbón y cubetas con hielo otros vendían taquitos y refrescos para curarle el hambre a los que estaban a punto de cruzar el bordo. Así le dicen por aquí. Debe ser una de esas palabras (*border*) que de tanto mencionar entraron al nuevo diccionario de *espanglish*.

En la frontera no es difícil encontrar con quien hablar. Cientos de personas, dispersas, veían hacia el norte, como si estuvieran esperando una señal para cruzar. En el ambiente, sin embargo, hay un cierto nerviosismo. Es la tensión del que sabe que en unos momentos se va a jugar el pellejo. Así deben sentirse también los soldados que van a iniciar un ataque.

Las conversaciones son monotemáticas. ¿Cuándo piensas cruzar? ¿Ya te agarró la migra? ¿Por dónde es más fácil? ¿Vas solo o con coyote? Curiosamente, los momentos más relajados ocurren cuando pueden ver, del otro lado, a los agentes de la patrulla fronteriza. Eso significa que en ese momento nadie puede cruzar.

—¿Por qué te vas de México? —pregunté a un joven que llevaba barba de varios días y una camisa blanca que hacía mucho ya no lo era.

—Aquí ya no se puede vivir con el sueldo mínimo —me dijo—. No se mantiene uno con uno o dos hijos —sus ojos proyectaban esa convicción de saber que estás enfrentando lo inevitable.

Muchos se iban a lanzar a la aventura solos. Pero otros preferían la ayuda de un coyote o pollero. Es fácil identificarlos. La gente se les acerca, dan instrucciones y casi nunca te mantienen la mirada.

No fue complicado ganarse la confianza de uno de ellos. Es más, con el que platiqué parecía estar muy orgulloso de lo que hacía. "Aquí se hace el trato", me confió, "y ya llegando allá, cuando entregas (al inmigrante) a su casa, paga la feria".

Los polleros no trabajan de manera aislada. Tienen también a sus ayudantes. Uno de ellos era Antonio, un niño de 10 años de edad, cara sucia y camiseta roja. Los coyotes le daban 40 dólares para distraer a la migra y permitir que su grupo cruzara sin ser observado. Antonio me explicó su trabajo: "O sea, hago que (los agentes) se muevan del lugar para que me correteen".

Los coyotes tienen fama de abusivos. De ocasionar muchas muertes. De dejar en la mitad del desierto a inmigrantes hambrientos, sedientos y sin dinero. Pero la policía tampoco goza de mucho prestigio. Uno de los mexicanos que se preparaba para cruzar me lo dijo sin pelos en la lengua: "La policía (de Tijuana) en vez de protegernos está abusando de uno, en cuestión de quitarte el dinero y todo eso".

En los últimos años se ha notado un preocupante cambio en el perfil del inmigrante. Aquí no vi sólo a hombres jóvenes. Vi a familias enteras, con niños. A mujeres solas. A ancianos. Los investigadores sugieren, también, que el estereotipo del emigrante mexicano que proviene del campo o es agricultor ha cambiado. Los inmigrantes de hoy en día son más urbanos, con mayor escolaridad que los de antes, con más recursos y, si puede, viaja con la familia completa.

Ya del otro lado, en San Ysidro, California, el agente Ray Ortega (bien armado) me llevó en su camioneta para ver cómo perseguían a los indocumentados. El contraste era impactante. Cámaras de rayos infrarrojos, lentes telescópicos, vehículos superprotegidos, helicópteros de apoyo, comunicación constante. Mientras manejábamos y veíamos sombras evitándonos en la frontera, pregunté al agente Ortega sobre las acusaciones de abuso contra los inmigrantes por parte de la patrulla fronteriza norteamericana. Tenía la respuesta bien practicada. "Son alegaciones", me dijo, "(pero) cuando salen estas alegaciones las investigamos".

(Aquí vale la pena una aclaración. No creo que el Servicio de Inmigración y Naturalización de Estados Unidos —INS— esté plagado de tipos malvados o mal intencionados. No, desde luego que no. Dentro del INS hay gente muy decente; conozco a algunos. Pero sí creo que su labor es efímera, fútil, cargada de fuerza y, en algunos casos, inútil.)

Como decía Carlos Fuentes, la frontera entre México y Estados Unidos es una cicatriz. En realidad es una herida que no sana; fue impuesta por la fuerza, sangra constantemente y se viola millones de veces cada año.

Los abusos de la patrulla fronteriza son difíciles de documentar. Pero alguien que sí lo ha hecho es Roberto Martínez, de la organización American Friends Service Committee. En su oficina, me enseñó varios de los casos que ha estado investigando. Sin embargo, su labor ha tenido un alto precio a nivel personal. Poco antes de nuestra entrevista había recibido amenazas contra su vida.

—¿Qué le dicen? —le pregunté.

—Que si no paro de denunciar y criticar al *border patrol* me van a matar.

Jorge Bustamante, director del Colegio de la Frontera Norte, coincide con Martínez en que los inmigrantes indocumentados son frecuentemente maltratados. "El racismo", me comentó, "es un elemento permanente de la sociedad norteamericana". Bustamente considera que los momentos más peligrosos para los indocumentados mexicanos y centroamericanos es cuando Estados Unidos vive momentos de recesión. Entonces, asegura, el inmigrante se convierte en un chivo expiatorio:

"Nos empiezan a echar la culpa de todos los problemas y calamidades; desde la crisis económica, el desempleo, el narcotráfico, el sida, el catarro... de todo nos echan la culpa a nosotros".

Pero independientemente de los peligros y los maltratos, cada tarde, en la frontera que separa Tijuana de San Ysidro, se van juntando cientos de personas dispuestas a cambiar su destino con un salto, o dos, o tres...

—¿Y si lo agarran a usted, qué haría? —cuestioné a un muchacho mexicano que estaba a punto de intentar la fuga al norte.

—Pues nos regresan nada más —me dijo—. Ellos (nos) avientan una vez y uno se mete dos veces.

Posdata. A lo largo de la historia conjunta de México y Estados Unidos ha habido muchos y muy variados intentos del gobierno norteamericano para controlar el flujo de indocumentados al norte. Todos han fracasado.

Lo que sí es constante es la experimentación de distintos métodos para hacer de la frontera un lugar menos lleno de hoyos.

Uno de esos experimentos fue la llamada Operación Guardián (Operation Gatekeeper) anunciada el 2 de octubre de 1994. La operación se fundamentaba en una apuesta muy sencilla: si pones a más agentes a cuidar la frontera, habrá un descenso en el número de indocumentados que la intentan cruzar. Cientos de agentes fueron contratados y otros tantos con trabajos en las oficinas fueron trasladados a labores de campo. Experimentos similares habían tenido un éxito relativo en Tucson, Arizona, y en El Paso, Texas. Éxito, para el Servicio de Inmigración y Naturalización (INS), significa un mayor número de arrestos.

Y, sí, efectivamente hubo más arrestos. Pero como si fuera un torrente de agua frente a un ladrillo, los inmigrantes rodean los sitios más vigilados. Lo que la Operación Guardián logró fue que los inmigrantes empezaron a utilizar rutas más peligrosas: desiertos, montañas, zonas sin agua ni comunicación.

De todas formas los inmigrantes seguían cruzando, con el agravante de que las muertes en la frontera —por deshidratación, por frío, por sed, hambre y criminalidad— empezaron a multiplicarse.

La Operación Guardián está basada en la falsa premisa de que la inmigración indocumentada es un problema de leyes y de fuerza. No importa cuántos agentes ponga Estados Unidos en su frontera ni cuántas bardas construya, mientras haya empleos en el norte para los trabajadores del sur seguirá habiendo inmigración indocumentada.

El político George W. Bush, dos veces gobernador del estado fronterizo de Texas, no se hace ilusiones sobre el fin de la migración al norte. En una entrevista en 1999 me dijo en *espanglish*:

> Yo entiendo por qué los padres de estos niños están aquí: sus padres están aquí para poner comida en su mesa. La gente viene de México a todo Estados Unidos a trabajar. Los valores familiares no se detienen en la frontera. Padres y madres aman a sus hijos igual en México que en Estados Unidos. Y si tienen a un niño con hambre y buscas trabajo y sólo puedes conseguir 50 centavos de dólar en el interior de México o puedes obtener 50 dólares en el interior de Estados Unidos, tú te vas a venir a ganar aquí los 50 dólares si eres un padre trabajador y amoroso. Así que yo lo entiendo.

El constante flujo sur/norte en la frontera de México con Estados Unidos no ha dado ningún indicio de que está disminuyendo. Los primeros 15 días de enero son básicos para que el Servicio de Inmigración y Naturalización (INS) pueda determinar cómo se desarrollará el flujo de indocumentados del sur al norte a lo largo del año. Y los primeros 15 días de enero del 2000 rompieron todas las marcas. Por ejemplo, en los más de 40 kilómetros de frontera entre las poblaciones de Agua Prieta y Douglas, Arizona, se detuvo a 14,664 inmigrantes indocumentados en las primeras dos semanas de enero del 2000 (según las cifras que el INS proporcionó al diario *The New York Times*). Esto es casi el doble que en 1999.

Otro tipo de estadísticas es la que lleva el gobierno mexicano. Desde que se puso en práctica la llamada Operación Guardián a lo largo de la frontera entre ambos países, ha aumentado el número de arrestos y, también, la cifra de mexicanos que mueren tratando de cruzar ilegalmente a Estados Unidos. De 1995 a comienzos del 2000 habían muerto, por los menos, 717 mexicanos. Esto ha ocurrido porque la reforzada vigilancia y el aumento considerable de agentes que protegen ciertos puntos de la frontera obliga al futuro inmigrante a tomar más riesgos. Así, se exploran sitios de cruce donde reinan temperaturas extremas y a través de los cuales es preciso caminar varios días para llegar a alguna población norteamericana. Éste es el reino del *coyote*.

2. Amelia y San Guivi

Compton, California. Cada vez que escuchaba hablar al ex gobernador de California, Pete Wilson, yo sabía que ella iba a sufrir. Era una especie de vudú antimigratorio. Las amenazas de Wilson siempre hicieron más difíciles los primeros años de Amelia en Estados Unidos.

Amelia vive cerca de Los Ángeles, California, y vino a Estados Unidos a principios de la década de los ochenta. Como millones lo han hecho, ella cruzó la frontera entre Tijuana y San Diego burlando a los helicópteros y a los agentes de la patrulla fronteriza. Cruzó en grupo con la ayuda de un coyote y jalando de una mano a su niña de 11 años de edad. (Todavía hoy se pone tensa cuando escucha el ruido de las hélices de los helicópteros sobre su cabeza.)

Amelia vivía en Michoacán, México, en un ranchito, como ella le dice. Recuerda perfectamente cómo —por un lío de tierras— asesinaron a su papá. También se acuerda muy bien de cuando su esposo le dijo que se iba al norte. Sí, se fue y nunca más regresó. La dejó con dos niños a quienes mantener. Fue entonces cuando tuvo que tomar la decisión más difícil de toda su vida; ella también se iría al norte.

Con el sollozo cerrándole la garganta, pidió a su mamá que cuidara de su hijo, el más pequeño, y se vino con la niña a

California. Al llegar, Amelia tuvo la suerte de contar con el apoyo de la familia de su hermana (que la había precedido). Pero nunca estuvo tranquila hasta que pudo enviar por su hijo y su mamá.

Trabajó más de dos años para conseguir el dinero suficiente para traerlos. Ellos como mancuerna, abuela y nieto, siguieron la ruta que había marcado Amelia y caminaron kilómetros escondiéndose de la migra hasta cruzar a Estados Unidos.

El niño todavía no le perdona a Amelia que lo hubiera dejado en México. La abuela cuenta que el niño se sentaba en la puerta de la casa, todos los días, esperando a que su mamá viniera por él.

Les cuento la historia de Amelia porque como ella hay millones en Estados Unidos. Me sorprendía *mister* Wilson cuando —utilizando un término de guerra— decía que California se encontraba en "estado de sitio" por los inmigrantes indocumentados y la cara que yo asociaba con ese grupo era la de Amelia. ¿Por qué Pete Wilson quería hacerle la guerra a esta mujer?

A Wilson no le salían las sumas y las restas

Cuando las cosas van mal cualquier truco es válido para algunos políticos. La situación económica en California estaba mal durante el gobierno de Wilson, pero no por culpa de los inmigrantes, como muchos querían hacernos creer. Wilson decía que los indocumentados le costaban al estado mucho más de lo que aportaban. Pero no tenía razón.

Me van a disculpar, pero voy a hacer un poco de matemáticas en esta página y la siguiente para demostrar que Wilson y los xenófobos estaban equivocados. Y para que no haya dudas vamos a usar un estudio hecho por el mismo condado de Los Ángeles y publicado en 1992. Efectivamente, el estudio decía que los inmigrantes que llegaron ahí a partir de 1980 le costaron al condado de Los Ángeles 2,500 millones de dólares durante el año fiscal de 1991, en servicios médicos, educación y otros beneficios. Y eso es lo que gritaban a los cuatro vientos esos demagogos antiinmigrantes.

Restaban muy bien, pero se les había olvidado sumar. Esos mismos inmigrantes a los que tanto criticaban, contribuyeron en impuestos (ese mismo año) con 4,300 millones de dólares. Es decir, el condado de Los Ángeles, el estado de California y el gobierno federal salieron ganando 1,800 millones de dólares gracias a los inmigrantes de esa región.

Es cuestion de sumar y restar. A mí me parece un negocio redondo. Claro, la repartición del pastel entre las distintas agencias del gobierno no es pareja, pero eso tampoco es culpa de los inmigrantes. Hasta aquí los números.

En Estados Unidos muchos piensan que el verdadero motivo de la persecución contra los extranjeros sin documentos es el racismo y la ignoracia. Pero hay más. Lo que ocurre es que varios políticos, tanto demócratas como republicanos, no han encontrado un mejor chivo expiatorio de sus incapacidades que culpar a un segmento de la población que no se queja porque tiene miedo a ser deportado.

Quizás el ex gobernador Wilson estaba asustado de que California estuviera cambiando tanto. Es cierto, el color de piel de sus habitantes hace mucho que dejó de ser blanco. Pero no podría haber hecho nada al respecto. Para el año 2005 los hispanos serán la minoría más grande en Estados Unidos. Además, sin la ayuda de los inmigrantes California se estancaría. Sólo hay que considerar los miles de trabajos que genera la simple presencia de los inmigrantes en este país.

Contrario a la creencia popular, los inmigrantes no quitan trabajos a los norteamericanos. Sin los indocumentados, Estados Unidos dejaría de ser la principal potencia agrícola del mundo. Los inmigrantes tampoco se aprovechan del estado. Sólo un cuatro por ciento de los recién llegados solicitan *welfare* o ayuda federal. Son consumidores fieles. Trabajan como pocos. Pagan impuestos cada vez que compran algo. Crean negocios. Imprimen vitalidad a las ciudades donde viven y aportan una riqueza cultural incalculable.

A veces a *mister* Wilson se le olvidaba que su familia también vino de otro país. Quería prohibir que los hijos de inmigrantes se convirtieran automáticamente en ciudadanos estadounidenses aunque nacieran en territorio norteamericano. Por principio, hubiera tenido que cambiar la constitución. Pero mientras tanto, le gustara o no, los apellidos Wilson, Reagan, Clinton y Bush se estaban mezclando con los Rodríguez, González, Suárez y Gómez.

La realidad es que mientras exista ese abismo económico entre el norte y el sur seguirá habiendo inmigrantes como Amelia. Ella es una persona valiente, trabajadora, dedicada y representa un valioso ejemplo de una mujer latina que lucha por tener una vida mejor, para ella y sus hijos. Pero el ex gobernador la tenía atemorizada y la quería sacar de aquí.

Al final —ya ven cómo son las cosas—, Wilson se fue y Amelia se quedó.

Los niños

Vamos a llamarlos Margarita y Enrique, por si las moscas. No vaya a ser que la migra (como algunos llaman cariñosamente al Servicio de Inmigración y Naturalización de Estados Unidos) se ponga a hacerle al detective y los empiece a buscar para deportarlos. Los dos viven con su madre en el condado de Los Ángeles. El padre los dejó hace mucho, cuando dijo que se iba al norte y nunca volvió, ni envió dinero.

Margarita tiene 21 años. Hace 10, sin mucho dramatismo, su mamá le anunció que se iban para Estados Unidos. Juntaron algunos tiliches de su ranchito en Michoacán y una mañana bien tempranito la emprendieron en camión hacia Tijuana. Después de esquivar angustiosamente a helicópteros y a "unos señores vestidos de verde con lentes oscuros", llegaron a Los Ángeles. Ahí fue donde los conocí.

Enrique tiene 16 años. Estaba muy chiquito cuando su madre y su hermana se vinieron a California y lo dejaron encargado con la abuela. Enrique esperaba, pero mamá nunca regresó. Así que, en un momento de desesperación, la abuela clavó unos pedazos de madera sobre las puertas y ventanas de la casa, se escondió en el pecho los dolaritos que había juntado, agarró a su nieto de la mano y se lanzó para California.

Enrique siguió el mismo camino que su hermana Margarita. Pero con abuelita y sin coyote porque no alcanzaba el dinero. La abuela y Enrique cruzaron la frontera a la primera. Y cuando por fin Enrique vio a su mamá después de dos años de ausencia, lo primero que hizo fue reclamarle. "¿Por qué no fuiste por mí?", le preguntó.

Ella no dijo nada. Sólo lo abrazó.

Pasaron los años y me mantuve siempre en contacto. Un día hablé con ellos por teléfono y noté que a Margarita y a Enrique se les estaba olvidando el español. Margarita me dijo con orgullo y en espanglish que quería entrar al *college*, mientras que Enrique no soportaba la idea de ir a *highschool*.

Desde que era niña, Margarita tenía una preocupación; quería que le organizaran su fiesta de 15 años. "Ése es mi sueño", me decía. Pues bien, gracias al esfuerzo de su madre y a la ayuda de varios padrinos, Margarita celebró en grande sus 15.

Me envió una foto de la fiesta y se veía muy guapa, muy contenta. Creo que hubo mole y pozole, *technomusic* y quebradita.

Con el recuerdo de la fiesta aún fresco, a Margarita le surgió una nueva obsesión. Ella quería ser la primera persona de toda su familia en ir a la universidad, pero ¿cómo iba a estudiar en la universidad, si no se permite inscribirse a los inmigrantes indocumentados como ella?

Años más tarde, ella fue aceptada en la prestigiosa Universidad de California en Los Ángeles (UCLA), pero como no tenía su número del seguro social no se le pudo inscribir. Cuando me lo contó, no supe qué decirle. La puse en contacto con un abogado que conocía y luego, cuando colgué, sentí algo atorado en la garganta.

¿A qué político se le ocurrió proponer una ley que prohíbe estudiar a los jóvenes más calificados del estado sólo porque sus padres no tienen los documentos correctos? ¿Dónde están todos los nombres de los legisladores que evitaron que Margarita de Michoacán pudiera ir a la UCLA? ¿Quién de ellos se atreve a decir en su cara a Margarita que no tiene derecho a seguir estudiando? ¿Quién?

Nadie está dudando del derecho de Estados Unidos de controlar sus fronteras. Pero en este país ya hay millones de indocumentados que han contribuido a la sociedad norteamericana con sus impuestos, con su trabajo y con su cultura. Merecen que se les trate con respeto y que se les considere para una amnistía.

Una amnistía le permitiría a Margarita seguir estudiando. Miles de jóvenes están ilegalmente en Estados Unidos, no por decisión de ellos sino porque sus padres los trajeron. ¿Acaso ellos deben ser responsables, como menores de edad, por los actos cometidos por adultos? Lo que necesitan es legalizar su situación, no que se les prohíba seguir estudiando. Ése no es el camino.

Margarita y Enrique, los hijos de Amelia, se han ganado a pulso el derecho a vivir decentemente en Estados Unidos. Aunque no les guste a muchos.

Enrique y las pandillas

Era inevitable que las cosas no salieran color de rosa mexicano. Enrique dejó la escuela. Varias veces fue amonestado en el colegio por ausentarse o por llegar tarde. Y dejó de hacer sus tareas, hasta que un buen día decidió que ya no quería seguir estudiando. Su madre, sus tíos, todos han tratado de hacerlo recapacitar. Nada ha funcionado.

Se viste con pantalones dos o tres tallas más grandes y no trabaja. Se levanta tarde. Cuando tiene hambre, arrebata algo de la cocina y se va a la calle con sus amigos. Quienes más lo quieren temen que esté metido en una pandilla. Quienes menos lo quieren creen que pudiera estar metido en drogas. Todos saben que está en problemas.

Todavía es menor de edad y su madre no se atreve a correrlo de la casa. "¿A dónde se iría?", me comenta Amelia. Cuando se pone violento y desafía a sus familiares, su mamá no sabe qué hacer. "¿A quién llamo?", me preguntaba una noche Amelia, angustiada. "Si llamo a la policía lo van a tratar como un criminal; y si no lo deportan —porque no tiene ni *social security*—, me lo van a regresar más enojado todavía."

Un día, hablando con él por teléfono, le dije que si seguía metiéndose en broncas con sus amigos y con la policía, corría el riesgo de que lo deportaran a México (donde ya no tiene a nadie). "Sí, sí", me decía. Pero después de hablar conmigo, según me contó su hermana, se fue a la calle y sólo le vieron la espalda. Ni siquiera volteó a despedirse.

A Enrique muchos lo dieron por perdido. Pero su madre, Amelia —que no terminó la primaria, pero tiene un instinto infalible—, no se dio por vencida y se le ocurrió una solución. Cambiarse de casa, lejos, muy lejos de los amigos de Enrique, de tal manera que ir a verlos se convirtiera en una odisea.

A corto plazo, la solución pegó como chicle. Enrique, por ahora, ha dejado de ver a sus amigotes. No ha regresado a la escuela pero está trabajando, tiempo parcial, en una tienda. A ver cuánto dura.

Amelia, mientras tanto, le está rezando a San Guivi, el santo de los inmigrantes.

San Guivi

Amelia nunca se imaginó que uno de sus hijos iba a ser "gringo". (No se moleste; Amelia usa el término inocentemente, sin la intención de ofender.) Además está sorprendida de que ella, con una tupida cabellera café oscuro, tenga ahora un niño güerito. Qué le vamos a hacer; el niño salió al padre.

Amelia es hoy uno de los mejores ejemplos en Estados Unidos de lo que es ser un inmigrante trabajador, con ideales y sin "papeles".

Amelia y su numerosa familia —que como ya les conté, la acogió generosamente cuando llegó de México— siguen comiendo pozole los días importantes. Esa costumbre no la han perdido, como tampoco la de las piñatas, ni la de bautizar a los bebés e ir a misa los domingos. Generalmente se reúnen en casa de Felicidad, la hermana de Amelia.

En el refrigerador de casa de Felicidad siempre hay tortillas y una o dos salsas picantes. Muy *hot*, como dice uno de los varios niños que corren por la casa. Se trajeron sus recetas de cocina y su religión de México. Pero en otras cosas se han adaptado rápidamente a este país.

Hasta hace relativamente poco vivían varias familias juntas en los dos cuartos de la casa de Felicidad; desde los recién nacidos hasta una abuela que nunca se ha acordado de su edad. Ésa era una casa donde dos generaciones —una mexicana y otra medio americana— buscaban sus espacios. Los niños y las tres *teenagers* hablan inglés entre sí y chapurrean un muy divertido *espanglish* cuando se dirigen a sus padres.

Las niñas se depilaron las cejas —las tienen muy delgaditas— y me dio la impresión de que llevan con mucho orgullo un cierto aire de Selena, la fallecida cantante texana.

Los papeles, poco a poco, se han ido cambiando. No hace mucho eran los adultos quienes tenían el control. Pero como muchos de ellos no hablan inglés, ahora los niños se han convertido en los traductores oficiales. Cada vez que hay que llamar para arreglar un problema con la compañía de luz, o para comprar algo por la internet o para buscar un trabajo, son los niños quienes agarran el teléfono o se sientan ante la computadora y resuelven. Han crecido más rápido de lo que hubieran querido. Pero no les queda de otra. A veces son traductores, a veces cuidan bebés y otras son psicólogos que consuelan a sus padres cuando se pelean y tienen problemas. En paredes tan estrechas, lo oyen todo.

Cuando las mamás y las tías contestan el teléfono ya no dicen "¿Bueno?", como en México. Ahora dicen "*Jelou*?" Ellas compran su ropa en Kmart y en unas tienditas del barrio. Los hombres son los más reacios al cambio. Siguen usando sombrero y botas, como si estuvieran todavía en el campo en Michoacán.

En la familia de Amelia hay de todo: indocumentados, residentes legales y ciudadanos norteamericanos. Los que pudieron acogerse a la amnistía de 1986 presumen de su grincar, la tarjeta de residencia de Estados Unidos. El hijo más joven de Amelia es norteamericano por nacimiento, aunque ella no ha podido legalizar su situación migratoria. Sin embargo, se piensa casar pronto con Luis, el padre de su hijo, quien ya tiene sus documentos legales.

Parece que Amelia tendra bebé, esposo y *green card* al mismo tiempo.

Les platico su historia para que se den cuenta cómo, poco a poco, todos ellos se han integrado a Estados Unidos. Amelia y su familia reflejan perfectamente lo que descubrió un estudio de la Universidad del Sur de California.

El estudio dice que los inmigrantes en California se están aclimatando muy rápido a la vida norteamericana, aprendiendo el inglés y escapando de la pobreza a ritmos sin precedentes. Siete de cada 10 niños que llegaron de América Latina en la década de los años setenta pueden hoy hablar y escribir en inglés sin problemas.

Además —y ya parezco organillero de tanto repetirlo—, familias de inmigrantes como la de Amelia son un magnífico negocio para Estados Unidos. Cada familia inmigrante aporta anualmente mucho más al gobierno de lo que toma en servicios sociales. Y lejos de quitar trabajos a los norteamericanos, crean empleos.

En fin, que los inmigrantes en Estados Unidos están mejorando sus niveles de vida y se están adaptando sin demora a esta sociedad, a pesar de los ataques y las leyes que surgen frecuentemente en su contra. Uno de los ejemplos más significativos que tengo sobre este proceso de adaptación me lo dio la misma Amelia hace ya varios años.

El cuento va así. Aquí en Estados Unidos estaba a punto de celebrarse el día de acción de gracias o *thanksgiving*. Amelia, recién llegada pero muy interesada en la fiesta por venir, quería saber lo que yo planeaba para el día de San Guivi.

—¿San Guivi? —le pregunté con cara de asombro.

—Sí, San Guivi, el santo ese al que recuerdan aquí —me contestó.

Pues resulta que Amelia, sin saber entonces nada de inglés, había convertido thanksgiving en San Guivi, sólo porque fonéticamente son palabras muy parecidas. Ésa fue la manera en que ella adaptó a su mundo —lleno de santos católicos— la más tradicional celebración laica en este país. Ella quería integrarse rápidamente y lo hizo. A su manera. Sólo así podía dar significado a algo tan nuevo.

Hoy Amelia sabe, por supuesto, que el día de thanksgiving no tiene nada que ver con ningún santo. Pero para mí este cuento de San Guivi se ha convertido en el mejor ejemplo de cómo los inmigrantes se adaptan al norte.

Quizás un poco confundida, pero Amelia cenó pavo y *cranberries* en su primer día de acción de gracias en Estados Unidos.

Posdata. 1993 y 1994 tienen que haber sido dos de los peores años para los inmigrantes en Estados Unidos.

Una encuesta realizada (en julio de 1993) por la revista *Newsweek* refleja el sentimiento antiinmigrante de esa época. El 59 por ciento contestó que la inmigración había sido algo "bueno" o positivo en el pasado para Estados Unidos. Sin embargo, el 60 por ciento aseguró que en el presente la inmigración era algo "malo".

Las respuestas tenían como contexto la desaparición de la idea del *melting pot* a través del cual todos los inmigrantes dejarían a un lado sus diferencias de origen para convertir a Estados Unidos en un país amalgamado. Según 66 por ciento de los encuestados, los inmigrantes de hoy en día "mantenían su identidad" y no se integraban al resto de la nación.

La revista *Time*, en noviembre de 1993, publicó otra encuesta similar. Reportando que "el rechazo a los inmigrantes (en Estados Unidos) es particularmente fuerte", aseguró que el 64 por ciento de los encuestados creía que los inmigrantes quitaban trabajo a los norteamericanos y un 59 por ciento estaba convencido de que los recién llegados contribuían al problema del crimen. Además, tres de cada cuatro (73 por ciento) consideraban que había que "limitar estrictamente la inmigración" a Estados Unidos; un aumento sobre el 67 por ciento que pensaba lo mismo en 1985.

3. Falsificando el futuro

Los Ángeles. Ricardo y Jorge Alberto son falsificadores. Por 80 dólares le pueden hacer una tarjeta de residencia de Estados Unidos (*green card*) y darle un número del seguro social. Si usted va manejando por la calle Alvarado, frente al parque Mac Arthur en el centro de Los Ángeles, ahí los puede encontrar. En 24 horas pueden convertir a un indocumentado en un documentado. Con papeles falsos, pero documentado al fin.

El otro día, mientras esperaba a hacer una presentación para la televisión, se me acercaron. La cámara no los asustó.

—¿Quihúbole, Ramos, qué haces por aquí? —me preguntaron.

—Nada —les dije—, un reportaje sobre inmigración.

—Ah, ta' bueno.

—¿Y ustedes? —les reviré.

—No, pues aquí en el jale.

Para ellos el "jale" es darle la oportunidad de trabajar a quien no tiene papeles, llevándose en el proceso unos billetitos. Ricardo y Jorge Alberto no se ven a sí mismos como delincuentes. Más bien sienten que son una combinación de artista, misionero y hombre de negocios.

—¿La migra no viene por acá? —les pregunté.

—No, por aquí ni se aparece.

—¿Y la policía?

—Bueno, ellos pasan por aquí, pero no molestan.

Ningún adelanto tecnológico les preocupa. El servicio de inmigración ha estado experimentando con una maquinita que identifica en el acto las tarjetas de residencia falsificadas. Una conocida taquería de Los Ángeles ya la usa para verificar los documentos de gente en busca de empleo. Pero Ricardo y Jorge Alberto le agarraron la maña. Hacen fotocopias de tarjetas de residencia legítimas, y según ellos, el nuevo sistema no las puede detectar.

—Cuando ellos van, nosotros venimos —me dijo uno de ellos con orgullo. La sonrisa burlona dejaba ver sus dientes carcomidos.

—Y los números del seguro social, ¿cómo los inventan? —les pregunté.

—No, pues se consigue el número de un familiar o amigo que ya se fue del país o de un muertito, y listo.

En los últimos años una nueva ley del estado de California les ha dado más chamba a Jorge y a Ricardo. La ley prohíbe expedir licencias de conducir a quien no pueda probar que está legalmente en Estados Unidos. Y por supuesto ahora ellos también falsifican licencias de conducir.

Tienen el negocio bien organizado. Ricardo es el jefe. El pelo relamido con goma le cae hasta el cuello. Cuando hablé con él, su camisa verde brillante estaba abierta hasta el inicio de la incipiente panza. Detrás de sus lentes oscuros controla a sus muchachos. Son tres o cuatro. Jorge Alberto es su achichincle o ayudante. Su zona es sólo media cuadra de la calle Alvarado, pero la trabajan con energía. Los comerciantes del otro lado de la calle los conocen bien.

Su lenguaje corporal los delata. Con el pulgar y el índice simulan una tarjeta y gritan ¡mica! a todo el que se acerque, igual en auto que a pie. En la bolsa llevan muestras de lo que saben hacer. Ni el ojo mejor entrenado puede saber a simple vista que las micas que ofrecen son falsas.

Quien necesita sus servicios primero tiene que pasar a tomarse la foto a un lugar que sólo ellos conocen. Más tarde envían la fotografía con otro cuate que les hace la tarjeta o la licencia o lo que se necesite. Pero no me dijeron quién era el cuate. Lo cuidan como oro.

"Lo importante es que la foto no se vea pegada", me dice Jorge Alberto. Secreto profesional, supongo. En un día o dos le pueden arreglar su "situación". Y para todo el que llega sin papeles la "situación" es no poder trabajar.

La ley de la oferta y la demanda está de su lado. Según cálculos, cada año más de 300 mil personas se quedan ilegalmente en Estados Unidos.

Con o sin Tratado de Libre Comercio siguen llegando. Con terremotos y sin terremotos. Vienen por dólares. Para ellos y para su familia. Su prioridad no es que el gobierno norteamericano les pague el hospital y los doctores en caso de enfermarse. Tampoco quieren caridad. Quieren trabajar.

Esto lo confirma un estudio de la Universidad de California en Davis. El estudio dice que los inmigrantes indocumentados vienen por trabajo, no por servicios sociales. Además, que la mayoría no solicita ayuda del gobierno. Uno, porque no hablan inglés. Dos, porque tienen miedo a ser deportados. Y tres, porque ni siquiera saben cómo tener acceso a esos servicios. Punto.

Así que, por principio, hay que dejar a un lado todos esos mitos. Ellos, los indocumentados, no quitan trabajo a los norteamericanos. Proporcionalmente hay más inmigrantes en Suiza, Australia, Alemania o Canadá que en Estados Unidos. Lo otro es pura xenofobia.

La solución a largo plazo está en ligar la política de relaciones exteriores de Estados Unidos al tema de la inmigración. No hacerlo es seguir la política del avestruz, escondiendo la cabeza a un problema mayúsculo.

Pero a corto plazo, quienes están sacando ventaja son gente como Ricardo y Jorge Alberto. No, no son ningunos angelitos.

Están violando la ley. Pero me quedaron muy grabadas las palabras que me dijeron antes de despedirse: "Nosotros sólo le damos el chance a la gente de trabajar".

Y eso es lo primero que quiere quien viene al norte.

Posdata. Quienes no falsifican correctamente su futuro, o bien, quienes son sorprendidos falsificándolo pueden terminar como el salvadoreño Julio Pérez, a quien conocí en el Centro de Detención de Indocumentados en El Centro, California. Él era uno de los 400 inmigrantes arrestados recientemente en redadas. Su destino era inevitable. A la primera oportunidad sería regresado a su país. Casi como en un lamento, alcanzó a decirme: "Yo no quiero que me deporten porque mi país está fregado ahorita". A él nadie le falsificó bien el futuro.

4. Un día sin un mexicano

¿Qué pasaría si, de pronto, desaparecieran todos los mexicanos que viven en Estados Unidos? Sí, todos, los más de siete millones de mexicanos (nacidos en México) que viven en Estados Unidos.

Una pregunta parecida se le ocurrió al director de cine Sergio Arau y, a través de lo que él llama un "falso documental", trató de contestarla. Acabo de ver varias escenas de la película y resaltan, con mucho humor y agudeza, la enorme importancia de la población latina en Estados Unidos.

Dándole un original giro a uno de los dichos más pisoteados del español —"uno nunca sabe lo que tiene hasta que lo pierde"—, Arau ha logrado captar en video lo que muchos han pensado y comentado en voz baja por años; que si todos los mexicanos desaparecieran por un día, la economía de Estados Unidos se vería seriamente entorpecida.

La película se centra en lo que ocurriría con la súbita e inexplicable desaparición de los mexicanos en el estado de California. Ahí vive la mayor parte de los mexicanos en Estados Unidos.

Vamos a imaginárnoslo.

Un día sin un mexicano en California significaría pérdidas millonarias en los campos de naranjas y aguacates, lechugas y uvas. Los supermercados se quedarían sin frutas y verduras y las tiendas de vinos sin los ya famosos blancos y tintos californianos. (Según el censo de 1990, un poco menos del 15 por ciento de todos los mexicanos en Estados Unidos, legales e indocumentados, se dedican a la agricultura.)

Un día sin un mexicano en California implicaría un alto total en la industria de la construcción y la costura, entre muchas otras. (Cerca del 35 por ciento de los mexicanos en Estados Unidos trabajan en esos sectores.)

Un día sin un mexicano en California demostraría lo que hoteles, restaurantes, tiendas, mercados, gasolinerías y oficinas dependen de los trabajadores que cruzan la frontera sur de Estados Unidos. (Más de la mitad de los mexicanos en Norteamérica están empleados en el sector de servicios.)

Un día sin un mexicano en California implicaría que miles de hombres y mujeres anglosajones no podrían ir a sus oficinas debido a que las nannys no se aparecerían a cuidar a sus niños y bebés.

Un día sin un mexicano en California dejaría sin televidentes ni radioescuchas a las estaciones de mayor audiencia en la zona de Los Ángeles y que son —aunque muy pocos lo sepan— las que transmiten en español.

Un día sin un mexicano en California daría la falsa impresión de que el idioma oficial de Estados Unidos es el inglés.

Un día sin un mexicano en California implicaría operaciones canceladas porque los médicos no llegaron, citas en las cortes que no se pudieron cumplir porque los abogados no se presentaron y compromisos incumplidos por ejecutivos ausentes.

Contrario al gastado estereotipo de que todos los mexicanos en Estados Unidos trabajan en el campo o son jardineros y tienen muy mala educación, el censo estableció que en 1990 había 3,869 inmigrantes, nacidos en México, con un doctorado. Ahí queda hecho trizas el estereotipo. Pero valga decir que la mano de obra mexicana, igual en los campos y jardines norteamericanos que en las maquiladoras de la frontera, está considerada entre las mejores y más eficientes del mundo.

Este ejercicio de magia migratoria en que desaparecemos a más de siete millones de mexicanos de un plumazo puede aplicarse, con los mismos resultados, a otros grupos de hispanos en Estados Unidos. Por ejemplo, ¿qué sería de Miami sin los cubanos y nicaragüenses; de Nueva York sin los puertorriqueños y dominicanos; de Nueva Orleans sin los hondureños, y de Los Ángeles sin los salvadoreños y guatemaltecos? ¿Y qué sería del ejército norteamericano sin ese 7.9 por ciento de soldados que se autodefinen como "latinos"?

Desafortunadamente el impacto positivo de la presencia de los más de 30 millones de hispanos en Estados Unidos no es siempre reconocido y apreciado por el resto de la población, a pesar de sus gigantescas contribuciones culturales, sociales y económicas.

Sin embargo, hay muchos que no nos quisieran aquí en Estados Unidos. Acabo de recibir la llamada de un señorito que se enteró del tema de la película de Arau —*A Day Without a Mexican*— y que tuvo la arrogancia de decirme que, en el fondo de su alma, nada le haría más feliz que todos los mexicanos desapareciéramos del mapa. Por supuesto, le colgué el teléfono a la mitad de su comentario para que se diera cuenta, en carne propia, qué pasaría si un día se desaparecieran de Estados Unidos todos los mexicanos. Pero no me extrañaría que los sueños del ex gobernador de California Pete Wilson o del político xenófobo Pat Buchanan sean muy parecidos a los deseos del impertinente que me llamó.

Estados Unidos sigue siendo un país que aún no ha aceptado su condición multiétnica y multicultural. Estados Unidos todavía no se ha dado cuenta —o sencillamente no quiere reconocer— que los niños de la familia han dejado de ser todos blancos. *The little brown ones*, como decía el ex presidente George Bush a sus nietos de origen hispano —su hijo Jeb está casado con una mexicana, Columba—, son cada vez más y más.

Es una lástima que el cortometraje de Arau haya sido rechazado por los organizadores de los principales festivales de cine de Estados Unidos. Ver *Un día sin un mexicano* permitiría a muchos norteamericanos darse cuenta del verdadero país en que están viviendo, un país muy lejano del blanco y negro que tienen atornillado en su mente.

Posdata. Quien realmente disfrutaría un día sin un mexicano en Estados Unidos es el político ultraconservador Pat Buchanan. En una entrevista para la televisión en 1995 (y que cita el diario *The New York Times*), el eterno fracasado candidato presidencial Pat Buchanan asegura que si él llegara a la Casa Blanca "detendría en seco la inmigración indocumentada poniendo una barda doble a lo largo de 200 millas de la frontera por donde millones de mexicanos se cuelan cada año".

Sin embargo, en ese argumento hay tres errores. Primero, si Buchanan quiere poner una reja doble en 200 millas, ¿qué haría en las otras 1,800 millas de frontera? Segundo, Buchanan no entiende que la inmigración indocumentada es un problema de oferta y demanda de empleos, no de leyes y bardas. Y el tercer error de Buchanan es que, con esa mirada racista, nunca podrá ser presidente de un país multicultural como Estados Unidos.

Eso es un alivio.

5. Aspen para indocumentados

Aspen, Colorado. Durante el invierno, éste debe ser uno de los pueblos más caros del mundo. Y prospera, tanto por el chorro de dólares de sus visitantes y residentes como por el esfuerzo de sus inmigrantes indocumentados. Unos —los adinerados— disfrutan, mientras otros —los indocumentados— trabajan para que el resto disfrute. Así es la división del trabajo en Aspen.

Para los que tienen billete, Aspen es sensacional. ¿Cuánto billete? Mucho. Un cuarto doble en uno de los mejores hoteles, el Little Nell o el antiguo Ritz Carlton (hoy un ITT Sheraton), llega a costar más de 600 dólares por noche. Cenar también se puede convertir en una miniinversión, sobre todo si tienes reservaciones en Kenichi (un ecléctico restaurante japonés donde sirven pato estilo Pekín sobre algo parecido a tacos mexicanos) o en Bang, un antro de moda donde combinan ingredientes asiáticos con recetas francesas en un ambiente *cool* de luces indirectas.

Si comer y dormir es caro, esquiar requiere una pequeña fortuna. Sólo subir a una de las cuatro montañas que rodean Aspen cuesta por arriba de los 50 dólares diarios. Y eso, por supuesto, sin contar con esquíes, botas, lentes, bufanda, guantes... todo eso es aparte. ¿Qué tal un masajito después de esquiar? Muy bien, desembolsando 80 dólares por 50 minutos en The Aspen Club, propina incluida. Menos mal.

¿Frío? No. Imposible. Nunca he visto más abrigos de piel por kilómetro cuadrado. En otros lugares, desde Los Ángeles hasta Nueva York, quien se atreviera a ponerse tanto mink y zorro acabaría posiblemente con marcas rojas de *spray* sobre sus abrigos, colocadas con gusto por activistas defensores de los animales. Pero en Aspen, vestirse con un zoológico encima —aunque sea políticamente incorrecto y la cuenta supere los 10 mil dólares por espalda— es la regla para los acomodados.

Éste es el Aspen que se ve, el agradable, el que ríe, el que brilla sobre la nieve, el que aparece en las revistas de música y en la televisión de chismes y frivolidades. Pero hay otro Aspen, uno que no se ve, que tiene frío, que trabaja semiescondido, que gana poco, muy poco, y que permite que todo funcione. Es el Aspen de los indocumentados.

Están por todos lados. Son inmigrantes de México y Centroamérica que hacen las labores más duras, las que ningún estadounidense quiere realizar. La mayoría de estos inmigrantes, desde luego, no tiene los documentos legales para trabajar. Pero sus empleadores aparentemente prefieren arriesgarse a una multa por parte del Servicio de Inmigración de Estados Unidos a tener que pagar salarios más altos. Es un acuerdo no escrito: yo te contrato, aunque pague una miseria, tú trabajas y nadie dice nada a las autoridades migratorias.

Estos inmigrantes parecen invisibles para los visitantes de Aspen. Sin embargo, sólo basta abrir los ojos un poco para darse cuenta que gracias a ellos la maquinita de lo cotidiano se mantiene bien engrasada. Por ejemplo, conocí a unas muchachas de Michoacán que limpian concienzudamente unas cabañas para turistas, a un grupo de salvadoreños que cocinan *cheeseburgers* para los esquiadores en la punta de una de las montañas y a un par de chilangos (así es como los norteños describen cariñosamente a los habitantes de la ciudad de México) tirando la basura en uno de los supermercados del área.

¿Y quién cuida a los bebés de los esquiadores? Mujeres indocumentadas, por supuesto. Son inconfundibles. Llevan enormes chaquetas de poliéster sobre unos jeans delgados y apretados, cubren su oscura cabellera con gorros de lana y empujan en sus carreolas a niños rubios, inexpresivos por el frío, rojos en los cachetes y la nariz, con tanta ropa encima que parecen tener enyesados los brazos y las piernas.

Estos inmigrantes —que cuidan bebés, que limpian hoteles y oficinas, que trabajan en la industria de la construcción...— prefieren pasar el frío de Aspen al hambre de América Latina. Es fácil entenderlo. Veamos un caso. El salario mínimo en México apenas arañaba los cuatro dólares por día a finales de siglo. Y eso es precisamente lo que ganan estos inmigrantes en menos de una hora en Estados Unidos.

El frío —aunque se marque por debajo del punto de congelación, como en Aspen— es mejor que el hambre. No hay ningún misterio en esto; mientras haya millones de desempleados en Latinoamérica y exceso de empleos en Estados Unidos seguirá habiendo inmigración ilegal hacia el norte. Es una cuestión de oferta y demanda, no de leyes ni de fronteras.

Este flujo migratorio antes sólo llegaba a lugares como Seattle, San Antonio y Chicago. Pero lo interesante es que se ha extendido como aceite a toda la geografía norteamericana; hoy encontramos inmigrantes indocumentados en Omaha y Anchorage, al igual que en Little Rock y Aspen.

Y con estos inmigrantes, Aspen se ha beneficiado enormemente... a pesar de los *rednecks* que los siguen viendo con desprecio y de la seudoaristocracia que los critica de labios para afuera, pero que los usa y abusa sin dudarlo un segundo. Como lo indica el último estudio publicado por la Oficina del Censo de Estados Unidos, todos los lugares —Aspen incluido— donde hay inmigrantes están creciendo económicamente y generando nuevos puestos de trabajo.

Sin los indocumentados, este pueblo de esquiadores se quedaría atorado en la nieve, aunque muchos ni siquiera lo sepan.

Posdata. El periódico *The Denver Post*, reaccionando a la serie de redadas contra indocumentados en Colorado, escribió en un editorial que "los inmigrantes indocumentados están manteniendo a flote nuestra fuerte economía". Tiene razón. Sin los trabajadores indocumentados, Estados Unidos no hubiera sostenido uno de los crecimientos económicos más grandes de su historia.

Irónicamente, en un futuro no muy lejano, el país con más inmigrantes pudiera ser el que tenga mayores probabilidades de sobrevivir económicamente, manteniendo su productividad y su distribución de beneficios sociales. Según un artículo del escritor y empresario Peter G. Peterson en la revista *Foreign Affairs* (enero-febrero de 1999), las sociedades desarrolladas más viejas y ricas van a necesitar de trabajadores inmigrantes jóvenes para mantener sus altos niveles de vida y prestaciones sociales.

De acuerdo con Peterson, el envejecimiento de las sociedades ya está ocurriendo en Estados Unidos y en Europa, donde los niveles de fertilidad han disminuido y cuya población mayor de edad está en constante aumento. En el año 2000 las personas mayores de 65 años constituían el 13 por ciento de la población norteamericana; para el 2033 serán el 20 por ciento.

De esta manera, ¿quiénes van a trabajar?, ¿quiénes van a mantener andando los motores de la economía?, ¿quiénes van a pagar por los programas de retiro de los ancianos? Los jóvenes y los inmigrantes.

Dice Peterson que "en muchos países europeos, los extranjeros no europeos ya conforman casi el 10 por ciento de la población". Y, por poner un ejemplo, en Alemania, "los extranjeros serán el 30 por ciento de la población para el año 2030".

6. Matamoros, Nueva York

Nueva York. Si las cosas estuvieran bien en Matamoros, Puebla, no habría tantos mexicanos en Nueva York. Pero la realidad es que las cosas no están bien ni en Matamoros, ni en Michoacán, ni en Monterrey, ni en...

Los mexicanos —mal capitaneados por un presidente, Ernesto Zedillo, que rehusaba debatir públicamente los grandes problemas del país y que cada vez se encerraba más en el acartonamiento de su investidura oficial— apenas salían de una crisis para entrar en otra.

Así ha sido desde principios de la década de los ochenta cuando tuvimos un presidente, José López Portillo, que ofreció defender el peso mexicano "como un perro". Su éxito fue tal —el peso se desplomó en picada— que todavía hay gente que le ladra cuando se presenta en un restaurante o en un lugar público.

Así, con esas crisis cíclicas, no me extraña que el éxodo al norte continúe y particularmente a una ciudad como ésta —NY— donde el Servicio de Inmigración de Estados Unidos se las ve negras para diferenciar a los inmigrantes legales de los indocumentados; igual de México que de China.

Nueva York es una metrópoli en la que cualquier persona puede sentirse relativamente segura (del Servicio de Inmigración y Naturalización), aunque haya cruzado a nado el río Bravo o llegado en una barcaza de Hong Kong. Las redadas de la migra, claro, existen, pero no son comparables con las que ocurren en Texas y California.

Extrañamente, y desafiando todos los estereotipos, me encontré a decenas de mis compatriotas en una librería del oeste de Manhattan. Todos andábamos buscando libros y estábamos muertos de frío; los chalecos y chamarras nos llegaban hasta las orejas. La única diferencia es que yo era chilango —del D.F., pues— y ellos de Matamoros, estado de Puebla.

Eran en su mayoría hombres, solos y jóvenes, que habían dejado en México a sus esposas, novias, padres e hijos, hace tres, 13, 23 años atrás. Durante décadas se ha creado un caminito —una especie de cadena de contactos familiares y de amistades— que ha predispuesto a generaciones completas de poblanos a venirse a Nueva York. (Varias veces he escuchado que el mejor mole poblano, fuera de Puebla, se come en restaurantes neoyorquinos.) Y ahí, recuperando los olores y sabores del pasado, la conversación giró inevitablemente hacia México.

"Extraño un chorro", me dijo uno. "Pero estamos mejor acá." A otro le pregunté si le daban ganas de regresar después de una década, a lo que me contestó: "Pa' qué me regreso, si allá ni trabajo hay".

Estos poblanos, a su manera, le han apostado sus dólares y su sudor a la posiblidad de rasguñar el sueño americano y su globo todavía no se revienta.

¿Y México? México fue el antes y quizás el después; pa'l retiro, para enseñarle las fotos a los nietos, p'acordarse de lo picante y dulce del mole. Pero no p'ahora.

Este grupo de inmigrantes mexicanos en Nueva York —¿serán unos 100 mil?— sigue, sin embargo, pegado a sus tradiciones.

Un 12 de diciembre que coincidimos en Nueva York, muchos de estos mexicanos acabaron en misa. ¿En misa un sábado por la tarde? Les pregunté. "Pos si es el día de la Virgen de Guadalupe", me comentó una mujer ya entradita en años. "¿A dónde más nos vamos a ir?"

Y me pareció curioso que lo planteara de esa manera porque, si hay una ciudad que tiene lugares a dónde ir, es Nueva York. Pero para ella —y su familia— las opciones de esa tarde sabatina se redujeron a una: rezar a la Virgen de Guadalupe.

Dejaron a un lado, de un plumazo, una laberíntica y punzante exhibición del alcoholizado y atormentado pintor Jackson Pollock en el Museo de Arte Moderno. En el MoMA no me encontré a nadie de Matamoros, Puebla.

Tampoco llegaron en chorros a ver una obra que estaba causando sensación en Broadway —*The Blue Room*—, en la que la blanquísima esposa del actor Tom Cruise, Nicole Kidman, sale en pelotas. (No vi la obra; no había boletos disponibles y los precios de la reventa andaban en 1,400 dólares por un asientito. Pero sí leí que varios de los afortunados asistentes llegaron al teatro con binoculares para apreciar cada una de las pecas de la talentosísima actriz australiana.)

No. Pollock y la Kidman están fuera del lenguaje cultural de la mayoría de los poblanos con quienes me topé en Nueva York. Pero no importa. Ellos —junto con los puertorriqueños, dominicanos, ecuatorianos, peruanos y centroamericanos— están transformando poco a poco una de las megalópolis más vibrantes del mundo.

Aquí hay zonas completas dominadas por el español y distintas versiones del *espanglish.* Los medios de comunicación hispanos compiten con creciente éxito frente a los que transmiten en inglés. Cada vez hay más latinos en puestos de elección popular. Y los que creían que Estados Unidos era un país de blancos deben asomarse al Parque Central o a la Quinta Avenida para comprobar que las tonalidades de café son las predominantes.

El futuro de Estados Unidos depende de que se reconozca a sí mismo como una nación multiétnica y multicultural. Y una de las primeras ciudades norteamericanas en aprender la lección —de tanto golpe al verse al espejo— es Nueva York.

Para mí, después de platicar un rato con estos poblanos, Matamoros, Puebla, no parecía tan lejos. No sé cómo será; me lo imagino —por lo que me contaron— como un pueblo con una plaza, muchas mujeres y poco trabajo.

Pero con tantos de sus habitantes aquí, por un momento tuve la impresión de haberme sumergido en un refugio de la imaginación llamado Matamoros, Nueva York.

Posdata. ¿Cuántos mexicanos hay en Estados Unidos? Bueno, de acuerdo con un estudio realizado por los gobiernos de ambos países (*Binational Study on Migration*), los mexicanos (nacidos en México) que viven en Estados Unidos son entre 7 y 7.3 millones. De éstos, los residentes legales pudieran llegar a ser 4.9 millones y los indocumentados unos 2.4 millones.

El estudio concluyó que entre 1990 y 1996 el número de inmigrantes indocumentados que se quedó a vivir en Estados Unidos fue de 630 mil. Es decir, cada año, 105 mil mexicanos hacen de Estados Unidos su lugar de residencia permanente.

Sin embargo, hay muchos trabajadores mexicanos más que entran y salen de Estados Unidos. Una investigación realizada por Jorge Bustamante para el Colegio de la Frontera Norte y la Universidad de Notre Dame (*Immigration from Mexico and the Devaluation of the Peso; The Unveiling of a Myth*) establece la naturaleza circular de la migración de México a Estados Unidos y, luego, de vuelta a México.

Es decir, los trabajadores mexicanos cruzan al norte para ganar ocho, nueve, 10 veces más que en México y luego tienden a regresar a sus casas en fechas importantes, fundamentalmente durante la época de navidad y año nuevo. Y algunos, como vimos antes, se quedan.

Según Bustamante, no hubo un mayor flujo de inmigrantes mexicanos hacia Estados Unidos tras la devaluación del peso el 19 de diciembre de 1994. Él escribe que "la última devaluación del peso mexicano ha sido ligada por algunos funcionarios públicos y políticos prominentes de Norteamérica a un incremento en el flujo de inmigrantes indocumentados de México a Estados Unidos. Más de seis meses después de la devaluación, dos fuentes independientes de información estadística muestran que, si existe tal relación, fue de manera inversa".

El estudio rompe los mitos sobre las supuestas causas circunstanciales que incrementan la inmigración y, en cambio, apunta y describe la verdadera naturaleza circular de la migración de mexicanos que van y vienen del norte.

7. La redada

Los Ángeles. La redada fue organizada como si se tratara de una película. De hecho, ocurrió muy cerca de Hollywood. Muy tempranito, un agente del Servicio de Inmigración y Naturalización (INS) llamó a los directores de noticias de los principales medios de comunicación de la ciudad para avisarles que en unas horas iba a realizarse el arresto de varios indocumentados.

Nos citaron en una esquina y, tan pronto nos juntamos un grupo de reporteros, partimos al lugar de la redada. Era una fábrica de muebles.

Cuarenta agentes del INS rodearon el lugar. Varios pares de ojos miraban, preocupados, desde las sombras de la fábrica. De seguro sabían lo que les esperaba.

Tan pronto como los agentes bloquearon todos los accesos, comenzó la persecución. Durante la operación sólo se veía correr a uno que otro trabajador. Las cámaras de televisión no paraban de rodar. El Servicio de Inmigración había preparado un *show* a los periodistas; eran los gladiadores de Inmigración armados hasta las narices tras indefensos y confundidos trabajadores latinoamericanos.

Algunos, sí, trataron de escapar. Pero el resto de los empleados no opuso resistencia y se dejó arrestar. Era fácil darse cuenta a quiénes estaban arrestando los funcionarios de migración; la tez morena, el pelo negro y el bigote eran tres de las constantes. Ni un güero fue arrestado.

Aproximadamente una hora después de iniciada la operación, una fila de trabajadores de origen mexicano se formaba frente a los autobuses del INS. Tras dar sus datos, iban subiendo, uno a uno, resignados a ser deportados.

Tuve la oportunidad de hablar con dos de ellos.

—¿Es la primera vez que lo arrestan los oficiales de inmigración? —pregunté a un muchacho que no pasaba de 30.

—No. Ya van dos veces —me dijo.

—¿Y va a volver a tratar (de regresar a Estados Unidos)?

—No sé; ya llevo 11 años que no voy pa' mi casa —contestó. Quizás aprovecharía que la migra pagaba el boleto de regreso a México para ver a los suyos. La verdad, no se notaba muy molesto.

El otro joven, en cambio, tenía una actitud mucho más combativa. Yo quería saber por qué se había ido de México. Así que comencé preguntándole:

—¿Cómo están las cosas por allá?

—Muy duras, por eso toda la gente de por allá se está viniendo para acá —me dijo. Y luego, reflexionando en lo que más le dolía, continuó—: Apenas pagué esa deuda para que me trajeran. ¿Volverla a pagar otra vez? No sale, pues.

Era claro lo que había en su mente: los 250 dólares que le tuvo que pagar al coyote para que lo cruzara de Baja California a la California del billete. Las cuentas, sencillamente, no le salían. Él, al igual que las tres docenas de indocumentados arrestados durante la redada, ganaba 3 dólares con 35 centavos la hora. Para pagar a otro coyote, el mexicano con quien conversé hubiera tenido que utilizar el equivalente a dos semanas de trabajo sólo para volver a cruzar la frontera. No sale, pues.

A las afueras de la fábrica, un orgulloso director regional del INS justificaba la redada en una improvisada conferencia de prensa. "Recibimos muchas llamadas del público indicando que no pueden recibir trabajo (en esta fábrica)", me aseguró.

Lo que nunca dijo es qué norteamericano estaría dispuesto a trabajar por los 3 dólares con 35 centavos la hora que recibían los inmigrantes arrestados.

Posdata. Entre junio de 1997 y junio de 1998 la asociación llamada National Network for Immigrant and Refugee Rights estudió los efectos de 235 redadas realizadas en 31 estados norteamericanos y el Distrito de Columbia. Las conclusiones son terribles:

- Las redadas violan los derechos civiles y constitucionales. Oficiales del Servicio de Inmigración y Naturalización (INS) han abusado física, verbal y psicológicamente (de los inmigrantes), dependen de estereotipos étnicos y raciales, y les han negado sus derechos básicos al realizar las redadas...
- Las redadas desestabilizan familias. Niños y otros miembros de las familias han quedado traumatizados por las redadas. Frecuentemente, los padres son esposados y los niños se quedan sin atención o huérfanos porque los padres son rápidamente deportados a consecuencia de la redada.
- Las redadas afectan los salarios justos y las condiciones saludables de trabajo. Empleadores inescrupulosos han utilizado las redadas o las amenazas de ellas para destruir organizaciones laborales que buscaban mejores condiciones salariales y de trabajo. Crean un ambiente de intimidación que afecta a todos los empleados, independientemente de su estatus migratorio.
- Las redadas no afectan significativamente las tendencias migratorias. Las redadas del INS castigan, no son efectivas y son inhumanas. Las redadas fallan en su intento de evitar la inmigración indocumentada. Muchos sectores económicos dependen del trabajo de los inmigrantes indocumentados. Las redadas no tienen ningún impacto en los factores económi-

> cos, políticos y sociales que provocan que inmigrantes indocumentados crucen fronteras internacionales.

La conclusión de esta agrupación fue sólo una: "Los problemas con las redadas son tan fundamentales, que el INS debe dejar de realizar estas operaciones".

Las redadas, desde luego, continúan.

En 1997 unos 22 mil inmigrantes indocumentados fueron arrestados para luego ser deportados (*NYT*, marzo 9, 2000). En 1999, según cifras del Servicio de Inmigración, las detenciones bajaron a sólo ocho mil. De hecho, los inmigrantes lograron mantener bajo control la inflación durante casi toda la presidencia clintonita debido a que el costo de la mano de obra se mantuvo barato. Sin ellos, sin los inmigrantes legales e indocumentados, otra hubiera sido la historia económica de finales del siglo XX.

Sin embargo, la mayoría de los expertos en este tema coincidían en señalar que tan pronto terminara el boom económico que caracterizó la presidencia de Bill Clinton, el número de indocumentados detenidos y deportados volvería a subir.

Es decir, cuando hacen falta trabajadores en Estados Unidos, al inmigrante indocumentado se le atrae y se le aguanta. Cuando no hace falta, se le trata de expulsar como si fuera un artículo desechable.

8. Las niñeras

Se reúnen en los parques, por las tardes, con nuestros hijos. Son sus madres sustitutas; los levantan, los visten, les dan de comer, los protegen de los perros y el catarro, los bañan, los peinan, los abrazan, los ponen a dormir... en otras palabras, los cuidan como si fueran suyos.

Seguro les recuerdan a sus propios niños que dejaron atrás y que quisieran traer a Estados Unidos. Pero el riesgo de cruzar ilegalmente a un menor de edad por la frontera es muy alto. Además, saben que si logran traer a sus niños aquí, posiblemente se quedarían sin trabajo. ¿Quién va a querer contratar a una niñera que, a su vez, necesita que alguien le cuide a sus niños? Ésa es su tragedia. Por eso vuelcan su cariño en los "locos bajitos" (como dice la canción de Serrat) que les tocó cuidar.

Son las doctoras improvisadas de nuestras casas. Traen en la memoria y en las manos las recetas de sus pueblos y de los bisabuelos (que funcionan tan bien o mejor que la aspirina). Conocen las propiedades de las frutas y verduras porque crecieron cosechándolas. "No le dé ciruela al niño, señora, porque no le para la cagalera", he escuchado por ahí. "Mejor arrocito con caldo de pollo y verá que pa' mañana se sentirá mucho mejor". ¿Y para el hipo? "Póngale un hilito en la frente."

Son las maestras de español para niños que sólo hablan inglés. Conozco a niños de padres anglosajones que se comunican perfectamente en castellano con sus *babysitters*. Pero más que enseñar un nuevo idioma, su sola presencia es la mejor lección que pueden recibir los niños sobre la diversidad étnica y cultural que caracteriza a Estados Unidos. Es poco probable que un niño que creció junto a una niñera latinoamericana se convierta en un hombre que odia a quienes hablan español y son diferentes a él.

Vienen de todos lados, pero sobre todo vienen del sur. Por supuesto hay más mexicanas en Los Ángeles, más nicaragüenses en Miami y más colombianas en Nueva York. E incluso se percibe una especie de orgullo nacional cuando dicen que vienen de un país donde "se cuida muy bien a los niños". ¿Cuáles son las mejores? "Uy, las hondureñas son sensacionales", me dijo una amiga. "No, para mí no hay como las mexicanas", me dijo otra.

La abogada Zoe Baird perdió la oportunidad de convertirse en la primera mujer Fiscal General de Estados Unidos porque había contratado a una indocumentada. Eso fue un escándalo. Pero nadie se escandaliza cuando una abogada de Perú busca trabajo como empleada doméstica, o cuando una doctora de República Dominicana se ofrece para limpiar casas, o cuando una ingeniera de Costa Rica tiene que cuidar niños porque no tiene permiso de trabajo en Estados Unidos.

Es relativamente fácil localizarlas porque son conocidas de la muchacha que ayuda a la vecina del asistente que trabaja con el hermano de tu primo. A veces la relación es mucho más complicada. Las referencias son casi imposibles por lo que uno depende de ese instinto de saber que esta mujer —que pasará 12, 13, 14 horas al día con la persona que más quieres en el mundo— no le va a hacer daño y será una influencia positiva en su vida.

Desde luego que hay gente que abusa. Es frecuente ver por televisión casos —algunos sumamente dramáticos— de niñeras que golpean a los niños que tienen a su cuidado. Pero la mayoría no son así. De la misma manera, hay personas que las tratan como si fueran esclavas modernas: poca comida, ofensas constantes, las espían mientras hablan por teléfono, les limitan sus contactos y les dan una remuneración que no recompensa las semanas de trabajo sin descanso.

Son las *chefs* de nuestras casas. ¿En qué restaurante de Estados Unidos se pueden comer tortillitas recién hechas, arepas calientitas o pupusas de chicharrón y queso? El mejor ceviche, el mejor mole, el mejor lomo saltado, lo comemos en casa de nuestros amigos. Y la cocinera muchas veces es la misma que unos minutos atrás estaba sacándole la mugre de las orejas a un mocoso travieso.

Son improvisadas administradoras de lo que no es suyo. Están ahí cuando llega el carpintero, el plomero y el técnico que va a arreglar el refrigerador. Y permiten al señor y a la señora pasarse la mitad del día fuera para poder pagar por la casa grande, el segundo carro y las tres semanas de vacaciones al año.

Toman mensajes y dan consejos. Pueden ser silenciosas pero conocen los secretos de la familia; el marido que no llegó, el tío que sacaron de la cárcel, la adolescente embarazada, la amiga que quiere dinero prestado, el joven mariguano... En ocasiones tienen que parecer invisibles, particularmente cuando hay tensión en la casa. En otras, deben estar siempre disponibles aunque les duela la panza, tengan dolor de cabeza o estén sufriendo del flu que la niña les pegó.

Atienden al gato y al perro y ven con asombro que el presupuesto para los animales es muchas veces superior a lo que gasta en comida su familia en México, en Costa Rica, en Venezuela, en El Salvador.

La verdad es que no ganan tanto por todo lo que hacen. Las que menos, reciben unos 100 dólares a la semana. Otras a lo mejor llegan a los 300 por semana. Más una cama y comida. Descansan uno o, con suerte, dos días por semana. Se levantan con el sol y generalmente se quedan hasta tarde planchando o lavando los platos de la cena. No tienen horarios fijos. Son todólogas. Pocas se quejan y ninguna demanda legalmente; saben que si se meten en problemas con la señora de la casa van a acabar con sus tiliches en la calle... o peor, detenidas por un agente de la migra.

Una buena parte de lo que ganan lo envían a sus países de origen. Pa' la casa. Pa'l terrenito. Pa' que los niños vayan a la escuela. Pa' su ropita. Pa' que vivan mis papás. Pa' que mi hermana atienda a mis escuincles. Otra, la guardan para pagar por las llamadas de teléfono.

Las que saben usan tarjetas prepagadas; así establecen de antemano cuánto se van a gastar. Lo peor, sin duda, es cuando están en la mitad de una conversación y se corta la comunicación. En seco. En triste.

De lo que sí se quejan es que no tienen con quién quejarse. Que les vendieron una tarjeta del teléfono que ya estaba usada. Que el dinero que enviaron hace tres semanas no llegó. Que les cambiaron el dólar muy, muy bajo. Que la comisión es tan alta que no vale la pena enviar el dinero. Que les vendieron un boleto viejo de la lotería. Que el chofer del camión les cobró el doble.

El lunes muy tempranito, tras su corto fin de semana, te las encuentras bajándose del *bus*. Sólo las que llevan mucho tiempo en Estados Unidos tienen su carrito viejo. Las demás tienen que tardarse dos y tres horas en metro y autobús para hacer un recorrido que en auto tomaría no más de 20 minutos. Como en sus pueblos, caminan. Mucho. Algunas veces, en el verano, he visto a algunas llevar un paraguas para el sol. Y me imagino que hacía algún tiempo batallaban igual contra el sol en Managua, en Tegus, en San Pedro, en Zacatecas o en Barranquilla.

* * *

Rebeca —"es un nombre de la Biblia que escogió mi papá"— cuida niños en Estados Unidos porque no puede cuidar a los suyos en México. Tiene apenas 24 años, pero sus hijos que dejó en San Luis Potosí ya están creciditos. "La niña tiene seis años y el niño cinco", me contó con una sonrisa que le invadía su cara redonda.

El papá de sus hijos, como muchos inmigrantes del estado de Hidalgo, se vino a Estados Unidos porque allá no había chamba. Primero dijo que iba a ser sólo por un año y luego fueron dos y luego ya no tiene ni para cuando regresar. Con lo que él gana aquí, viven varios allá.

Rebeca lo esperó por un tiempo pero se cansó de esperar. Y un día, por teléfono le dijo: "Me voy pa'llá y te ayudó a limpiar tu ropa". Dejó encargados a los niños con una tía y se puso en contacto con un pollero que le ayudaría a cruzar por Texas.

Originalmente había varias muchachas en el grupo, pero cuando llegaron a la frontera ya sólo quedaba ella. No conocía a nadie, así que se hizo amiga de un señor "que parecía buena gente" y le dijo a todos los demás que era su tío. Nadie la tocó.

La cruzada no fue lo más difícil. Lo más difícil fue la vueltota que dieron para no tener que pasar por el estado de Louisiana. Ahí los agentes de migración están muy abusados porque ya saben que casi todos los que cruzan por Texas y necesitan ir a los campos de cultivo en la Florida agarran el camino corto.

El grupo de Rebeca tomó el camino largo. Tan largo que desde Texas llegó al estado de Virginia —cerquita de Washington, D.C.— y luego bajó cruzando las Carolinas hasta llegar al sur de la Florida.

Ya ahí —tras pagarle al coyote y despedirse del "tío" postizo— se reunió con su esposo y rápidamente se dio cuenta que en lugar de limpiarle las camisas era mejor negocio cuidar niños ajenos. Ahora gana casi lo mismo que su esposo y entre los dos están enviando dinero a México para pagar por una casita. "Ésa sí tiene baño y no hay que salir al patio por las noches", me comentó.

Rebeca es una mujer decidida y cariñosa. El cariño que no puede dar a sus hijos —con quienes habla por teléfono cada dos semanas— lo da a quienes tienen la suerte de caer en sus manos.

Un día su niño en México se enfermó. Sangraba mucho de la nariz y en San Luis no había doctor que supiera qué tenía. Pasó unos días espantosos y consideró regresar si su hijo seguía mal. No debe haber nada más desesperante que saber que un hijo se puede morir y no estar cerca de él para ayudarle. Pero un médico de un centro estatal pudo controlar la hemorragia al niño y hoy está mucho mejor.

Rebeca dice que quiere regresar a México para estar con sus hijos cuando empiecen la escuela. Pero el otro día ya le estaba comentando a su esposo que a lo mejor va a México por un tiempo y luego se vuelve a Estados Unidos.

Rebeca ya conoció la vida en este país y le gustó. Nació en un lugar donde no había luz, teléfono ni agua potable y se pasaba el día cultivando la milpa. Por eso no le tiene miedo al trabajo duro ni a las largas horas que requiere el cuidado de los niños. Aunque no sean de ella.

El dilema de Rebeca es qué hacer con sus propios niños; si los deja en México o si se los trae para acá. Le da mucho miedo cruzar con ellos por la frontera. Pero el plan no está descartado. Sería la única forma de reunir a toda la familia. "Todavía están muy chiquitos, pero luego que crezcan quién sabe", me dijo.

Mientras tanto, los niños que cuida Rebeca en Estados Unidos —y que sin ella sólo hablarían inglés— hoy saben decir "gracias" en español. Y eso le alegra el día y le ayuda a olvidarse por un ratito de un niño y una niña que viven en México y que casi todos los días preguntan: "¿Y cuándo viene mi mami?"

9. La reconquista de California

Los Ángeles. La anécdota que les voy a contar ha tomado vida propia y algunas personas tienden a sacarla de contexto para usarla como mejor les conviene. Resulta que el ex cónsul general de México en Los Ángeles, José Ángel Pescador, incluyó en un discurso una frase sobre "la reconquista de California". Su comentario, hecho en tono de broma y con la intención de promover la discusión, cayó como bomba en varios círculos ultraconservadores de Estados Unidos a mediados de 1998.

Por supuesto que el diplomático mexicano no proponía ningún tipo de invasión militar para recuperar el territorio que perdió México a mediados del siglo XIX, ni una misión suicida, ni nada que se le parezca. Eso sería una soberana tontería.

(Después del conflicto entre México y Estados Unidos en 1848, Norteamérica se quedó con medio millón de millas cuadradas de territorio mexicano y que ahora son parte o la totalidad de los estados de California, Nevada, Utah, Arizona, Nuevo México, Wyoming, Texas y Colorado.)

El diplomático sólo observaba —al igual que muchos otros antes que él— cómo crece y crece el número de hispanos de origen mexicano en California. Bueno, para no hacerles el cuento muy largo, el asunto de "la reconquista" ha sido manipulado y explotado por activistas que frecuentemente se oponen a los inmigrantes. Pero lo interesante de la anécdota es que identifica dos fuertes corrientes que en este momento están chocando en California.

Por una parte, tenemos la fuerza de los números. Uno de cada tres habitantes de California es hispano. La mayoría es, desde luego, de origen mexicano. Y como dice la canción de Willy Chirino, "y siguen llegando".

La frontera entre México y Estados Unidos es una coladera. Por más leyes y muros que se hagan, mientras sobre mano de obra en México y falte en Estados Unidos habrá migración, legal e ilegal. Así, cada año se quedan en Estados Unidos 105 mil indocumentados mexicanos, según concluyó una comisión binacional. Y otros estudios, menos rigurosos, disparan la cifra de indocumentados —mexicanos y no mexicanos— a 300 mil cada año. Pero independientemente de cuál sea el número correcto, la mayoría de esos inmigrantes mexicanos se quedan en California. Es una migración silenciosa y constante.

En bloque, estos inmigrantes son muy poderosos. Con su creciente poder adquisitivo influyen igual en lo que se come en California como en lo que se transmite por los medios de comunicación. Por ejemplo, la estación de radio más escuchada en Los Ángeles transmite en español y en la tarde, a la hora de los noticieros de televisión, la audiencia latina es frecuentemente superior a la anglosajona.

Donde flaquean los hispanos de California es en la política. Los latinos representan el 31 por ciento de la población del estado de California, pero están muy lejos —lejísimos— de tener una representación política equivalente. Eso está cambiando; cada vez hay más mexicanos que se convierten en ciudadanos estadounidenses y que, por lo tanto, pueden votar. Pero para que esos votos se sientan, aún faltan años y quizás décadas.

Todo lo anterior —el crecimiento demográfico de los hispanos, la constante inmigración, el incremento del poder económico de los latinos y la expectativa de mayor influencia política— es lo que muchos llaman *off the record* "la reconquista" de California. Otros prefieren hablar de la "mexicanización" o la "latinización" del estado. Pero cualquier término corre el peligro de ser interpretado como *politically incorrect.* Llámele como quiera, describe la masiva presencia de mexicanos en California.

La contracorriente de este fenómeno la forman aquellos que no quieren aceptar que California es un estado marcado por la diversidad: étnica, racial y del lenguaje. Y en los últimos años han hecho esfuerzo tras esfuerzo para aplastar esa imparable influencia hispana.

Esa contracorriente ha tomado distintas formas; a veces es antiinmigrante, otras antilatina o claramente antimexicana, y en la mayoría de las ocasiones, todo lo anterior. Quienes conforman esa contracorriente quieren, en pocas palabras, detener "la reconquista".

Este esfuerzo xenofóbico tiene, también, su numeración. 187 es el número de la ley que le hubiera quitado todos los servicios médicos y de educación a los indocumentados si no hubiera sido anulada por una corte por inconstitucional. 209 es la propuesta que eliminó en California los programas de acción afirmativa que ayudaban a los hispanos, entre otros, a obtener trabajos y a inscribirse en las universidades públicas. Y las consecuencias rápidamente se hicieron sentir. Por ejemplo, el número de estudiantes latinos aceptados en la Universidad de California en Los Ángeles (UCLA) bajó de 1,010 a sólo 458 para el año escolar 1999–2000.

Y la última amenaza fue la proposición 227 que pretendía, por la fuerza, que se prohibiera hablar español en los salones de clase de California, afectando así los programas de educación bilingüe que servían a un millón 400 mil estudiantes (en su mayoría de origen mexicano).

La suma de 187 + 209 + 227 es igual (=) a cero (0) tolerancia ante los que vienen de fuera. Son las nuevas matemáticas del movimiento antiinmigrante/antilatino/ antimexicano en California.

Éstas son, pues, las dos corrientes que están chocando en California y cuyo enfrentamiento saca chispas. En realidad no se trata de reconquistar nada. Los mexicanos hace mucho que dejaron de pelear por California. El verdadero conflicto lo tienen los estadounidenses, que no se han dado cuenta que la cara de su país ya cambió. No es blanca ni pura. Si se vieran al espejo encontrarían una cara mestiza, con rasgos mixtos y una piel quemada por el sol. La inmigración de mexicanos, cubanos, centroamericanos... ha cambiado para siempre la faz de Estados Unidos.

A los norteamericanos, en general, y los californianos, en particular, no les queda más que aceptar —aunque sea a regañadientes— que viven en una sociedad multicultural, multiétnica y multirracial.

Lo demás, son patadas de ahogado.

Posdata. ¿Hay más inmigrantes (nacidos en el exterior) ahora que en cualquier otra época en Estados Unidos? No. Definitivamente.

De acuerdo con la información que cita el académico Julian L. Simon en su estudio *Immigration: The Demographic and Economic Facts*, los actuales niveles migratorios no son los más altos de la historia. En 1870 el 14 por ciento de la población en Estados Unidos había nacido fuera del país. En 1910 esa cifra había aumentado al 14.7 por ciento. Sin embargo, desde entonces hasta 1970 el número de habitantes en Estados Unidos, nacidos en el extranjero, declinó considerablemente.

En 1994 el número de inmigrantes que vivía en Estados Unidos se estableció en un 8.7 por ciento, una cifra congruente con otras en la misma década. De tal forma que podemos concluir que, actualmente, no hay más inmigrantes en Estados Unidos que en cualquier otro momento de la historia. Lo que ha cambiado es el país de origen de esos inmigrantes.

A mediados del siglo XIX, los primeros inmigrantes que llegaron de forma masiva fueron de Irlanda. Entre 1880 y 1920 la emigración hacia Estados Unidos partió del sur de Europa, particularmente de Italia. Esto poco a poco fue cambiando para incluir, también, a personas del norte y el oeste europeo. Conforme fue decreciendo la inmigración proveniente de Europa, se incrementó la que venía del sur de la frontera de Estados Unidos. Con motivo de la revolución mexicana en 1910 se reportan migraciones masivas hacia el norte. Y ya a finales del siglo XX está muy claro que la migración de mexicanos y centroamericanos es la dominante.

Lo preocupante es que conforme cambió el perfil del inmigrante a Estados Unidos se acrecentó su rechazo. En los momentos más álgidos de la inmigración irlandesa o italiana jamás se registró un sentimiento antiinmigrante tan grande como en 1994. Fue ese año cuando la proposición 187 fue aprobada por los votantes californianos. La 187 se constituyó claramente como un ataque a los inmigrantes provenientes de México y el resto de América Latina.

10. Los indispensables

¿Qué sería de Estados Unidos sin los inmigrantes indocumentados? Bueno, por principio sería una nación mucho menos productiva, con más inflación y con un serio problema para obtener mano de obra barata. Además, carecería de la energía y diversidad cultural que aporta a la nación cada uno de esos inmigrantes.

Vamos a hablar claro; los inmigrantes indocumentados son verdaderamente indispensables para que el resto de la población en Estados Unidos pueda mantener su estilo de vida y sus actuales niveles económicos. ¿Quién trabaja en este país por menos del salario mínimo y sin seguro médico? Los indocumentados. ¿Quién cosecha las frutas y verduras que se comen en las mesas de los norteamericanos? Los indocumentados. ¿Quién toma los empleos que nadie más quiere en Estados Unidos? Los indocumentados. ¿Quién cuida a los niños de los padres y madres que trabajan? Los indocumentados.

En octubre de 1996 había cinco millones de inmigrantes indocumentados en Estados Unidos, de acuerdo con cifras del Departamento de Justicia. Éste es un aumento de los 3.9 millones que había en 1992. La ironía es que en el periodo de mayor xenofobia que ha vivido Estados Unidos desde la segunda guerra mundial se ha incrementado dramáticamente el número de este tipo de inmigrantes. A pesar de las barreras, los indocumentados siguen llegando a Estados Unidos por dos razones muy sencillas: en sus países de origen no hay suficientes trabajos y aquí sí los hay.

Estos indocumentados, lejos de ser una carga para Estados Unidos, contribuyen enormemente a la economía del país. Y lo hacen pagando impuestos cada vez que compran algo, creando nuevos negocios y proveyendo mano de obra barata. Esa mano de obra barata es uno de los varios elementos que ha permitido que la inflación en Estados Unidos se haya mantenido bajo control por años.

Además, los indocumentados toman los empleos que los negros y blancos anglosajones rechazan. Por ejemplo, ¿quién levanta las cosechas de tomates en Homestead, en la Florida, recibiendo en ocasiones 1 dólar con 95 centavos por hora? Los indocumentados. ¿Quién ha trabajado por décadas los campos de uvas de California para que sus vinos se den a conocer en todo el mundo? Los indocumentados. ¿Quién limpia los cuartos de hoteles del país por un pago de 5 dólares con 50 centavos la hora? Los indocumentados.

A pesar de todo lo anterior, los arrestos y deportaciones sólo parecen ir en aumento. Por ejemplo, a principios de 1997, en Albuquerque, Nuevo México, 67 empleadas de limpieza de los hoteles Holiday Inn, Best Western, Ramada Inn y Motel Super 8, fueron detenidas en una redada. Pregunta: ¿cuánto le va a costar ahora a esos hoteles conseguir empleadas con documentos migratorios legales para que hagan exactamente el mismo trabajo que tenían las indocumentadas arrestadas? Mucho, mucho más. No me extrañaría para nada que después de las nuevas contrataciones los hoteles de Albuquerque se hubieran visto obligados a subir sus precios.

Y en un caso que daría risa si no fuera por la tragedia que viven ahora varias familias, 20 mariachis fueron detenidos en El Paso, Texas. Aparentemente ninguno era residente legal. Lo chistoso fue que Dan Kane, el vocero del Servicio de Inmigración, dijo que arrestaron a esos mariachis para "regresar sus empleos a trabajadores norteamericanos". Suena extraño porque en los casi 20 años que llevo en Estados Unidos nunca he conocido a un solo estadounidense que sea mariachi... y que cante bien las rancheras.

La inmigración de indocumentados a Estados Unidos es un problema económico, más que político. Por eso es absurdo que los políticos en ambos lados de la frontera eviten hablar del tema cada vez que se reúnen. Es muy cómodo para ellos, pero es una irresponsabilidad.

Dar una nueva amnistía a los indocumentados que viven en Estados Unidos es una idea muy impopular en algunos círculos políticos estos días, pero es la única que puede resolver temporalmente los graves casos de discriminación que sufre la población latina. En 1986 más de tres millones de indocumentados se beneficiaron por una amnistía migratoria. Y junto con la nueva amnistía, urge que los gobiernos de México y Estados Unidos tomen por los cuernos el tema tabú de la inmigración indocumentada y se pongan a diseñar un programa para que los trabajadores del sur puedan entrar legalmente y protegidos a realizar las labores que más se necesitan en el norte.

No hay otra forma de decirlo. Los inmigrantes indocumentados son indispensables para Estados Unidos. Ese hecho tiene que ser reconocido. El único pecado de estos inmigrantes es no tener los documentos necesarios para vivir en este país. Pero, por sus múltiples aportaciones a la economía y cultura de Estados Unidos, se están ganando a pulso el derecho a quedarse.

Posdata. Saber exactamente cuántos inmigrantes indocumentados viven en Estados Unidos ha sido, siempre, motivo de debate. Cualquier cifra que se dé será cuestionada. Así que no nos queda más que citar la información más confiable.

El Departamento de Justicia informó en febrero de 1998 que el número de inmigrantes indocumentados en el país había aumentado de 3.9 millones en 1992 a 5 millones en 1996. Y ya para principios del 2000, el sindicato AFL-CIO (Federación Americana del Trabajo y Congreso de Organizaciones Industriales) calculaba que había unos 6 millones de personas indocumentadas. Es decir, que 2 por ciento de la población en Estados Unidos no tiene los documentos necesarios para permanecer legalmente en la nación y que cada año otros 300 mil indocumentados, aproximadamente, se suman a los que ya existen.

El 80 por ciento de estos inmigrantes se concentraron en los estados de California, Texas, Nueva York, Florida, Illinois, Nueva Jersey y Arizona. En octubre de 1996, según el Departamento de Justicia, dos millones de inmigrantes indocumentados vivían en California y 700 mil en Texas. Asimismo, la abogada de inmigración Priscilla Labovitz calculó que el 42 por ciento de todos los indocumentados en Estados Unidos viven en California.

De acuerdo con el Departamento de Justicia, más de la mitad de los residentes indocumentados provienen de México. El resto, en orden regresivo, son de El Salvador, Guatemala, Canadá y Haití.

11. Desde Chicago con escepticismo

Chicago. En el mero centro de la comunidad latina de esta ciudad, en la calle 18 del barrio de Pilsen, me encontré con un grupo de mexicanos y nos pusimos a platicar —¿de qué más puede ser?— sobre México.

Con la sutileza, diplomacia y buen ojo que tiene todo mexicano para medir al otro a primera vista, comenzamos hablando de lo que más extrañábamos de nuestro país —la familia, el mole, los tacos al pastor, las fiestas, los cuates...— para después pasar al futbol. "¿A quién le van?", les pregunté. "Chivas", dijo la mayoría. Uno que otro se atrevió a murmurar: "Al América". "Cruz Azul", gritó uno más. Nos echamos a reír. Pero luego le entramos al inevitable tema de la política y ése es el punto en que ya no hay retorno.

El primer paso para medir políticamente a un compatriota fuera de México es saber si apoya al Partido Revolucionario Institucional (PRI) y al gobierno o si está en contra de ellos. Con la contestación se rompen muchas conversaciones y se cimentan varias amistades. No me extrañó, sin embargo, que casi todos a quienes les pregunté en ese rinconcito de Chicago tenían algo de qué quejarse contra "el gobierno".

Es curioso cómo con decir "el gobierno" los mexicanos que vivimos fuera del país —cerca de 10 millones de personas— aglomeramos a todos los pasados gobiernos priístas. No sólo al de Ernesto Zedillo, sino también al de Carlos Salinas de Gortari, Miguel de la Madrid, José López Portillo, Luis Echeverría, etc. Y las quejas contra "el gobierno" iban desde corrupción y malos manejos en pequeñas poblaciones, hasta la más típica: la falta de oportunidades de trabajo en México. "La cosa está muy dura por allá", fue el comentario más socorrido.

Las pláticas de los mexicanos en el extranjero están salpicadas de nostalgia y de resentimiento. Esto último por haber tenido que buscar en otra nación las oportunidades que no encontraron en México. Así que no deben llamarnos la atención las sospechas de muchos mexicanos aquí cuando alguien les cuenta que las cosas —la economía, la libertad de prensa, la televisión, las opciones políticas...— están cambiando en nuestro país (y a veces de manera sumamente rápida). Es difícil imaginarse un México distinto al que dejamos cuando nos fuimos.

Por ejemplo, he encontrado un enorme escepticismo en comunidades de mexicanos en el exterior cada vez que hay elecciones en México y se abren las posibilidades para candidatos de oposición. "*N'hombre*", he escuchado varias veces, "ésos del PRI son unas ratas". Bueno, hay muchas formas de explicar cómo un solo partido político se había mantenido en la presidencia de México por más de 70 años, pero ciertamente ésa era una forma de decirlo.

Para estos mexicanos —campesinos de clima cálido convertidos en gélidos seres urbanos— es muy difícil imaginarse que un partido como el PRI, que ha utilizado todo tipo de fraudes, mentiras y trucos para mantenerse en el poder, se autoproclame —como lo hizo en varios anuncios pagados— como el más democrático de los partidos políticos en México. Eso casi nadie se lo traga en el exterior.

Lo que sí les puedo decir es que en esta esquina de Chicago se sigue muy de cerca lo que pasa al sur de la frontera y que aquí muy pocos mexicanos creen que el partido más antidemocrático que ha tenido México nos pueda dar lecciones de democracia.

...De todo esto estábamos hablando una fría tarde en la calle 18 del barrio de Pilsen en Chicago.

Posdata. El distrito escolar de Chicago puso en práctica en el año 2000 un programa que pudiera extenderse a todo el país y que, de tener éxito, resolvería simultáneamente problemas conjuntos de Estados Unidos y América Latina.

El caso concreto era que en Chicago faltaban maestros y en el resto del mundo sobraban. Así que en un programa piloto, el distrito escolar de Chicago pidió un permiso especial al Servicio de Inmigración y al Departamento del Trabajo para traer a profesores de otros países. El permiso fue otorgado, se recibieron las solicitudes en las distintas embajadas norteamericanas a lo largo del orbe y para principios del 2000 ya había 47 maestros extranjeros trabajando en las escuelas públicas de Chicago.

Así se resolvieron algunos huecos que había en el sistema educativo norteamericano con maestros de primera en otros países. Estos maestros ganan mucho más que en sus naciones de origen, pero al mismo tiempo no generaron un gasto excesivo para el distrito escolar. Y lo más importante es que ellos dan clases y cientos de alumnos ahora tienen maestros.

Todos los profesores entraron como turistas pero con la promesa de convertirse en residentes permanentes, si el programa marcha bien. Y problema resuelto.

Pregunta: ¿acaso un programa similar no podría establecerse con el gobierno de México, por poner un ejemplo, para resolver la carencia de trabajadores en Estados Unidos y el exceso en el sur de la frontera?

Chicago sí pudo.

12. La traición (o cómo robaron su voto a 10 millones de mexicanos)

El gobierno de México —y el Partido Revolucionario Institucional (PRI) en particular— enviaron un mensaje muy claro a los mexicanos que vivimos en el extranjero: sus dólares son bienvenidos pero sus votos no.

Diez millones de mexicanos que vivimos fuera de México fuimos traicionados por los senadores priístas que nos quitaron la posibilidad de votar en las elecciones presidenciales del 2 de julio del 2000. Y traición es la primera palabra que me viene a la mente para describir cómo un grupo de políticos del Partido Revolucionario Institucional (PRI) violaron su compromiso de representar a todos los mexicanos en el senado a cambio de proteger sus intereses partidistas y su cada vez más frágil dominio del sistema político. En lugar de representar a los mexicanos, dentro y fuera del país, optaron por defender a sus cuates en el poder.

Unos dirán que así es la política; a mí me suena a trampa y a deshonestidad. Si el PRI de verdad no estaba de acuerdo con la reforma política y con el voto de los mexicanos en el extranjero, entonces ¿por qué se tardó tres años en decirlo? Esto es, desde 1996, cuando los principales partidos de México aprobaron una propuesta de reforma política, el PRI pudo haber dicho: no estamos de acuerdo con el voto de los mexicanos en el extranjero porque tenemos miedo de que la mayoría de esos votos sean contra nosotros. Pero no dijeron nada, hicieron el juego y luego se echaron para atrás. Eso es deshonestidad. Compraron tiempo para luego hacernos la trampa.

La breve historia de esta traición fue así. El jueves 1o. de julio de 1999, a las 11 de la mañana, el senado mexicano debía haber discutido las reformas políticas —incluyendo el voto de los mexicanos en el extranjero— que habían sido previamente aprobadas por la cámara de diputados. Sin embargo, aprovechando su mayoría en el senado, el presidente de la mesa directiva decidió, a las 12:40 de la tarde, que no había quórum y canceló la sesión. "Punto", dijo el senador priísta Eduardo Andrade y con esa palabra murieron las esperanzas de 10 millones de mexicanos, que viven fuera del país, de ejercer un derecho que les otorga la constitución mexicana.

O sea, los senadores priístas llegaron al extremo de dar la espalda a la constitución mexicana con tal de evitar el voto en el extranjero. Y para que no haya dudas, basta decir que la cámara de diputados (el 30 de julio de 1996) y el senado (el 31 de julio del mismo año) aprobaron la fracción tercera del artículo 36 de la constitución, en la que se establece como una de las obligaciones de los mexicanos, "votar en las elecciones populares en los términos que señala la ley y ya no en el distrito electoral que le corresponda, como se disponía con anterioridad". Los senadores priístas que argumentaron que el voto de los mexicanos en el exterior sería inconstitucional obviamente no han leído la constitución o sólo han leído las partes que les convenían.

Otro de los argumentos de los senadores priístas fue que organizar una votación fuera de México tendría enormes problemas logísticos. Eso es cierto, pero una comisión de especialistas del Instituto Federal Electoral (IFE) presentó no una, sino seis formas distintas de organizar el voto de los mexicanos en el extranjero; todas estas formas hubieran garantizado la integridad del proceso electoral. Una vez más, los senadores priístas dieron la espalda a las conclusiones de la comisión de expertos del IFE para proteger su mundito de influencias.

Por lo anterior, ahora los mexicanos que vivimos fuera de México tendremos que esperar hasta el año 2006 para ver si se dignan permitirnos ejercer un derecho constitucional que nos corresponde. Eso no se vale; no es justo. Antes de sus turbias maniobras legislativas, el PRI sospechaba que más de la mitad de los votos de los mexicanos en el extranjero irían para la oposición. Quizás hubiera sido así. Pero la principal función de cualquier congresista es proteger los intereses de su país, antes que los de su partido.

Hay muchas preguntas que se quedan colgando con esta decisión partidista. Por ejemplo, si existen más mexicanos viviendo en Los Ángeles que en la mayoría de las ciudades en México, entonces ¿por qué no pueden votar en elecciones federales?, ¿por qué no pueden escoger a sus propios candidatos?

La opción a la doble nacionalidad no es suficiente. Los mexicanos que residimos fuera del país contribuimos con unos 8 mil millones de dólares al año a la economía de México. Y lo menos que podemos recibir a cambio es tener el derecho a votar y a escoger a quienes nos representen en el congreso.

Es una soberana tontería y una falacia argumentar, como muchos congresistas lo han hecho, que los mexicanos en el extranjeros sí podemos participar en elecciones, porque para hacerlo habría que regresar dos veces a México; primero para empadronarnos y luego para votar. Casi nadie tiene los recursos económicos para hacerlo —mucho menos los trabajadores indocumentados— y el propósito del argumento, me temo, es diluir la fuerza de millones de votos que seguramente irían para la oposición.

El presidente Ernesto Zedillo tampoco se libra de culpa en todo este asunto. Fueron senadores de su propio partido quienes nos negaron el voto en el exterior. Y peor aún, cuando estuvo en California en 1999, Zedillo no se atrevió a decir abiertamente que su partido, el PRI, estaba en contra del voto de los mexicanos en el extranjero. ¿Por qué su silencio? ¿Por qué el doble juego? ¿Tenía miedo de que lo abuchearan?

Lo que sí está muy claro es que, con el PRI o contra el PRI, algún día los mexicanos en el extranjero tendremos la oportunidad de votar, de la misma forma que lo hacen ciudadanos de otros 40 países en el mundo. Y ya que fue el PRI quien nos quitó la posibilidad de votar a 10 millones de mexicanos, que no le sorprenda en el 2006 a dónde irán a parar la mayoría de nuestros votos: contra aquellos que, primero, crearon las condiciones para que tuviéramos que salir de nuestro país, y segundo, contra aquellos que nos negaron el voto en el 2000.

En otras palabras, nuestro voto irá contra aquellos que nos traicionaron.

Posdata. Los mexicanos en el exterior no sólo queremos poner en práctica el derecho a votar que nos otorga la constitución; también queremos ser representados en el congreso mexicano. Así que la lucha por obtener el voto en el extranjero deberá ir unida al deseo de tener a nuestros propios diputados y senadores en el congreso de México. ¿Por qué no? Somos más mexicanos viviendo en el exterior que el número de mexicanos que viven en varios estados del país. Nos corresponde, por lo tanto, el derecho al voto y el derecho a una representación política.

13. Ángel "discriminado"

Ángel fue discriminado desde el primer segundo de su vida. Sólo por ser hispano, sólo porque su papá y su mamá son mexicanos sin permiso de trabajo en Estados Unidos. O por lo menos eso es lo que piensan sus padres.

Ángel —de acuerdo con el cálculo de sus padres— nació en la ciudad de Nueva York justo a las 12 de la madrugada del 1o. de enero del año 2000. Es decir, sería el primer niño del "milenio" en Estados Unidos. Sus padres fueron supuestamente informados por una funcionaria del hospital Lincoln de Nueva York de que Ángel había sido el primer bebé del año. Bertha, la madre, recuerda: "Nos habían dicho que había premios, que había dinero". Además de eso, ellos esperaban una visita del alcalde neoyorquino Rudolph Giuliani para felicitarlos públicamente. Pero, luego, algo pasó.

Lo que pasó es que en el hospital se dieron cuenta de que Gabriel y Bertha Barrientos, los padres de Ángel, son inmigrantes indocumentados provenientes de México. Gabriel me contó que tras la emoción inicial de saber que Ángel era el "primer niño del milenio" en Norteamérica, la actitud de los médicos, enfermeras y funcionarios del hospital Lincoln cambió cuando se enteraron que él y su esposa entraron ilegalmente a Estados Unidos.

Ángel no recibió dinero ni regalos ni la visita del alcalde Giuliani. A Gabriel y a Bertha nadie les dijo que su hijo ya no era el primero del año. Desde la perspectiva de sus padres, Ángel pasó de ser el "primer niño del milenio" en Estados Unidos a ser un niño olvidado y discriminado. "Esto que nos hicieron, yo lo entiendo como racismo o discriminación", me dijo Gabriel por teléfono.

Tanto él como su esposa Bertha están convencidos que Ángel nació justo al entrar el año 2000. Y como prueba —además de haber estado con reloj en mano en el quirófano— tienen el brazalete de plástico que se le puso al niño en la muñeca y que dice (según me leyó Gabriel): "*1/1/2000 time of birth 12 am*".

La versión del hospital Lincoln es muy distinta. Nydia Negrón, directora de Relaciones Públicas del hospital, me asegura que Ángel no nació a las 12 en punto, sino 12 segundos después de la medianoche. Esto convertiría a Ángel en el tercer bebé en nacer en Estados Unidos en el año 2000. No en el primero. (Rebekah, una niña nacida un segundo después de las 12, es considerada, oficialmente, la primera del 2000. El alcalde de Nueva York sí fue a visitar a Rebekah y a su madre, Yunhee Yi, a un hospital de Long Island. Y por eso la familia de Rebekah recibió unos 25 mil dólares en regalos.)

Además, Nydia Negrón asegura que "en ningún momento se les dijo (a los Barrientos) que su bebé era el primero del año". Y cuando le pregunté si Ángel no había sido considerado el primer bebé del año porque sus padres eran indocumentados, ella contestó: "No es cierto; nosotros apoyamos a los inmigrantes independientemente de su situación migratoria".

El hospital difundió la versión de que no hizo publicidad sobre el nacimiento de Ángel porque tenían "que respetar el derecho a la privacidad". Según la oficina de Relaciones Públicas del hospital, fue la madre —Bertha— la que pidió que no se anunciara públicamente el nacimiento de Ángel para evitarles problemas con el Servicio de Inmigración. El niño es estadounidense, por nacimiento, pero los padres podrían ser deportados. Sin embargo, ambos padres me dijeron algo totalmente diferente a lo que difundió el hospital.

"No temo nada", me dijo Gabriel, el padre. Y el tono de la madre fue idéntico. El reconocimiento de ser el primero del año "es algo que a él le corresponde", me confió Bertha. De hecho, ambos aparecieron en televisión nacional en Estados Unidos denunciando lo que ellos consideraban como una injusticia por parte del centro médico. Eso, generalmente, no lo hace quien tiene miedo de ser deportado.

Alguien no estaba diciendo toda la verdad. Como quiera que sea, el caso acabó en el olvido. Hay muchas cosas que jamás sabremos. Por ejemplo, ¿en qué momento se determinó el nacimiento del niño Ángel y la niña Rebekah; cuando se vio la cabeza o los pies? ¿Quién apuntó la hora exacta? ¿En qué reloj se midió?

En el fondo, este caso no tiene nada que ver con quién nació primero. El caso de Ángel tiene que ver con la percepción de que los hispanos —y particularmente los inmigrantes indocumentados— todavía son discriminados en Estados Unidos por su apellido, por el idioma que hablan o por su situación migratoria.

Tal vez Ángel no fue el primer bebé del año. Quizás. Pero sus padres no se merecen el trato que recibieron. Primero, lleno de esperanzas. Y luego, de casi total indiferencia. Me pregunto si se hubiera tratado igual a la familia de un bebé güerito (rubio), con ojos claros, piel blanca, de apellido Miller o Johnson, y con suficiente dinero para contratar abogados.

A pesar del mal rato que han pasado, Gabriel y Bertha no se arrepienten de nada. Ambos cruzaron a pie la frontera del estado mexicano de Chihuahua a Arizona. "Estuvo muy difícil la cruzada porque nos hicieron caminar mucho tiempo", me dijo ella. "Fue muy feo; lo más duro fue caminar". Se tardaron seis días en llegar, sanos y salvos, al lado norteamericano, pero no me quisieron decir cuánto pagaron al coyote que los ayudó a cruzar.

Una vez en Arizona, tomaron un avión y se fueron a Nueva York donde Gabriel consiguió un trabajo de mesero en un restaurante de mariscos. "Éste es el mejor lugar para forjarme un futuro", me dijo él.

Bertha, de 24 años, es de Michoacán y Gabriel, de 22, es oriundo de Veracruz. Los dos, sin embargo, vivían en la provincia mexicana una existencia con pocas promesas. Por eso, cuando Bertha salió embarazada, decidieron lanzarse al norte. De hecho, Bertha cruzó la frontera cuando tenía dos meses de embarazo.

—¿Te arrepientes de haberte ido de México? —pregunté a Bertha.

—Para nada —me contestó—. Aquí (en Estados Unidos) está el porvenir de nuestro niño.

El comienzo de Ángel en este mundo no fue tan bueno, pero aún faltan muchos años para saber si el esfuerzo de sus padres valió la pena.

Posdata. En 1992 nacieron 96 mil bebés de madres indocumentadas en el estado de California, según lo aseguró el congresista Buck Mc Keon a la prensa. Y basado en estos datos, surgió un esfuerzo en la Cámara de Representantes para enmendar la constitución y quitar la ciudadanía norteamericana a los hijos de inmigrantes indocumentados. La propuesta sugería que sólo serían ciudadanos norteamericanos aquellos niños nacidos en territorio norteamericano que tuvieran, por lo menos, un padre como residente legal.

Su argumento era que Estados Unidos no tenía el dinero suficiente para pagar por los beneficios —médicos y educativos— que algunos de estos niños iban a recibir por ser ciudadanos norteamericanos. Lo que se les olvidó a quienes apoyaron esta propuesta en el congreso es que esos 96 mil bebés son tan estadounidenses como ellos.

La propuesta no encontró el apoyo necesario y murió en Washington. Pero sí reflejó con toda su crudeza el sentimiento xenofóbico de muchos miembros del congreso norteamericano.

14. Las cartas de Heliodoro

La proposición 187 en California demostró que una buena parte de la población norteamericana consideraba —erróneamente— que los inmigrantes indocumentados son los responsables de los principales problemas de Estados Unidos. Cuando el 8 de noviembre de 1994 los californianos salieron a votar y aprobaron la proposición 187, refrendaron con su voto una de las leyes antiinmigrantes más radicales e injustas que se recuerden.

La propuesta 187, a pesar de haber sido aprobada por los votantes, fue detenida en las cortes por anticonstitucional. Sin embargo, si hubiera entrado en práctica, hubiera negado educación y atención médica a cientos de miles de inmigrantes indocumentados.

El gobernador Pete Wilson fue rápidamente identificado con la 187. La proposición se basaba en la idea de que los inmigrantes llegaban a California para aprovecharse de los servicios médicos y escuelas gratis. Los estudios, a pesar de esto, indicaban algo totalmente diferente.

De acuerdo con una investigación realizada por la revista *U.S. News & World Report* (4 de octubre de 1993) y que incluyó el análisis de 12 millones y medio de documentos de la Oficina del Censo, "contrario a la opinión popular, los inmigrantes no le roban a los ciudadanos (norteamericanos) sus trabajos; en cambio, expanden las oportunidades de empleo y toman los trabajos que muy pocos estadounidenses desean". Asimismo, la revista aseguró que "la mayoría de los recién llegados no dependen del *welfare* (o ayuda federal)... Sólo el 4 por ciento de los nuevos inmigrantes reciben ayuda del *welfare*".

Este tipo de razonamientos no tuvo ningún impacto. Sólo un juez pudo detener en seco la más radical ley antiinmigrante en la historia de California y, posiblemente, de Estados Unidos: la 187.

Mientras todo esto ocurría, recibí las copias de dos cartas que envió un mexicano en Estados Unidos —y a quien sólo identificaré como Heliodoro— al entonces gobernador de California y al ex presidente Carlos Salinas de Gortari. Ambas cartas fueron escritas en 1993. Él me pidió que las diera a conocer y aquí están:

* * *

Sr. Gobernador Pete Wilson:

Mi mayor deseo es que usted llegue a leer esta carta en la cual expreso lo que siento. Como mexicano llegué a este país a los 15 años. Ya tengo 18 años trabajando aquí y ganando un salario mínimo. Empecé a trabajar a los 16 años porque no quería ser una carga para nadie. Yo he guardado casi talón por talón de todos estos años. He tratado siempre de no ser una lacra para la humanidad. Y así como yo, muchos de mi raza han hecho lo mismo.

Pero a veces no puede uno con tantos biles y más, de hospitales que cobran sin consideración. Con lo poco que ganamos, no nos queda otro camino que pedir ayuda pública para poder subsistir y para no dejar morir a nuestros hijos o a nosotros mismos. Cómo me gustaría que usted y gente como usted estuviera en nuestra piel.

No es cierto que las mujeres (vienen) a parir hijos aquí por la gran fortuna que les dan en el *welfare*. Yo tengo dos niños. Si fuera verdad lo que usted dice, yo tendría unos 12 hijos. Acepto que en mi raza hay de todo... así como en las demás razas. Pues no hay raza perfecta. Y si cree usted que los ilegales mexicanos somos los culpables de las fallas de este país, deberíamos vivir como reyes y no como estamos: que trabajamos de sol a sol por un sueldo miserable sin vacaciones pagadas ni días festivos y, además, recibiendo malos tratos de parte de los mayordomos y patrones. Nos hacen trabajar por contrato y nos pagan el mínimo... si lo queremos. Y si no, nos dicen que "allí está la puerta abierta". Así nos dicen porque la mayoría no sabemos inglés (y) menos tener un diploma de high school que es lo que se requiere para conseguir un trabajo mejor pagado.

Señor gobernador, si los ilegales no volviesen más ¿cree que se acabarían los problemas? Pues lo dudo. ¿A quiénes seguiría culpando de sus malas gubernaturas?

Atentamente

Heliodoro R.

* * *

Lic. Carlos Salinas de Gortari
Presidente de la República Mexicana

Sr. Presidente:

Le escribo esta carta con el mayor deseo de que usted la lea. Yo he radicado en California desde 1975. Me vine con el deseo de regresar a México en cuanto entrara un presidente honesto y justo, un presidente que quitara los malos gobernantes de las ciudades y los pueblos... uno que pusiera orden general y que limpiara el país de corruptos.

Me atreví a escribirle esta carta porque aquí en Estados Unidos se nos ofende y se nos humilla. Nos desprecian a nosotros, los inmigrantes mexicanos. No es justo que pasemos por tantas injusticias de los patrones que nos hacen trabajar por contrato y se nos paga el mínimo. Si pueden, nos pagan menos como si estuvieran haciendo el favor de darnos trabajo. Aparte de todo esto, el gobierno americano nos acusa de venir a explotar a este país. Nos quieren hacer pasar ante las demás razas como ratas de alcantarilla. Ya no podemos soportar más.

Estamos enriqueciendo con nuestro trabajo a este país, que no es nuestro, por culpa de todos los presidentes que han pasado por México. Ni tan siquiera tenemos la libertad de elegirlos nosotros los pobres, aun siendo la mayoría. Ya deje que la gente decida a su partido y su religión y que tenga expresión libre. No nos imponga a los gobernantes que estamos en el fin del siglo XX.

Nosotros necesitamos a alguien quien nos dirija con rectitud y justicia y que nos ayude a sacar al país con nuestro esfuerzo y voluntad. Nuestro México dejaría de ser mediocre, que no tiene ni para cuando pagar las deudas que cada presidente se ocupa de acrecentar. Por eso queremos un presidente que quiera al pueblo y a su raza como a sí mismo...

Piénselo. Es difícil, pero no imposible.

Atentamente.

Un compatriota.
Heliodoro R.

Posdata. En sus cartas, Heliodoro dio en el clavo. La inmigración de México a Estados Unidos tiene dos motivos principales. Uno, que empuja al mexicano al norte, y otro que lo atrae de Estados Unidos. Pero al cruzar la frontera, los problemas apenas empiezan. Lejos de ser el paraíso terrenal que imaginaron, Estados Unidos se convierte en una especie de laberinto, de carrera de obstáculos. Las cartas de Heliodoro reflejan el resentimiento y la frustración de un inmigrante, tanto con la patria que dejó como con las circunstancias que se vio obligado a enfrentar tras su llegada al norte.

15. La niña mexicana que le escribió al presidente Clinton

En 1997 recibí la carta que una niña mexicana escribió al presidente de Estados Unidos, Bill Clinton. Ella no quería que se conociera su nombre, pero sí deseaba que Clinton y los norteamericanos supieran cómo las leyes de inmigración estaban afectando negativamente el futuro de muchas familias de inmigrantes en Estados Unidos, como la de ella.

Ella y su familia vivieron en Texas durante seis años, hasta que el clima de persecución —y la imposibilidad de regularizar su situación migratoria— los obligó a regresar al estado mexicano de Puebla.

Ésta es, pues, la carta de una niña que se atrevió a decir al propio presidente lo que muchos como ella estaban sufriendo. La carta fue escrita en inglés y a mano. (La traducción al español y la edición es mía.)

Estimado Presidente Clinton:

No sé si alguien va a leer esta carta, pero espero que alguien lo haga. Cuando alguien lea esta carta, ojalá sea el señor Clinton. Para entonces yo ya estaré en el país donde nací, México.

Nací en Puebla, México, en el año 1981. Voy a cumplir 16 años en junio, y en junio van a ser seis años que estoy aquí en

Estados Unidos. Soy una estudiante que ha obtenido puras "A" desde que comencé la escuela. He recibido el respeto de mis compañeros y de otras personas a quienes yo quiero y quienes me quieren. He recibido muchos reconocimientos académicos al igual que premios atléticos. (Incluso he ganado un Premio Presidencial.) He participado en varios equipos de basketbol, volleybol, soccer, softball y atletismo. He mantenido altas mis calificaciones y al mismo tiempo he estado involucrada en otros programas, como el consejo estudiantil. Fui también presidenta de un programa para mantener a los niños alejados de las drogas, y he estado involucrada en muchos otros programas.

Cuando yo vine a Estados Unidos, yo veía a este país como el lugar donde uno podía hacer sus sueños realidad. El "lugar" de la libertad. Cuando mi familia y yo inmigramos a Estados Unidos sólo éramos mi mamá, mi papá, mi hermano y yo. Ahora tengo un hermano de tres años que nació aquí y es ciudadano americano y tiene todos los derechos y privilegios que tiene cualquier ciudadano americano.

Ya estábamos estabilizándonos en un lugar, y finalmente viviendo una "vida buena", cuando todas las nuevas leyes que han sido aprobadas y las que aún faltan nos obligaron a regresar a nuestro país, México. Como usted puede haberse dado cuenta, nosotros no "pertenecemos" aquí. Mis padres, uno de mis hermanos y yo somos "extranjeros ilegales" que vinimos a Estados Unidos en busca de una vida mejor y a encontrar libertad.

Yo tenía 10 años cuando vine a Estados Unidos y supongo que uno podría decir que una niña de 10 años no puede distinguir lo que está bien de lo que está mal. Pero ahora ya tengo la madurez de alguien de 16 años de edad, quien puede distinguir lo que está bien de lo que está mal, y ahora puedo decir que estaba equivocada de lo que creí y pensé cuando niña. Una niña que soñó demasiado y una niña que no sabía nada de nada.

Uno no puede culpar a nadie por ciertas situaciones, pero debido a las leyes que han sido aprobadas tengo que dejar atrás a buenos amigos que hice, y tengo que olvidar esos objetivos y sueños que tuve para mi futuro.

Va a ser muy difícil para toda mi familia, pero debido a que mi familia es fuerte mental, física y espiritualmente, creemos que vamos a sobrevivir esta adversidad. Ahora tenemos que regresar y empezar a vivir de nuevo. Todo lo que yo quiero que sepa es que nunca vinimos aquí a buscar su dinero, todo lo que mi familia y yo queríamos era una oportunidad de convertirnos en individuos que fueran ciudadanos ejemplares.

Gracias por su tiempo.

Posdata. Hice llegar una copia de esta carta, en inglés, a la Casa Blanca. Pero no sé si el presidente Clinton la leyó.

Venimos de todos lados

16. Elián: sus primeros 150 días en Estados Unidos

En estas páginas no van a encontrar el presente ni el futuro de Elián. No. Aquí hay sólo una crónica de los primeros —y cruciales— 150 días del niño Elián González en Estados Unidos; desde el jueves 25 de noviembre de 1999, que fue rescatado del mar, hasta el sábado 22 de abril del 2000, cuando agentes del Servicio de Inmigración y Naturalización de Estados Unidos irrumpieron violentamente en casa de la familia González en Miami y tomaron a Elián por la fuerza para reunirlo con su padre.

Extraña coincidencia

Miami. Había pocas, muy pocas, ocasiones en que coincidían el gobierno de Cuba y el exilio cubano de esta ciudad. Pero en una extraña circunstancia, tanto el gobierno como el exilio cubano convirtieron a un niño de seis años de edad en el símbolo de su lucha.

Elián simbolizaba las dos caras de Cuba.

Elián González es uno de los tres sobrevivientes de un naufragio frente a las costas de la Florida. Él estuvo 50 horas flotando en el mar, dentro de un neumático, hasta que lo encontraron dos pescadores. Once personas murieron en la tragedia, incluyendo a su madre Elisabet y el novio de su mamá. Todos estaban huyendo de Cuba en un barco de aluminio de cinco metros de eslora.

Los pescadores Donato Dalrymple y Sam Ciancio —que lo encontraron en un mar regularmente infestado de tiburones— aseguran que Elián estaba rodeado de delfines. Nadie ha podido comprobar lo de los delfines, pero forma parte ya de la mitología creada en torno a Elián.

Tengo frente a mí dos fotografías de Elián. En una, sus ojos están apagados, como si tuviera el alma chupada. Quizás fue el momento en que se la tomaron, horas después del naufragio. O tal vez ocurre cuando es imposible borrar la imagen de tu madre ahogándose. En la otra, el brillo de sus ojos busca reaparecer mientras juega con un camioncito de juguete. En esa foto lleva puesta una camiseta Reebok y pudiera confundirse con cualquier niño norteamericano.

El exilio cubano inmediatamente adoptó la causa de Elián. Algunos de los políticos más importantes de Miami corrieron para tomarse fotos con él y los programas de radio promovieron la idea de mantener aquí al niño. El argumento era sencillo: aunque Elián esté lejos de su padre, es preferible que viva en un país libre a que lo haga en una dictadura.

Por supuesto, en Cuba esa idea no cuajó. El padre de Elián, Juan Miguel González, denunció que el niño había sido secuestrado por la madre, que se fue de la isla sin su autorización y, a través de la cancillería de su país, exigió que fuera devuelto de inmediato.

Las declaraciones del padre cayeron como ladrillos en Miami. Lo acusaron de estar siendo presionado por el gobierno de Fidel Castro. Juan Miguel González trabajaba como cajero en un centro turístico de Varadero y ese tipo de empleo con acceso a los dólares de los extranjeros no los podía conseguir alguien alejado del partido comunista.

La foto del padre de Elián, en su casa de Cárdenas, con un retrato del Che Guevara a sus espaldas, lo convirtió automáticamente en una figura despreciable en algunos sectores del exilio cubano. De la misma manera, ver a Elián en Disneyworld, pegadito a Mickey Mouse, seguramente le revolvió el estómago antiimperialista a muchos socialistas cubanos. La guerra propagandística (y del rumor) había comenzado.

El periódico oficial de Cuba, *Granma*, en un violento editorial, anunció:

> Te liberaremos, Elián, de ese infierno de egoísmo, enajenación, abuso e injusticia, a donde tan brutal e ilegalmente te han conducido. Volverás al seno de tu familia, de tu pueblo y de tu patria, niño símbolo, niño héroe.

El portavoz de la cancillería cubana, Alejandro González (y quien por cierto, no es pariente del niño), siguió la misma línea al comentar:

> Son repugnantes las escenas de un niño cubano secuestrado, rodeado de juguetes, con lo que tratan de comprar su inocente conciencia, cual si fuese un hombre de 20 años. Esto no ha ocurrido jamás, que nosotros sepamos, en ninguna parte. Ése es el imperio que tan cínicamente habla de derechos humanos.

A estas declaraciones siguieron manifestaciones multitudinarias a las afueras de la Sección de Intereses de Estados Unidos en La Habana, exigiendo el rápido retorno de Elián. Se cuentan, sin duda, entre las protestas más grandes desde el inicio de la revolución.

Estados Unidos y Cuba: los separa mucho más que un océano

El gobierno de Castro aseguraba que era la política de "pies mojados-pies secos" la que generaba que, cada año, cientos de cubanos se lanzaran al mar en balsas y lanchas pequeñas con la esperanza de llegar a la Florida. Esa política permitía quedarse en suelo estadounidense a cualquier cubano que lograra tocar las costas de la nación.

El gobierno norteamericano, por el contrario, estaba convencido que eran los altísimos niveles de represión, la falta de alimentos, democracia y libertades en Cuba, lo que empujaba el éxodo al mar. Cualquiera que fuera la razón, muchos cubanos —nunca sabríamos exactamente cuántos— morían en el intento de llegar a Estados Unidos.

Eran, también, prácticamente inexistentes las posibilidades de negociar un acuerdo migratorio entre Cuba y Estados Unidos que evitara todas estas muertes en el mar. Ambos países estaban muy cerrados en sus posturas: uno, sosteniendo el embargo económico, y el otro, sin dar ninguna muestra de apertura democrática y respeto por los derechos humanos. No había, pues, márgenes de negociación.

De hecho, los dos principales candidatos a la presidencia en Estados Unidos en ese momento (Al Gore y George W. Bush) comentaron que no harían grandes cambios en la política norteamericana hacia la isla. Es decir, a mediano plazo, seguirían muriendo balseros cubanos en el Caribe. Como la madre de Elián.

Los políticos y las encuestas

Como padre entendía la necesidad de un niño de crecer con una figura paterna, cariñosa, guía y apoyo; como residente de un país libre no hubiera querido que Elián ni nadie creciera en una dictadura.

La decisión no era fácil.

Elián, rápidamente, se convirtió en una pelotita del ping-pong diplomático entre Estados Unidos y Cuba. Y todo el mundo se metió. En cosa de días, ya estaban involucrados personalmente el presidente Bill Clinton, el gobernante Fidel Castro, varios congresistas norteamericanos, el presidente de la Asamblea del poder popular en la isla (Ricardo Alarcón), la Fundación Nacional Cubano-Americana, la fiscal general Janet Reno, el Servicio de Inmigración y Naturalización, una jueza de Miami que otorgó la custodia temporal del menor a sus familiares en Miami, un juez federal, una corte de apelaciones, psicólogos e innumerables organizaciones populares, tanto en Cuba como en el exilio.

La pregunta central de todo este dilema era: ¿quién podía hablar legalmente por Elián? ¿Sus familiares de Miami o su padre?

El 3 de enero del 2000 el Servicio de Inmigración y Naturalización (INS) decidió que la única persona que podía decidir por Elián era su padre, Juan Miguel González, y estableció el 14 de enero como fecha límite para devolver al niño a Cuba. Sin embargo, a la controversial decisión siguieron varias protestas de grupos de exiliados en Miami. Calles y autopistas fueron bloqueadas y decenas de personas arrestadas.

Pero la estrategia funcionó. La presión se dejó sentir y el caso pasó a una corte federal.

Las encuestas hablaban de una ciudad —Miami— y de un país —Estados Unidos— divididos por el caso de Elián. Una encuesta realizada por el Canal 23 de televisión de Miami (el 7 de enero del 2000) mostraba que el 86 por ciento de los hispanos no estaban de acuerdo con la decisión del INS de regresar a Elián a Cuba. Asimismo, el 70 por ciento de los blancos no-hispanos y el 79 por ciento de los negros de la ciudad apoyaban la decisión de devolverlo. Una vez más, en momentos de crisis, la comunidad cubanoamericana se enfrentaba, casi sola, al resto de la población. Las acusaciones de extremismo e intransigencia volvieron a circular. De igual manera, los prejuicios raciales contra los hispanos surgieron sin mucha dificultad en comentarios a través de diarios, radio y televisión.

Las críticas contra la actitud de la mayoría cubanoamericana vinieron también de dentro de la comunidad hispana. "El miedo no deja pensar en Miami", me dijo un influyente cubano del exilio que no comulgaba con la idea de mantener a Elián en Estados Unidos. Pero este personaje, como muchos, no expresó públicamente su punto de vista por temor a represalias.

Para los cubanos del exilio, el caso de Elián era una oportunidad de lograr una victoria sobre Castro, aunque fuera pequeña. Pocos dudaban en quitarle a Elián la posibilidad de vivir con su padre. Después de todo, cerca de 16 mil niños cubanos llegaron a Estados Unidos en la llamada operación Pedro Pan... y sobrevivieron. Para ellos, no había razón para pensar que Elián tampoco pudiera sobrevivir.

Para Castro, el caso de Elián fue una oportunidad única de distraer la atención mundial sobre los verdaderos problemas del régimen.

Durante la cumbre iberoamericana, celebrada en La Habana en noviembre de 1999, los protagonistas fueron los disidentes, no los presidentes invitados. El movimiento anticastrista dentro de Cuba comenzaba a tomar fuerza bajo el ojo protector de los líderes iberoamericanos; le pedían a Castro un gesto democrático para no aislar aún más a la isla.

Bueno, todo pasó a segundo plano con Elián. Cuando se hablaba de Cuba, a principios del 2000, la referencia obligada ya no era a la falta de democracia y al resurgimiento de la oposición interna, sino al caso de Eliancito, como le decían en la isla.

El padre y la madre

Todo nos hace suponer que Elián nació dentro de un matrimonio que lo esperaba con ansias. Durante años Elisabet, su madre, había tenido muchos problemas para embarazarse. Así que cuando por fin pudo dar a luz a un varón —el seis de diciembre de 1993— le pusieron de nombre Elián; es decir, las primeras tres letras de *Eli*sabet con las últimas dos de Ju*an*.

Con tanta propaganda a favor y en contra, fue prácticamente imposible el saber si Juan Miguel González había sido un buen padre, antes, durante y después de la separación definitiva de su esposa Elisabet en 1997.

Como quiera que sea, el enojo de Juan Miguel por no poder recuperar a su hijo era obvio. En una entrevista vía satélite con el programa *Nightline* de la cadena ABC, amenazó con romperle el cuello a quienes obstaculizaban el regreso de Elián a Cuba. En Miami eso fue interpretado como una actuación de alguien entrenado por agentes de la seguridad del Estado cubano.

La versión oficial del gobierno cubano fue que Juan Miguel nunca se enteró que su hijo se iba a Miami y por lo tanto consideraron a Elián como secuestrado. Primero por su madre y luego por sus familiares en Miami.

La casa de Elián

La Pequeña Habana. Seguramente el conductor del auto me vio medio perdido, detuvo su vehículo junto a mí y sin que yo le preguntara, apuntó con el índice: "Ahí está la casa de Elián"

La verdad, yo esperaba un circo: camiones de televisión, periodistas por todos lados, vecinos molestos, curiosos rondando por las banquetas. Pero la tarde que fui a conocer la casa (enero 22, 2000) donde vive Elián en Miami no vi nada de eso. Elián estaba todavía en la escuela —tomando clases intensivas de inglés— y sus parientes se habían ido a una corte federal para intentar detener su repatriación a Cuba.

Encontré una casa muy modesta; la de Lázaro González, el tío abuelo de Elián y quien tuvo por un tiempo la custodia temporal sobre el muchacho. En esos días, las dos ventanas que dan a la calle tenían las cortinas permanentemente cerradas para evitar los largos ojos de los camarógrafos. La casa era toda blanca, salvo por los cuatro escalones de mosaico rojo que llevaban a una puerta doble; una para entrar a la casa y otra para protegerse de los mosquitos. Pagaban unos 600 dólares de renta al mes.

El patio, en forma de escuadra, tenía el césped gastado por el paso frecuente de un coche viejo que guardaban en una esquina del fondo. Pero había espacio suficiente para que jugara el perrito negro que el congresista Lincoln Díaz-Balart le regaló al niño. A mediados de enero, todavía colgaban del techo las luces de unos adornos navideños que nadie había tenido tiempo de quitar. En la casa donde vivía Elián en Miami estaban más preocupados por otras cosas.

Ding-dong, ding-dong, sonaba un destartalado camión de helados y paletas que hizo su parada habitual frente al número 2319 de la segunda calle más famosa de este sector de la Pequeña Habana. (Perdón, pero la calle Ocho sigue siendo la reina.) Ningún niño se acercó. En cambio, sí lo hicieron tres exiliados cubanos.

—¿Qué hacen por aquí? —les pregunté.

—Estamos de guardia —me dijo Dagoberto Avilés, quien se presentó como un ex preso político cubano. Su semiblanca barba denotaba muchas horas frente a la casa; sus ojeras, pocas horas de sueño.

—¿De guardia? ¿Para qué? —insistí.

—Hay que estar alerta —respondió, como si fuera lo más obvio del mundo.

Los otros dos exiliados —una mujer y un hombre, ambos de mediana edad— fueron mucho más explícitos. Me empezaron a contar todo lo que se rumoraba por ahí: que si Elián estaba protegido por agentes del FBI, que si evitaba a los reporteros saliendo por detrás de la casa, que si uno de los vecinos estaba cobrando 500 dólares diarios a los periodistas de televisión para que usaran su patio —"esa casa ya se pagó"—, que si el Servicio de Inmigración y Naturalización ya se había puesto de acuerdo con Castro para regresar al niño a Cuba...

Dagoberto sólo miraba.

—¿Qué pasaría si regresan al niño a Cuba? —le pregunté.

—Yo personalmente te digo que Miami se prende —me dijo—. Pararíamos el aeropuerto y un millón de cosas.

En la reja metálica que rodea la casa donde vive Elián era fácil encontrar lo que piensan algunos cubanoamericanos. "El futuro para Elián es mucho más mejor (sic) en este país. En Cuba hay pobreza, miseria y una falta de la oportunidad para vivir la vida buena", decía un pedazo de cartón blanco con letras negras. Y más adelante: "¡Elián necesita vivir aquí!" Otro mensaje, colgado de la reja con un cordoncito, era casi un pronóstico. Decía en inglés: "En esta casa, un niño que simbolizó los principios que fundaron a esta nación, fue devuelto a los brazos de un tirano".

Desde lejos era difícil entender lo que Elián significaba para muchos de los exiliados cubanos en Miami. No sólo veían en él una extraordinaria oportunidad de demostrar su odio por la dictadura de Castro, sino que se identificaban con Elián a nivel personal. Había escuchado a varias personas decir: "Ese niño se parece a los míos". Pero no eran sólo los ojos atentos, la sonrisa fácil, ni la actitud juguetona. En el fondo, muchos exiliados cubanos veían en Elián una parte de ellos mismos. Y su primer instinto era tratar de defenderlo frente a lo que a ellos les había hecho tanto daño.

Junto a la reja gris que protegía el frágil mundo interior de Elián, nadie quería dar crédito a las declaraciones de las dos abuelas que llegaron a Estados Unidos con la esperanza de regresar a Cuba con el niño. Ni leer las encuestas a nivel nacional que se contraponían al sentir de los cubanoamericanos en Miami. Ni escuchar opiniones como la del psicólogo de la Universidad de Yale, Preston Miles, quien dijo por televisión que la separación de "ambos padres sería una trágica e inimaginable pérdida" para Elián. El psicólogo Miles concedió que la libertad es muy importante para un individuo, pero aseguró que tras la muerte de su madre, lo que más necesitaba Elián era la seguridad emocional que sólo pueden proporcionar su padre y sus abuelos.

Esos argumentos en Miami no se levantaban del piso.

Esa misma noche, regresé a la Pequeña Habana con la esperanza de verle los ojos a Elián. Aún no acababa de entender los ojos de Elián. Para mí eran un enigma. No sabía lo que querían. Pero no los vi. Elián estaba encerrado en su casa, en su mundo miamense. A través de las cortinas pude apreciar una televisión prendida en una habitación oscura. Era la única lucecita que salía de la casa donde vivía Elián, el balserito cubano que aún luchaba para mantenerse a flote de, éste, su segundo naufragio.

Las abuelas

Miami Beach. A mediados de enero del 2000 llegaron a Estados Unidos las dos abuelas de Elián, Raquel Rodríguez y Mariela Quintana. Aterrizaron en Nueva York porque tenían miedo de un mal recibimiento en Miami. Su llegada fue transmitida en vivo por varios canales de la televisión norteamericana.

Ciertamente, las abuelas no eran los personajes favoritos del exilio cubano. Cuando se les vio por la televisión, conversando con Fidel Castro en Cuba antes de partir a Estados Unidos, a muchos les quedó claro que ellas no estaban actuando por voluntad propia sino por instrucciones del gobierno de La Habana.

Con el apoyo del personal de la Sección de Intereses de Cuba en Washington, las abuelas fueron buscando puntos a su favor, tanto en Nueva York como en la capital norteamericana. En Washington, por ejemplo, se reunieron con varios congresistas. Pero la pregunta que flotaba en el aire era ésta: ¿están las abuelas actuando por su propia voluntad o están recibiendo instrucciones, directa o indirectamente, del gobierno de Fidel Castro? Si de verdad estaban actuando independientemente, entonces ¿qué estaba haciendo el embajador cubano Fernando Ramírez muy cerca de la oficina de un congresista estadounidense cuando ahí se realizaba una reunión con las dos abuelas?

De pronto, el lunes 24 de enero, la estrategia cambió y Raquel y Mariela se subieron a un avión privado —un jet de esos se consigue en promedio por 2,200 dólares la hora— y volaron hacia Miami. (El Concilio Nacional de Iglesias, que apoyó la visita de las abuelas, insiste en que ellos sólo pagaron por uno de los traslados aéreos y que el resto fue aportado por donaciones privadas. ¿De quiénes? No quisieron decir.)

El jet aterrizó en el aeropuerto de Tamiami. Lo lógico era que, ya en Miami, fueran a la casa de Lázaro para ver a Elián. Pero la lógica no ha tenido mucho que ver en este caso. Las abuelas esperaron cinco horas en el aeropuerto. Aparentemente ellas querían ver al niño, a solas, en un lugar neutral. ¿Ésa era una decisión de ellas —que obviamente tenían muchas ansias por ver al niño— o del *entourage* del gobierno cubano que las acompañaba? Escuché al menos un reporte radial que aseguraba que hubo un flujo constante de llamadas telefónicas desde el aeropuerto de Tamiami a Cuba.

Lázaro González y su familia habían preparado una cena en su casa para recibir a las abuelas. En el menú había lechón asado, moros y cristianos y yuca frita. Pero las abuelas no llegaron.

Esa misma tarde, Elián había pedido una pequeña cámara fotográfica —de las que son de cartón y se venden en las farmacias— para la reunión de esa noche. Afuera de su casa había decenas de periodistas y cientos de exiliados cubanos con claveles en las manos. Pero todos se quedaron esperando en vano.

Al ver que las abuelas no se aparecían, Lázaro se lanzó al aeropuerto de Tamiami para conversar directamente con ellas. Pero cuando Lázaro estaba a punto de llegar —se encontraba a minuto y medio del aeropuerto— el jet de las abuelas partió rumbo a Washington. Las abuelas argumentaron —a través del protagónico y egocentrista presidente del Concilio Nacional de

Iglesias— que por razones de seguridad se negaron a ir a casa de Lázaro. Como quiera que sea, los platillos se enfriaron. Las flores que Elián iba a dar a sus abuelas se marchitaron. Y el niño se quedó vestido y alborotado.

Otra frustración más en su vida.

El dramatismo del encuentro que nunca se dio el lunes se repetiría el miércoles siguiente. El Servicio de Inmigración ordenó a Lázaro —quien en ese momento tenía custodia temporal del menor— que permitiera a Elián ver a sus dos abuelas en un lugar neutral. El temor de la familia, desde luego, era que el niño terminara en manos de agentes cubanos. Nada valió. El lugar que se escogió para la reunión fue la casa de ocho cuartos en Miami Beach de la religiosa Jeanne O'Laughlin, rectora de la Universidad Barry.

El niño llegó primero, acompañado de Lázaro y su hija Marisleysis, quien se había convertido en una especie de madre sustituta de Elián. El trayecto de las abuelas era mucho más complicado. Amanecieron en Washington en medio de una tormenta de nieve. Mariela y Raquel nunca antes habían visto nevar en su vida.

Las condiciones del tiempo mejoraron hacia la tarde, lo que permitió despegar al jet privado que las había llevado como un taxi aéreo por todo el este de Estados Unidos. Al tocar tierra en Miami fueron transportadas en helicóptero al hospital Mount Sinai, de Miami Beach, y de ahí tomaron un auto rojo que las condujo, finalmente, a la residencia de la hermana O'Laughlin.

El encuentro, sin embargo, comenzó tarde por dos razones. Una, que en la casa de al lado había miembros de la Fundación Nacional Cubano-Americana y los delegados de la Sección de Intereses de Cuba amenazaron con suspender la reunión, una vez más, si Jorge Mas Santos y otros miembros del exilio cubano no salían de ahí. La otra, era que una de las abuelas trató de introducir un teléfono celular a la reunión; nunca quedará claro si era para que Elián hablara con su padre o para que ellas recibieran instrucciones de La Habana. El teléfono finalmente fue retirado por la hermana O'Laughlin y la reunión siguió adelante.

El encuentro duró apenas dos horas. Al salir, las abuelas no quisieron hacer ningún comentario en público. En cambio, Lázaro y los familiares de Elián en Miami sí lo hicieron. En el auto que los transportaba de Miami Beach a su casa de la Pequeña Habana, Lázaro le pasó un teléfono celular a Elián para que dijera: "Mañana me dan la ciudadanía americana" a una estación de radio y otra de televisión. Dudo mucho que un niño de seis años diga algo así sin que alguien se lo enseñara. Pero el exilio, desde luego, interpretó las declaraciones del muchachito como una señal de que, en verdad, Elián no quería irse a Cuba.

Ya en su casa de la Pequeña Habana, Marisleysis dijo en inglés que tras la reunión ella pensaba que el niño estaba "más para este lado que para el otro". Mientras esto ocurría, Elián se había ido a dormir.

Al día siguiente, el jueves 27 de enero, la familia de Elián en Miami partiría a Washington para convencer al congreso norteamericano de que le diera la ciudadanía norteamericana —o al menos la residencia permanente— a Elián. Fue el primero de varios viajes a la capital.

Los errores

Cuando las abuelas regresaron finalmente a Cuba, se pusieron a hablar. Y hablaron mucho. Por horas fueron entrevistadas en la televisión cubana donde explicaron, con pelos y señales, lo que ocurrió durante su encuentro con Elián en Miami. Pero una de las abuelas —la paterna— tratando de explicar cómo intentó romper el hielo con su nieto, dijo por televisión que le mordió la lengua a Elián y que luego le abrió la "porteñuela" (o zipper) para ver si le habían crecido los genitales.

Bueno, las declaraciones de la abuela se repitieron decenas de veces en la televisión local de Miami y se convirtieron en motivo de indignación en el exilio.

Para la familia de Elián en Miami, las cosas no estuvieron mucho mejor. En su edición del 9 de febrero, el diario *The New York Times* informó que Lázaro, el tío abuelo de Elián y quien en ese entonces tenía su custodia temporal, había sido multado al menos dos ocasiones por conducir bajo estado de ebriedad en la década de los noventa y durante tres años su licencia de conducir en el estado de la Florida estuvo suspendida. (Más tarde Lázaro terminó un tratamiento de rehabilitación.) Y según el mismo diario, Delfín, un asiduo visitante a casa de su hermano Lázaro, también había sido arrestado en por lo menos dos ocasiones por manejar bajo los efectos del alcohol. Para cerrar el cuadro familiar, el periódico reportó que José Cid, el hijo de Georgina —hermana de Lázaro y Delfín—, comenzó a cumplir, en enero del 2000, una sentencia de 13 años de cárcel por robo y fraude.

Después que se conoció todo lo anterior, la pregunta era: ¿qué pesaría más en la corte; las declaraciones de la abuela paterna o el pasado de la familia de Elián en Miami?

Los manifestantes

"¡Libertad, libertad!"

Frente a la casa de la rectora de la Universidad Barry, en Miami Beach, me encontré con decenas de manifestantes que se oponían a que Elián regresara a Cuba.

"¡Libertad, libertad!"

Estaban gritando y la verdad no les estaba haciendo mucho caso a lo que decían hasta que, de pronto, me cayó como una pedrada el mensaje.

"Libertad, libertad!"

Para estos exiliados cubanos lo más importante que hay, más que el amor de un padre o una madre, es la libertad. Ellos perdieron la libertad en Cuba con la dictadura de Fidel Castro y no estaban dispuestos a permitir que alguien, teniendo la oportunidad, dejara de ser libre. En su escala de valores, ser libres estaba por encima de ser amado.

"¡Libertad, libertad!"

Orestes Lorenzo —el piloto que escapó de Cuba en su avión MIG-23 en 1991 y que luego regresó por su esposa y dos hijos en otro avión en una peligrosa misión secreta— coincidió con la visión de los manifestantes en un escrito para el diario *The New York Times* (febrero 5, 2000). Decía que para él era más importante que sus hijos crecieran en libertad a que crecieran con él y que estaría dispuesto a defender este principio con su propia vida.

Lorenzo nos cuenta que, de acuerdo con su experiencia, Elián en Cuba tendría que adorar a un dictador, odiar a quienes odian el comunismo, participar en manifestaciones en contra de los exiliados en Miami, depender del régimen para los libros que quiera leer y las películas que quiera ver, someterse a la censura si es que algún día se pone a escribir algo, darle una buena parte de su sueldo al gobierno si lograra trabajar para una empresa extranjera y comprometer sus dotes de artista —si los tuviera— en nombre de una ideología.

La familia, concluía en su escrito el aventurado piloto, no lo es todo en Cuba.

La monja dominica

La madre Jeanne O'Laughlin, rectora de la Universidad Barry y quien amablemente ofreció su casa —un lugar neutral— para el encuentro de Elián con sus abuelas, asombró a la opinión pública norteamericana al decir, tras la reunión, que el niño debería quedarse en Estados Unidos.

En un artículo editorial publicado por el diario *The New York Times*, la madre O'Laughlin aseguró que Elián transfirió el amor de su madre hacia Marisleysis, la prima de 21 años. Marisleysis era sólo un año menor que la madre de Elián, Elisabet, quien pereció en el naufragio. La monja dijo haber visto miedo en Elián y en las abuelas por la presencia constante de miembros del gobierno cubano —eternamente pegados a un teléfono celular con línea a La Habana.

Así concluyó la madre O'Laughlin hablando de Elián: "Sí, su relación con su padre debe ser renovada, pero él también continúa necesitando el amor de su familia de Miami y el vivir libre de miedo".

Los disidentes

Durante la cumbre iberoamericana en La Habana, en noviembre de 1999, los protagonistas fueron, sin lugar a duda, los disidentes cubanos y no los presidentes participantes. De pronto, cubiertos por un manto de protección que nunca antes habían tenido, los opositores al régimen castrista pudieron expresar sus puntos de vista al mundo. La presencia de cientos de periodistas extranjeros y de los mismos mandatarios evitó una represión directa del gobierno cubano.

Sin embargo, cuando se fueron los presidentes, Fidel Castro empezó a apretar las tuercas y cuando surgió el caso de Elián, la atención internacional se desvió. Ya no eran los disidentes lo más importante de las noticias que salían de Cuba sino el destino del balserito de seis años de edad.

Con base en esta estrategia, mientras el gobierno de Cuba exigía con marchas multitudinarias el regreso de Elián, en la oscuridad, apresaba disidentes políticos. Así, el martes 25 de enero arrestó a dos de los más conocidos opositores al régimen castrista: Oswaldo Payá Sardiñas, del Movimiento Cristiano Liberación, y a Héctor Palacios Valdés, del Centro de Estudios Sociales. Agentes de la seguridad del Estado se aparecieron en sus casas, con órdenes de aprehensión y se los llevaron.

Mientras el mundo veía a Elián, Castro aprovechaba para apresar a quienes, sin violencia, se oponían a su dictadura de 41 años.

Los medios

Miami. Esto no era Miami. Esto era *Eliantown.* O quizás *Eliancity.* Todos parecían tener algo que decir sobre Elián. Que la libertad es más importante que el amor. Que si su padre lo quisiera, hubiera venido pronto por él. Que regresarlo a Cuba sería condenarlo a una vida de represión y carencias. Que si el Servicio de Inmigración y Naturalización de Estados Unidos trataba de llevárselo a Cuba por la fuerza, le prenderían candela a Miami, paralizarían las autopistas y el aeropuerto.

Sin embargo, el tema estaba empezando a cansar a quienes no formaban parte del exilio cubano. Un día recibí una llamada por teléfono a la estación de televisión donde trabajo y un televidente me dijo: "Si dan una noticia más sobre Elián, me vomito".

Otros fueron un poco más elegantes. Pero el mensaje era el mismo. Elián estaba hasta en la sopa. Los diarios locales y las estaciones de radio y televisión habían sido acusados de miopía periodística por concentrar su cobertura en Elián y en parcializarse a favor de los González de Miami.

Otras voces

Durante los primeros días de esta crisis internacional, sonaron fuerte las voces del exilio cubano. Tres ejemplos.

Congresista Lincoln Díaz-Balart: "Nosotros hemos podido en un mundo unipolar, aguantar los esfuerzos de Clinton.

Eso, con tres congresistas y un millón de cubanoamericanos, en una sociedad de casi 300 millones".

Congresista Ileana Ros-Lehtinen: "Nuestra comunidad ha demostrado un poder político tremendo porque hemos mantenido este debate sobre el comunismo en Cuba en las primeras páginas de los periódicos, internacionalmente, desde el fin de noviembre (del 99) cuando se encontró a Elián en este país libre".

Congresista Bob Menéndez: "Hemos seguido el mismo proceso que otros grupos étnicos han seguido con éxito y creo que tenemos una gran influencia, sobre todo en la política exterior de Estados Unidos".

Pero también había otras voces, más lejanas, que tenían poco eco. Como la del columnista del diario *The Miami Herald*, Robert Steinback.

Steinback me comentaba que no había conversado con ningún afroamericano, como él, que estuviera a favor de que Elián se quedara con sus familiares en Miami. En parte, argumentaba, por el histórico problema de la ausencia de padres en las familias negras. Y en parte, también, "porque no se habían construido puentes" entre las comunidades negra y cubana en Miami. "Elián no está causando el problema" y la división entre ambas comunidades, me dijo Steinback, "sólo ha sacado el problema a la superficie".

Sergio Muñoz, analista político y miembro de la junta editorial del periódico *Los Angeles Times*, me explicaba cómo otros grupos hispanos se sentían hechos a un lado por el trato preferencial que reciben los cubanos en Estados Unidos. "Un mexicano que entra (a Estados Unidos) ilegalmente, lo más probable es que lo van a rechazar, lo van a regresar a su país", me dijo Muñoz. "Un cubano que entra al país ilegalmente le dan la residencia en un año y un día; entonces no se empieza con las mismas facilidades y esto lo resienten otras comunidades." Durante esos días en que Elián era noticia, escuché en una estación de televisión que en 1999 cerca de 8 mil niños mexicanos habían sido deportados de Estados Unidos.

Muñoz también me comentó que "nunca (había) visto el consenso entre blancos, negros, hispanos, judíos, católicos, mostrando su fastidio con una comunidad (la cubanoamericana) que se niega a ver las cosas como las ve el resto del mundo". Pero cuando mis amigos cubanos escucharon estos puntos de vista, explotaron.

"No nos entienden", me dijeron dos periodistas de origen cubano, a quienes respeto mucho. "Ellos nunca han vivido en Cuba y no saben lo que es vivir en una dictadura."

Las encuestas corroboraban que el caso de Elián había dividido casas, familias, comunidades, ciudades y países. Pero muchos cubanoamericanos con quienes conversé, me aseguraron que estas divisiones surgieron debido al enorme desconocimiento que existía a nivel internacional sobre los altísimos niveles de represión en el régimen castrista.

El proceso legal

El jueves 9 de marzo el juez federal K. Michael Moore —quien remplazó a otro juez que se enfermó antes de realizar la primera audiencia— escuchó por más de tres horas a quienes querían que Elián se quedara en Miami y a los que estaban convencidos que debía regresar con su padre.

En términos legales, el juez Moore tenía que decidir si él tenía jurisdicción sobre el caso. Si la tenía, los familiares de Elián podrían seguir adelante con los trámites de asilo político para el niño. Si no tenía jurisdicción, se mantenía la decisión previa del Servicio de Inmigración —y refrendada por Janet Reno, la procuradora general— de reconocer la patria potestad de Juan González sobre su hijo Elián y el niño estaría a un paso de marcharse a Cuba.

Ambas partes, sin embargo, estaban dispuestas a apelar una decisión negativa para sus intereses. Y en todo este proceso, apareció un nuevo jugador: Greg B. Graig, el ex abogado del propio presidente Bill Clinton —durante el proceso legal por el escándalo con Monica Lewinsky—, se encargaría ahora de tratar de que Elián regresara a Cuba con su padre. Craig se había reunido en La Habana con el padre de Elián antes de aceptar defender su caso. Su firma de abogados, Williams and Connolly, era una de las más caras y famosas de Washington. Y cobraban, por lo menos, 400 dólares la hora.

La decisión del juez Moore llegaría unos días después, el martes 21 de marzo. Y tal y como muchos esperaban, Moore decidió que Elián no podía pedir asilo político por ser menor de edad y que el único que podía hablar por él era su padre. En pocas palabras, que se mantenía intacta la decisión previa del Servicio de Inmigración y del Departamento de Justicia de regresar a Elián a Cuba.

Ese mismo martes, la fiscal general Janet Reno dijo: "Ya han sido cuatro meses desde que Elián se separó de su padre y perdió a su madre. Ya es tiempo de que este pequeño niño, que ha pasado por tantas cosas, siga adelante en su vida al lado de su padre".

Inmediatamente después del anuncio la radio del exilio cubano se encendió. Escuché decir que "Elián había sido salvado por Dios y luego entregado al diablo por Clinton". Ése fue el tono de muchos de los comentarios. En La Habana no hubo manifestaciones de júbilo. El gobierno de Fidel Castro reaccionó con cautela. Sabían que la decisión del juez Moore no sería la última, ni significaba el regreso inmediato del niño.

Ya el martes por la tarde, los abogados de los familiares de Elián en Miami habían anunciado que apelarían la decisión del juez Moore ante la Corte de Apelaciones del decimoprimer distrito y que irían hasta la Corte Suprema de Justicia si fuera necesario.

Sin embargo, la familia de Elián en Miami no contaba con que el Servicio de Inmigración los seguiría presionando para que aceptaran, por escrito, entregar al niño si perdían la apelación. Ellos no estaban dispuestos a hacer eso.

En cambio, decidieron ganarse el corazón de los norteamericanos a través de la opinión pública. Y consiguieron la ayuda de la periodista Diane Sawyer.

La entrevista por televisión

El lunes 27 y el martes 28 de marzo del 2000, Sawyer presentó dos reportajes en el programa *Good Morning, America*, de la cadena ABC, en los que aparecía junto a Elián y su prima Marisleysis. La reportera se comportó como una niña. Se quitó los zapatos y retozó con Elián ante la mirada atenta de dos psicólogos. Su objetivo obvio era ganarse la confianza de Elián. Y probablemente lo logró, pero a costa de parecer manipuladora y condescendiente.

Si la familia de Elián en Miami creía que con esos reportajes cambiaría a su favor la opinión de muchos norteamericanos, se equivocaron. Lejos de dar una imagen positiva, Elián se vio como un niño muy confundido. Elián hizo un dibujo con tinta roja frente a la periodista. Y en el dibujo aparecía un niño flotando en el mar dentro de un neumático, un delfín y un barco que naufragaba. Después vino la sorprendente explicación.

A pesar de haber pasado cuatro meses del accidente, Elián seguía creyendo que su mamá estaba viva. "Mi madre no está en el cielo", dijo Elián en el reportaje. "A ella la deben haber recogido en algún lado de Miami, debe haber perdido la memoria y no sabe que estoy aquí."

Para aumentar la confusión, Elián le dijo "mamá" a su prima Marisleysis. Obviamente, Elián era un niño que estaba traumatizado, que necesitaba mucho cariño, ayuda y que no tenía las cosas claras. Aún estaba en un periodo de negación de la realidad.

Quizás la familia miamense de Elián esperaba que la periodista Diane Sawyer incluyera en su reportaje las declaraciones del niño de que se quería quedar en Miami. Pero la cadena ABC decidió no incluirlas para evitar que fueran sacadas de contexto.

Como quiera que sea, el daño estaba hecho. Elián, claramente, era un niño confundido, muy confundido. Y Fidel Castro aprovechó la oportunidad desde La Habana para denunciar la entrevista como un intento de manipulación y para decir que Marisleysis estaba tratando de contaminar la mente de Elián.

El miércoles 29 de marzo, Castro salió con una nueva estrategia: permitiría al padre del niño, Juan Miguel, y a un nutrido grupo de adultos y niños cercanos a Elián viajar a Estados Unidos hasta que la Corte de Apelaciones tomara la decisión final. Incluso, hasta el pupitre de Elián sería llevado.

De las 28 visas solicitadas, el gobierno norteamericano sólo otorgó seis. La Habana reaccionó diciendo que no eran suficientes. Pero finalmente aceptó las nuevas condiciones.

El jueves 6 de abril arribó al aeropuerto Dulles, cerca de Washington, Juan Miguel González, su esposa Nersy y Hianny, el medio hermano de Elián.

De pronto, las reglas del juego estaban cambiando. Los familiares de Elián en Miami fueron informados que la custodia del niño pasaría de "manera ordenada" al padre. Y entre los exiliados cubanos flotaba la sospecha de que Elián, tarde o temprano, regresaría a Cuba con su padre. El futuro les olía mal.

Cuba del Norte

Madrid. Ciertamente, el caso de Elián estaba dando una imagen muy negativa de Miami en el resto del mundo. Durante esos días, estuve viajando en España y me di cuenta que la batalla legal, familiar y política en torno al niño Elián González había sacado a relucir los peores estereotipos respecto al exilio cubano y los residentes del sur de la Florida.

Elián también era noticia en Europa.

Hojeando el diario español *El País* me encontré con una inusual descripción de la comunidad de exiliados cubanos en Miami; Cuba del Norte, le llamaban. El artículo que leí sugería que las leyes que se aplican en otras partes de Estados Unidos no siempre se siguen en Miami. Y que el caso de Elián había radicalizado los desafíos a la autoridad por parte del exilio. Se hablaba, en otras palabras, de una especie de República Independiente de Miami. Las declaraciones del alcalde Alex Penelas —diciendo que la policía local no ayudaría a los agentes federales a sacar al niño de su casa en Miami— fueron prominentemente destacadas como un ejemplo de la separación que vivía la ciudad del resto del país.

El periódico *El Mundo* no se quedó muy atrás. Uno de sus corresponsales escribió que "el culebrón de Elián ha servido para volver a colgar a Miami la etiqueta de 'República Bananera'". Y en otros medios de comunicación no era extraño encontrar las palabras: mafia, fanatismo o radical, en la misma frase en que se mencionaba a los 800 mil cubanos que viven en el sur de la Florida.

La postura de la mayoría de los cubanos en Miami —83 por ciento querían que Elián se quedara en Estados Unidos, según el diario *The Miami Herald* (abril 9, 2000)— no era muy popular. Una encuesta de CNN a finales de marzo del 2000 y a nivel nacional indicaba que tres de cada cuatro norteamericanos favorecían la práctica internacional de reunir a los hijos con sus padres. Pero quienes deducían de esta impopular postura que el exilio cubano era monolítico, que no tenía diferencias generacionales y que todos los residentes del sur de la Florida éramos unos intransigentes, se equivocaban.

Miami es, en realidad, una comunidad abierta: multiétnica, multirracial, multicultural.

Si Miami fuera una comunidad tan cerrada —como algunos han querido retratarla—, entonces ¿por qué cada vez hay más compañías internacionales trasladando al sur de la Florida sus centros de operaciones? ¿Por qué Miami Beach se ha puesto a la vanguardia de la moda y la gastronomía franco/italo/tropical? ¿Por qué las nuevas empresas de internet prefieren instalarse en el corredor de Lincoln Road y no en San Francisco, Nueva York, Londres, La Habana o Hong Kong? ¿Por qué algunos de los principales medios de comunicación en español transmiten desde Miami? ¿Por qué?

No. No es nada más por sus playas, turismo y buen clima, sino por su gente. Sobre todo por su gente. La gente de Miami se ha abierto al mundo y el mundo se ha abierto a la gente de Miami. Por eso este rincón del orbe es tan atractivo.

¿Miami intolerante? No lo creo. Pregunto: ¿en qué lugar de Estados Unidos se puede hablar español todos los días a todas horas sin sentirse discriminado?, ¿en qué lugar se combinan el progreso económico de una superpotencia con la cultura y los valores latinoamericanos?, ¿en qué lugar conviven varios mundos a la vez sin destruirse unos a otros?, ¿en qué lugar se recibe por igual a refugiados políticos que a inversionistas extranjeros?, ¿en qué lugar puedes ver a un hombre blanco casado con una mujer negra y con hijos latinos sin que llamen la atención?, ¿en qué lugar —como suele decir el influyente ejecutivo chileno Joaquín Blaya— se trata a los hispanos como ciudadanos de primera?, ¿en qué lugar se ha construido un puente entre Estados Unidos, Europa y América Latina? En Miami, en Miami y en Miami.

Es cierto, la comunidad cubana ejerce una enorme influencia en Miami y en la política exterior norteamericana. Salen a votar y se hacen escuchar. Ponen a los suyos a representarlos y cuando algo no les parece, se quejan. Pero no podemos criticarlos por eso. Al contrario, ojalá la comunidad mexicoamericana fuera tan influyente en Los Ángeles, Chicago o San Antonio como la cubanoamericana en el sur de la Florida.

Yo llevo más de una década viviendo en Miami y para serles franco, hay veces en que no comulgo con las ideas de mis vecinos cubanos. Eso, estoy seguro, me pasaría en cualquier otra ciudad con otros grupos. Pero mis vecinos cubanos me escuchan y me respetan. Y los escucho y los respeto. Y no pasa nada.

En cuanto al tema de Cuba, ahora los entiendo mejor que antes. Tras visitar la isla en 1998 y ser testigo de la manera en que Fidel Castro utiliza la represión y el miedo como forma de control social, comprendo el resentimiento e inconformidad de los cubanos que fueron obligados a huir de la dictadura. Comparto su frustración al observar que países como México o España no tratan a Castro con la misma dureza y escepticismo que a Augusto Pinochet. Y me entristece darme cuenta que mis amigos cubanos no pueden regresar a su país como yo puedo regresar al mío.

Con este contexto, era menos difícil entender su postura respecto a Elián. Sólo reflejaba el deseo de una comunidad —la del exilio cubano— de que nadie, nadie, fuera obligado a vivir en una dictadura y sin libertades. En el caso de Elián, podíamos estar o no de acuerdo con ellos. Pero, eso sí, los cubanos de Miami tenían todo el derecho de luchar hasta el final por lo que creían; un derecho que no tenían en Cuba.

El video y la hora cero

Miami. El Departamento de Justicia de Estados Unidos estableció el jueves 13 de abril del 2000 a las dos de la tarde como la fecha límite para que los familiares de Elián en Miami entregaran al niño a su padre Juan Miguel. Pero los familiares no estaban dispuestos a hacerlo.

La tarde anterior había viajado a Miami la procuradora general de Estados Unidos, Janet Reno, para conversar por primera vez con Lázaro, Delfín y Marisleysis González. No venía a plantearles un ultimátum, pero sí esperaba que cooperaran en la entrega del niño.

La escena era sumamente extraña. Nunca se había visto a la procuradora general de la única superpotencia mundial involucrarse personalmente en el destino de un niño de seis años de edad. Obviamente el asunto era prioridad para el gobierno norteamericano. La reunión se realizó en la amplia casa de la monja Jeanne O'Laughlin. Pero después de dos horas y media de pláticas, Reno no logró ningún compromiso por parte de la familia.

La mañana del jueves 13 de abril no se escuchaba otra cosa en los medios de comunicación de esta ciudad. El niño, se decía, podría ser entregado esa misma tarde a su padre. Al mismo tiempo, se oía por todos lados la vocecita de Elián.

En un video filmado por la familia y luego distribuido a los medios de comunicación, Elián aparecía por primera vez hablándole, directamente, a su padre. En cuclillas, sobre una cama, Elián dijo: "Papá, yo no me quiero ir pa' Cuba. Si tú quieres, quédate aquí. Yo no me voy pa' Cuba... Papá, ¿tú viste a esa vieja que fue a casa de esa monjita? Me quiere llevar pa' Cuba... Yo les digo a ustedes ahora que yo no me quiero ir pa' Cuba. Si quieren ustedes quédense aquí, pero yo no me quiero ir pa' Cuba".

El video duraba unos 40 segundos, divididos en tres segmentos. Las circunstancias en que fue filmado eran poco claras. No se sabía si Elián había sido dirigido por algún adulto para que dijera esas palabras o si habían sido espontáneas. Pero lo que sí sabíamos era que el papá de Elián vio sus declaraciones en Washington y estaba fúrico.

A través de su abogado Greg Craig, Juan Miguel González mandó decir que sus familiares estaban explotando y manipulando a su hijo. También era patente que un niño de seis años no podía entender todas las repercusiones —legales, emocionales, morales— de sus palabras y que su familia en Miami estaba utilizando el video como un último recurso para tratar de evitar su repatriación.

Conforme se acercaba la hora cero, miles de inmigrantes se fueron acercando a la casa de los González en la Pequeña Habana. Llegaron a ser unos cuatro mil. Los líderes cívicos de la ciudad pedían calma. Pero la actitud de la multitud era desafiante. Muchos de ellos sencillamente no permitirían que ningún agente del Departamento de Justicia o del Servicio de Inmigración o de la policía entrara a la casa de los González para llevarse por la fuerza a Elián. Menos después de haber escuchado al niño decir —manipulado o no— que se quería quedar en Estados Unidos.

Y en apoyo a la causa de los exiliados, fueron apareciendo en la modesta casa de los González los cubanos famosos de Miami: Gloria y Emilio Estefan, Cristina Saralegui, Willy Chirino, Arturo Sandoval, Andy García... El niño, estaba claro, no saldría ese jueves de la casa.

Al mediodía, consciente de la volátil situación, Janet Reno pronunció una conferencia de prensa. Sus declaraciones cayeron en la moderación y la tibieza. No, no habría agentes a las dos de la tarde con un minuto dispuestos a arrancar a Elián de sus familiares. "Estoy preparada para aplicar las leyes", dijo Reno, "pero quiero aclarar que si vamos a poner orden, lo haremos de una manera razonable y medida".

Sin embargo, Janet Reno insistía en una reunión entre el padre y los familiares del niño para resolver la situación. Aunque en ese ambiente —de ánimos exaltados, con el video de Elián rondando por todos lados y con un padre molesto haciendo a sus críticos un gesto ofensivo con el dedo— la reunión de los González era muy poco probable.

Llegaron las dos de la tarde y nada. Elián no fue entregado.

¿Y ahora qué? Lázaro ya no tenía la custodia legal del niño. Su padre, Juan Miguel, sí la tenía pero no la podía ejercer por su negativa de ir a Miami. El Departamento de Justicia podía tratar de sacar al niño por la fuerza, pero la procuradora Reno había dicho que no lo haría así.

Pero poco después de las tres de la tarde, llegó la noticia que evitó una confrontación.

La Corte Federal de Apelaciones del decimoprimer distrito en Atlanta le pidió al Departamento de Justicia que detuviera todas sus acciones hasta que analizara bien el caso. Asimismo, prohibió la salida de Elián de Estados Unidos. El gobierno norteamericano, involucrado ahora en una lucha con el poder judicial, no tuvo más remedio que quedarse con los brazos cruzados.

El jueves 13 de abril no sería el día en que Elián fuera entregado a su padre.

Más acusaciones y contraacusaciones

El viernes 14 por la noche, los González de Miami dieron a conocer su última estrategia para que el niño se quedara en Estados Unidos.

Ante la misma Corte de Apelaciones presentaron un *affidavit* firmado por Orlando Rodríguez. Y en esa declaración notarizada y bajo juramento, Orlando Rodríguez acusó a Juan Miguel González, el padre de Elián, de haber golpeado en Cuba a su ex esposa Elisabet Brotons y de que Elián sufrió en carne propia el mal carácter de su progenitor.

El *affidavit*, firmado el 14 de abril del 2000 en el estado de la Florida, decía que desde junio de 1995, hasta su partida de Cuba en junio del 98, Orlando Rodríguez había frecuentado en Cárdenas, Cuba, a Juan Miguel y a su esposa Elisabet. Y que él, Orlando, fue testigo de que Juan Miguel "maltrataba y golpeaba a Elisabet, al punto de tener que ir al hospital para tratar sus heridas". Orlando Rodríguez también acusó a Juan Miguel de tener "una naturaleza violenta, impulsiva y con enojos incontrolables" que afectaban a Elián.

Greg Craig, el abogado en Washington de Juan Miguel, inmediatamente calificó esas acusaciones como "insultos" a su cliente, para luego aclarar que se trataban del último recurso de la familia en Miami para tratar de quedarse con el niño. Más tarde las desmentiría también el propio padre de Elián.

"Son mentiras", dijo Juan Miguel González, durante la entrevista que le hizo el periodista Dan Rather en el programa *60 Minutes*. También añadió que nunca había lastimado a Elián ni a su madre Elisabet.

En esa entrevista, la primera desde que Juan Miguel había llegado a Estados Unidos, el padre de Elián negó ser un títere de Fidel Castro, como lo aseguraban sus familiares de Miami. "¿Por qué tienen que meter a Fidel Castro en todo?", se preguntó. "Elián es mi hijo", dijo, "no de Fidel Castro".

Juan Miguel también dijo que su hijo sí quería regresar a Cuba pero que estaba confundido por sus parientes del sur de la Florida. Según él, Elián había sufrido más en Miami que en el mar. "Yo lo conozco mejor que nadie", concluyó. La entrevista terminó con Juan Miguel enviándole un "beso" por televisión a su hijo —en caso que estuviera viendo el programa— y diciéndole que no se preocupara, que pronto iban a estar juntos.

Las acusaciones contra Juan Miguel no fueron las únicas. El gobierno cubano tampoco estaba dejando nada a la suerte. Esos mismos días acusó a Lázaro de abusar "sexualmente de sus estudiantes" cuando trabajaba como maestro de educación física en Cuba, además de calificarlo de "alcohólico". Lázaro contestó con una carta de antecedentes penales que establecía, en julio del 83, que él no había "sido sentenciado por ningún juez ni tribunal de la nación a ninguna sanción".

El sábado que vi al niño más famoso del mundo

La Pequeña Habana. Por fin vi a Elián. Tres veces. Sólo por unos segundos. Pero lo vi. Entonces nadie lo sabía, pero era el último fin de semana que pasaría en Miami.

Elián iba vestido con una camiseta amarilla y un overol azul de mezclilla que le quedaba un poco grande. Los tirantes apenas se le sostenían en los hombros y la parte baja del pantalón le cubría totalmente las rodillas. Estaba descalzo.

"Ahí está", gritaron unos periodistas que me acompañaban frente a la casa de la familia González. *Click. Click. Click.* Las cámaras empezaron a tronar, secas, abruptas, como gallinas con tos. Efectivamente. Elián entraba y salía del patio trasero de la casa como torbellino. Me sorprendí conteniendo la respiración. Dejé de parpadear. No quería perderme el momento. "Éste es el niño que está causando una revuelta a nivel internacional", pensé. "El niño más famoso del mundo."

La primera vez que lo vi, Elián salió a patear una pelota —¿preferirá el futbol *soccer* al beisbol?—. En el patio había cuatro o cinco niños que lo habían ido a visitar ese sábado 15 de abril. La familia González de Miami era muy extensa; 43 parientes en Miami, frente a sólo una veintena en Cuba, según el sacerdote católico —y amigo de los González— Francisco Santana.

La pelota voló y Elián se esfumó.

La segunda aparición del niño-símbolo fue sólo un flashazo. Elián salió de la cocina hacia el patio —a un ladito de donde estaban la lavadora y la secadora, el *barbecue* y la mesa de plástico blanco—, tomó a uno de los adultos por la mano y lo jaló hacia el interior de la casa. La casa estaba llena de políticos, psicólogos, religiosos, abogados, asesores, familiares, visitantes distinguidos y colados que querían echarle una ojeada al niño. (Más tarde me enteraría que ese día, el sábado 15 de abril del 2000, Elián esperaba una llamada de su padre desde Washington y que estaba un poco alterado por la situación.)

La tercera vez que vi a Elián, salió corriendo al columpio y a la resbaladilla —amarilla brillante, igual que su *t-shirt*— que Lázaro, su tío abuelo, instaló en la parte de atrás de la casa. Luego, desapareció como un rayo. Eso fue todo. Unos segundos por aquí y otros por allá. Pero como periodista, no podía seguir hablando de este niño sin haberlo visto. No podía.

A lo lejos, Elián me pareció más pequeño que en las imágenes que había visto por la televisión. Lo sentí frágil. Rompible. No pude acercarme lo suficiente como para verle a los ojos. Aunque luego me percaté de lo absurdo que era el tratar de descubrir el secreto de un niño a través de una rápida mirada.

Cada movimiento de Elián en el patio era registrado. Las antenas de satélite llenaron de agujas el cielo. Para tejer de palabras la radio, los diarios y la internet. Para planchar de imágenes la tele. Frente a la casa de los González —donde ondeaban dos banderas: una cubana y otra norteamericana— conté 16 carpas con decenas de periodistas, locales e internacionales, acampando. Todos Elianizados. Todos alienados del resto del orbe. En esos días —no había duda para ellos— éste era el ombligo del mundo. Antes fue Kosovo. Ahora era la Pequeña Habana.

Y en medio de este desplante de tecnología y recursos, me dio pena pensar que el niño juguetón que vi no había salido de esa modesta casa de dos cuartos durante los últimos cuatro días debido al temor de sus familiares en Miami de que fuera detenido por agentes federales y enviado con su padre. Si mi hijo y mi hija tuvieran que quedarse cuatro días encerrados en la casa nos volveríamos locos, todos. En cambio, Elián parecía estar manejando la situación bastante bien, con una madurez muy por encima de su edad.

¿Por qué este niño era tan especial? ¿Qué había hecho que toda una comunidad saliera a defenderlo? ¿Cómo terminaron los cubanoamericanos enfrentados, simultáneamente, al gobierno de Bill Clinton y al régimen de Fidel Castro?

Las respuestas estaban ahí, en la calle, para quien quisiera oírlas. A un lado de la casa de los González, cientos de personas actuaban como guardias personales de Elián. La policía de Miami las mantenía controladas detrás de unas barreras metálicas. Pero los gritos no tenían límites: "Elián no se va", "Elián no se va", "Elián..."

Los cubanoamericanos estaban más unidos que nunca en torno a este caso. Jamás había visto a tantos cubanos con tantas diferencias —de origen, clase social, edad y educación— unirse en una sola causa. Jamás. Y a esto había que sumarle que 55 de cada 100 hispanos no cubanos (según la misma encuesta del *Herald*) también querían que el niño se quedara. O sea, que los vecinos hispanoparlantes de los cubanos —nicaragüenses, colombianos, venezolanos, mexicanos, hondureños...— les estaban echando una mano.

Por otra parte, era cierto que la mayoría de los negros (92 por ciento) y los blancos no hispanos (76 por ciento) del sur de la Florida preferían que Elián fuera entregado a su padre. Pero de acuerdo con varios cubanos con quienes conversé frente a la casa de los González, esas opiniones y divisiones surgieron porque había mucha desinformación en Estados Unidos sobre los abusos de la dictadura de Fidel Castro.

"Ellos no entienden nuestra tragedia", me dijo Ramón Cala, uno de los voluntarios que protegían la casa de los González. Y luego, sugiriendo que había existido un tinte de racismo anticubano, antihispano y antiinmigrante en el manejo de esta crisis, me dijo: "Si el niño hubiera sido un alemán de ojos claros, el cuento sería distinto".

Otro de los voluntarios —vestido con una camiseta que decía en inglés: *No Castro, No Problem*— me explicó que éste no era un caso típico de custodia familiar. "Aquí hay que considerar que estaríamos destruyendo al niño si permitimos que regrese a Cuba", me dijo. "Y esto es algo que no entienden los que no son cubanos y no conocen las desgracias que vive el pueblo cubano."

Tarde, pero comprendí que este caso tocaba en lo más profundo de la cubanía. Casi todos los cubanoamericanos me decían, de formas muy distintas, que aceptar que Elián se fuera a Cuba sería una especie de traición a todos aquellos —padres, abuelos, tíos, hermanos, amigos...— que tanto hicieron por salir de la isla, en muchos casos, con ellos a cuestas.

De traición se hablaba mucho esos días en Miami. Los cubanoamericanos se sentían doblemente traicionados por el gobierno de Estados Unidos. Primero, por no haberlos apoyado con la aviación en la trágica invasión de Bahía de Cochinos. Y en esta ocasión, por haberle dado la espalda a los familiares de Elián en Miami y forjar una extraña alianza con su archienemigo, Fidel Castro.

Para los cubanoamericanos el caso de Elián, más que de leyes, era de convicciones y de ser congruentes con su pasado. Apoyar que Elián se fuera de Miami equivaldría, para ellos, a un insomnio permanente y a una culpabilidad insoportable. No podían dejar que Elián sufriera en carne propia lo que ellos tanto hicieron por evitar. Apoyar la repatriación de Elián hubiera sido, para la comunidad cubanoamericana, una hipocresía. Y por eso, lucharon por lo que creían hasta los últimos segundos.

Independientemente de la resolución final, la voz de la comunidad cubanoamericana, denunciando internacionalmente la opresión con que se vive en Cuba, manchó la imagen color de rosa con que aún gozaba el régimen de Castro en algunos países. Después de lo de Elián, ya nadie podía decir que nunca había oído que en Cuba encarcelaban y ejecutaban a personas sólo por opinar distinto que Castro, sólo por ser demócratas. Después de lo de Elián, ya nadie podía excusarse de tener una sordera selectiva sobre los 41 años de abusos de la dictadura castrista.

Tras pasar cinco horas frente a la casa de los González, me fui. Aún quería ver —otra vez, más de cerca— a Elián. Pero era inútil. El niño ya no se veía. Quizás se había enganchado en sus *videogames*.

Caminé tres cuadras hacia donde estaba mi auto. Todas las calles estaban atascadas. No había ni un pedacito de estacionamiento. Prendí el coche, manejé unos metros y, de pronto, me encontré caminando a Lázaro, el tío abuelo de Elián.

Camiseta gris sin mangas, jeans, lentes oscuros, *top-siders* sin calcetines, cigarrillo prendido y el peso de muchos mundos en sus espaldas. Este mecánico de 49 años, exiliado desde el 84, es quien ha tomado, hasta el momento, las decisiones más difíciles respecto a Elián.

Lo saludé a través de la ventana y me reconoció. Paré el auto. Me bajé y le pregunté cómo estaba. "Aquí, ya ves, chico", me dijo. "Tratando de que este muchacho viva en libertad."

Sus gestos ya denotaban el cansancio del que sabía que se estaba enfrentando a varios y muy poderosos contrincantes. Pero no sentí en su voz ningún titubeo. Ni miedo.

La espera interminable

¿Habría justicia al final? ¿Se tomaría una decisión que realmente considerara el mejor interés del niño?

Mientras se esperaba la importante decisión de la Corte Federal de Apelaciones de Atlanta, ocurrieron varias cosas que complicaron el caso. Un psicólogo contratado por el gobierno, Irwin Redlener, director de pediatría del Hospital Infantil de Montefiore en Nueva York, denunció en una carta que Elián estaba siendo "horrendamente explotado" por sus familiares en Miami, donde lo rodeaba un ambiente "psicológicamente abusivo". La carta concluía que el niño debía ser "rescatado" de Miami.

Inmediatamente le contestó a Redlener uno de los abogados de la familia. José García Pedrosa declaró que los comentarios del doctor eran "absurdos" debido a que nunca había conocido a Elián ni a ninguno de los adultos que lo cuidaban.

Al mismo tiempo, surgió otro debate en torno al enorme costó de mantener el orden frente a la casa de los González. El diario *The Miami Herald* reportó que la ciudad se había gastado casi un millón de dólares en tiempo extra de policías y operaciones de control durante los primeros cuatro meses. El alcalde Joe Carollo no cuestionó la cifra dada por el diario, sólo dijo: "El costo para la libertad nunca viene barato". Carollo fue el primer político de Miami en denunciar, también, un extraño ataque de agentes de la seguridad del gobierno cubano a manifestantes frente a la Sección de Intereses de Cuba en Washington.

El voto contra Cuba

A nivel político, el gobierno cubano esperaba sacar sus primeros resultados positivos de la crisis en torno a Elián en la Comisión de Derechos Humanos de las Naciones Unidas en Ginebra. Como cada año, habría una votación respecto a Cuba. Pero el régimen de Fidel Castro se mostraba optimista de lograr en esta ocasión un rechazo a la habitual condena. Sin embargo, las matemáticas no les salieron bien a los cubanos el martes 18 de abril del 2000.

Cuando la Comisión propuso una resolución de condena por la violación a los derechos humanos en Cuba, 21 naciones la aprobaron, 18 la rechazaron y 14 se abstuvieron. Entre los países que aprobaron la condena estuvieron Chile y Argentina.

El portavoz del nuevo presidente chileno, el socialista Ricardo Lagos, dijo que en Cuba "hay una situación injusta y no hay una libre expresión de las diversas ideas". Y añadió que los derechos civiles y políticos de los ciudadanos cubanos "son violados". Reflejando la misma posición, el nuevo gobierno argentino del mandatario Fernando de la Rúa dijo a través de su canciller que "no hemos podido apreciar una mejora" en la situación de los derechos humanos en Cuba. Es decir, los dos más jóvenes gobiernos de la región le estaban dando la espalda a Castro.

Más sorprendente aún fue la posición de México, que tradicionalmente había rechazado las propuestas de condena a Cuba. En esta ocasión, el gobierno del presidente Ernesto Zedillo se abstuvo de votar. En el típico lenguaje ambiguo y poco directo de algunos diplomáticos de México, un comunicado de la cancillería explicó que "el gobierno mexicano reitera que la política que más favorece la democracia es el diálogo, no la condena; es la vinculación, no el aislamiento; es la fraternidad, no la agresividad". Estaba claro que en su último año de gobierno, Zedillo no quería mostrar un apoyo incondicional a la última dictadura del continente americano.

Cuba contaba con los votos de México y la República Checa en la Comisión de Derechos Humanos de Ginebra. Pero se equivocó. Y al darse cuenta de su error, tomó una actitud desafiante. En el mismo momento del voto en Ginebra, unas 100 mil personas realizaron una manifestación de protesta frente a la embajada checa en La Habana. Y los manifestantes cubanos acusaron a los checos de "marionetas" y "traidores". Los checos —que habían sido los aliados históricos de Cuba antes de la disolución de Checoslovaquia— votaron con su conciencia. Mientras se realizaba el voto en la Comisión de las Naciones Unidas, el disidente Elizardo Sánchez contó unos 350 prisioneros políticos en las cárceles cubanas.

Tras la votación, Cuba se declaró "orgullosa" de su historial de derechos humanos. Pero, aparentemente, los meses de denuncias del exilio cubano contra el régimen castrista por el caso de Elián estaban teniendo sus primeras consecuencias políticas a nivel internacional.

La decisión de la Corte Federal de Apelaciones

Poco antes de las tres de la tarde del miércoles 19 de abril del 2000, la Corte Federal de Apelaciones, en una decisión sin precedentes, ordenó que Elián no saliera de Estados Unidos hasta que su caso fuera escuchado en la segunda semana de mayo. Y aunque la Corte no quiso involucrarse en el debate de la custodia familiar, sí sugirió que analizaría seriamente si un niño de seis años podía solicitar asilo político.

En esos momentos, la lucha por Elián me hizo recordar una frase que pronunció en 1992 Warren Burger, el juez de la Corte Suprema de Justicia de Estados Unidos: "Hay que hacerse a la idea de que existe una miríada de problemas y asuntos que las cortes no tienen el poder de resolver".

Y el de Elián era uno de esos asuntos. Único, histórico.

Cuando se conoció la decisión temporal de la Corte de Apelaciones, el júbilo estalló frente a la casa de los González en la Pequeña Habana. Hubo celebración en la segunda calle del *northwest*. Toda la tarde, Elián, un poco ajeno a los festejos, se estuvo meciendo en su columpio y retozando con su prima Marisleysis. Esa noche dominó una hermosa luna llena sobre Miami.

En cambio, en Washington, el ambiente fue sombrío y de vientos. Lo peor aún estaba por venir.

De nuevo, Juan Miguel González no quiso hacer declaraciones a la prensa. Pero su abogado Greg Craig le pidió al gobierno norteamericano tomar una "acción inmediata" para unir al padre con su hijo. Craig señaló que sería una "inconciencia" esperar un día más.

Y la fiscal general, Janet Reno, que apareció poco después ante la televisión —visiblemente atribulada por la decisión legal— insistió en que "la orden de la Corte no le evitaba poner a Elián en el cuidado de su padre mientras permanezca en Estados

Unidos". Pero, con cautela, añadió que iban a considerar "todas sus opciones" y que tomarían "el curso de acción que estimaran apropiado bajo las actuales circunstancias".

La realidad era que, nunca antes, una corte en Estados Unidos había enfrentado un caso similar. La complejidad de la situación era enorme: combinaba de manera muy especial lo general y lo particular, la política y las emociones, lo local y lo internacional, la historia de un pequeño niño y las diferencias irreconciliables del exilio cubano con la dictadura castrista.

También era cierto que, independientemente del desenlace final, el caso de Elián le dio a la comunidad cubana del exilio la mejor oportunidad en 41 años de explicarle al mundo por qué la tiranía de Fidel Castro tenía que terminar. Con el caso de Elián se acabaron los sordos y los ciegos que decían desconocer la realidad de Cuba; durante meses tuvimos una lección diaria —en la prensa, la radio, la televisión y la internet— de los abusos del régimen de La Habana.

Sólo el caso de O. J. Simpson había tenido más cobertura en las principales cadenas de televisión en inglés de Estados Unidos que el de Elián. En casi cinco meses, las cadenas ABC, CBS y NBC realizaron 273 reportajes sobre el niño cubano, frente a 200 que hicieron cuando murió la princesa Diana y las 161 tras la muerte de John F. Kennedy Jr. (*fuente*: Center for Media and Public Affairs).

Cualquiera que fuera la solución definitiva, Elián ya había hecho historia.

Algunos, dentro y fuera de Estados Unidos, creyeron que la imagen de la comunidad cubanoamericana fue negativamente afectada por este caso. Pero como me dijo en ese entonces mi buen amigo cubano, Felipe Mourín: "Me siento muy orgulloso de ser cubano; se vaya o no se vaya Elián, mucha gente en todo el mundo ha empezado a escuchar por primera vez la voz del exilio".

El asalto a la casa de los González de Miami

Nadie en Miami pensó que el gobierno federal tendría tan poca sensibilidad como para asaltar la casa de la familia González en plena semana santa y mientras continuaban las negociaciones para un posible encuentro entre Elián y su padre. Pero así fue.

La noche del viernes 21 de abril se extendió hasta la madrugada del sábado 22 sin convencer a los González de entregar a Elián bajo las condiciones que estaban imponiendo Juan Miguel, su abogado y el gobierno norteamericano. Y a las cuatro de la mañana de ese sábado se le acabó la paciencia a la fiscal general Janet Reno, según declaraciones que haría más tarde.

En punto de las cinco de la mañana el jefe del gabinete, John Podesta, despertó al presidente Bill Clinton para informarle que no se había llegado a ninguna solución entre las dos partes de la familia González y que Reno iba a dar la orden de sacar a Elián por la fuerza de la casa de Miami. Clinton no se opuso.

Pocos minutos más tarde, dos docenas de agentes federales vestidos con uniforme militar —y varios de ellos fuertemente armados— se aparecieron en cuatro camionetas blancas, sin placas y con los vidrios polarizados, frente al número 2319 de la segunda calle del *northwest*. Se bajaron corriendo —*go, go, go*, se escuchó—, tocaron durante unos 30 segundos en la puerta de la casa de los González —"abran la puerta, abran la puerta"— y al no tener una respuesta, la tiraron a patadas. Ocho entraron a la casa.

Mientras tanto, en la calle, las cerca de 30 personas que habían acampado para tratar de impedir la toma de Elián por la fuerza, fueron controladas por los agentes que utilizaron gases lacrimógenos. Nada pudieron hacer para impedir que se llevaran a Elián.

Dentro de la casa, los agentes exigieron a gritos la entrega del niño. Al ver la conmoción, Donato Dalrymple —el pescador que había salvado a Elián del mar— se escondió junto con el niño en uno de los clósets de la casa. Pero para ese entonces, el fotógrafo de la agencia de noticias Associated Press, Alan Díaz, ya se había saltado la reja del patio y colado en la casa. Tan pronto como entró, comenzó a tomar fotografías. Ése sería el único testimonio visual de lo que ocurrió dentro de la casa de los González.

Marisleysis, la prima de Elián, dijo que al ver a los agentes fuertemente armados les pidió que escondieran sus armas, para no ocasionarle un mayor trauma al niño, y que ella se los entregaría. No le hicieron caso. Uno de los agentes entró a la habitación donde estaba Donato con el niño.

Con el rifle sostenido en el brazo derecho, le exigió al pescador que le entregara al niño. *Give me the boy or I'll shoot you* ("Entrégame al niño o te disparo"), le dijo el agente a Donato. *Help me, help me* ("Ayúdame, ayúdame"), le gritaba Elián al pescador.

El momento fue captado por la cámara de Díaz. En la fotografía se ve a un agente vestido para la guerra —casco, guantes, lentes especiales...— apuntando muy cerca de Elián y Donato. Elián tiene una cara de terror y el pescador de total incredulidad. Elián fue arrebatado de los brazos de Donato.

(Más tarde, en una conferencia de prensa, Janet Reno diría que sus agentes tuvieron que ir armados por temor a la posible existencia de armas dentro o fuera de la casa. Además, según Reno, "la pistola apuntaba a un lado y el dedo —del agente— no estaba en el gatillo".)

Elián, quien se había despertado inusualmente a las cuatro y media de la mañana, estaba todavía en pijama. Así —camiseta blanca, shorts de cuadritos— fue entregado a una mujer que hablaba español y sacado, muy protegido, de la casa. Algunas cámaras de video registraron esos segundos; Elián estaba llorando.

Rápidamente lo metieron a una de las camionetas blancas. Donato, impotente, salió corriendo de la casa. La camioneta donde iba el niño se movió en reversa y desapareció por donde vino.

De acuerdo con la comisionada del Servicio de Inmigración, Doris Meissner, la agente que cargó a Elián de su casa tenía instrucciones de decirle, en español: "Esto te puede dar mucho susto por ahora, pero pronto estarás mejor. Te vamos a llevar a ver a tu papá. No te vamos a llevar de regreso a Cuba. No te vas a subir a un bote. Estás rodeado de gente que te quiere cuidar. Te vamos a cuidar. Por favor, no tengas miedo".

La operación —tipo comando— no duró ni cinco minutos.

De la casa en la Pequeña Habana, Elián fue trasladado a un avión que lo llevaría a la base aérea de Andrews, cerca de la capital norteamericana, donde vería a su papá por primera vez en cinco meses.

Unas fotografías, dadas a conocer ese mismo día por el abogado del padre, Greg Craig, muestran a Elián, sonriente, abrazado de su padre.

Al final, dos fotografías, totalmente distintas, contaban la historia de ese día: una, la de un agente federal bien armado junto a un niño aterrorizado; otra, la de un padre y su hijo reunidos y felices después de cinco meses sin verse.

Las reacciones tras el asalto

El presidente de Estados Unidos, Bill Clinton, fue informado a las cinco y media de la mañana que la operación había sido un éxito. En ese momento, Elián se encontraba en camino a ver a su padre.

Ese mismo día, Clinton declaró que la toma por la fuerza del niño "fue lo correcto", que "no había otra alternativa más que poner en práctica la decisión del Servicio de Inmigración y de una Corte Federal que otorgaba la custodia de su hijo a Juan Miguel González", y "que estaba muy satisfecho con la manera en que se había realizado".

Coincidiendo con las opiniones de Clinton, el líder cubano Fidel Castro comentó sobre el "rescate" de Elián y dijo que "el éxito se comparte" entre los cubanos, la fiscal general Janet Reno, el Servicio de Inmigración, varios congresistas y el presidente norteamericano. Nunca un padre había tenido dos aliados tan dispares —Bill Clinton y Fidel Castro— en un caso de custodia familiar.

Nunca.

Una encuesta de la cadena CNN indicaba que la mayoría de los norteamericanos estaba de acuerdo con que el niño hubiera sido entregado a su padre, aunque criticaba el exceso de fuerza con que se realizó la operación. Sin embargo, en Miami las cosas se veían de una forma muy distinta.

Otra encuesta —realizada en la internet por el diario *The Miami Herald*— mostraba que el 79 por ciento de quienes respondieron estaban en contra de la manera en que el gobierno del presidente Clinton manejó la operación en la madrugada de ese sábado. La comunidad cubanoamericana estaba frustrada, indignada y se sentía traicionada. Hubo amplias manifestaciones de descontento por toda la ciudad de Miami. Al finalizar el día, la policía había arrestado a 303 personas y los bomberos respondido a 304 llamadas de incendio, según reportó el canal 23 de la televisión local.

Políticamente era inevitable que el asalto a la casa de los González fuera a tener sus serias repercusiones en el congreso norteamericano y entre los dos candidatos a las elecciones presidenciales de noviembre. ¿Realmente fue necesario entrar por el niño a punta de pistola y con ese despliegue de fuerza?

Posdata y el duelo. Elián y toda la familia González —igual la de Cuba que la de Miami— fueron el mejor ejemplo de lo que le ocurre a gente normal en circunstancias extraordinarias.

Una de las cosas más impactantes durante el desarrollo del caso de Elián fue que el niño, al menos públicamente, no tuvo tiempo de asimilar la muerte de su madre. No tuvo tiempo para el duelo, para entender su enorme pérdida.

Si Elián no se hubiera convertido en una figura pública, quizás su proceso de normalización no se habría detenido. Pero las risas y sonrisas que Elián repartía no eran las de un niño que había perdido a su madre. Eran las de un niño que todavía no se había dado cuenta de la gran tragedia que estaba viviendo.

Elián estaba condenado a llevar una vida totalmente ajena a la de un niño normal de seis años de edad. Las necesidades de su mundo interior pasaron a un segundo plano ante el enfrentamiento político y el deseo de venganza de los cubanos de la isla y del exilio.

Elián, así, entró en el terreno de la mitología cubana. En el sur de la Florida se transformó en un niño-símbolo. En la radio de Miami escuché a más de uno sugerir que Elián era "un enviado de dios". Y no faltó quien escribiera que Elián, en verdad, era "un ángel".

En Cuba, en cambio, Elián se convirtió en el niño-héroe. Lograr que Elián regresara con su padre era una reafirmación de su soberanía y una muestra de independencia de Estados Unidos. Otro golpe más del largo, interminable, brutal gobierno de Fidel Castro.

Elián —el que llevaba en sí la cara del exilio y, también, la de la revolución cubana— terminó siendo jalado de sus dos brazos.

Su naufragio, en realidad, no había terminado.

17. Cuba clavada en Miami

Para Felipe

Miami. Cuba, tan cerca. Y sin embargo tan lejos. Tengo varios amigos que no han pasado un solo día de su largo, larguísimo exilio, sin hablar y pensar sobre Cuba. Algunos llevan aquí 10 años. Otros 30. Unos pocos casi 40. Esto: la calle Ocho, el *downtown*, Hialeah, "la sagüecera" (por aquello del *south west*)... no es Cuba, pero hay recuerdos de la isla por todos lados.

No se equivoquen. Cuba puede estar a 90 millas al sur de la Florida, pero se encuentra presente —aquí y ahora— en la cotidianidad de millones de exiliados a través de conversaciones, telefonemas, cartas y una avalancha de programas noticiosos.

Y la constante obsesión de los exiliados por el país al que no pueden o no quieren regresar —mientras esté Fidel Castro en el poder— se la comunican frecuentemente a quien, por casualidad o por necesidad, cae en estas tierras. Pocos políticos, artistas, empresarios, turistas o despistados que lleguen a Miami pueden evitar la pregunta: "¿Y tú qué piensas de Castro?" La respuesta sirve a los exiliados para medir al visitante; es una especie de prueba. Según la contestación sigue un cálido recibimiento o una mirada de repudio.

Por supuesto, yo no me pude escapar de este rito de iniciación. Tuvieron que pasar muchos años —seis o siete— para que desapareciera la sospecha que algunos cubanos tenían sobre mí por el simple hecho de ser mexicano. "Todos los mexicanos son come-candela (comunistas)", me decían, repitiendo una generalización que, afortunadamente, ha ido perdiendo fuerza a principios del milenio.

Lo que pasa es que aquí muy pocos pueden entender las razones por las que el gobierno de México apoya a una dictadura como la cubana. Y por más que les explico que es una relación que precede a Fidel Castro y que, de alguna manera, ha sido utilizada por los distintos gobiernos de México para demostrar su independencia de Estados Unidos, pocas veces logro convencer a mis interlocutores cubanos de que ese asunto está totalmente fuera de las manos de la mayoría de los mexicanos.

Si yo no pudiera regresar a mi país, estoy seguro que mi obsesión por México —y por lo que otros piensan de México— sería muy similar a la de los exiliados cubanos por Cuba. Los entiendo porque a mí también me ha tocado vivir una versión *light* del exilio; el mío es voluntario y reversible. El de ellos no... por ahora.

Y no es precisamente que los exiliados quieran regresar a la isla si Castro cae. Un analista experto en estos asuntos me aseguraba que sólo el 5 por ciento de los cubanoamericanos volverían a vivir en Cuba cuando Castro deje el poder. Lo importante para ellos no es su regreso sino la caída del sistema que los obligó a huir; lo esencial es tener la posibilidad de regresar, si así lo desean. El problema es cómo.

¿Cuál es la estrategia más efectiva para promover, desde fuera, un cambio democrático en Cuba? En este punto, como en muchos otros, el exilio cubano no es monolítico. Se opone, sí, a Castro. Aunque cada vez es más difícil para los exiliados encontrar un consenso sobre cómo acabar con la dictadura.

Un estudio que leí de la Universidad Internacional de la Florida (FIU) indicaba que los cubanos y cubanoamericanos más jóvenes prefieren el restablecimiento de contactos y el diálogo para lidiar con el gobierno de La Habana. Los mayores de edad, sin embargo, siguen apoyando el embargo de Estados Unidos contra Cuba, a pesar de que por más de tres décadas no ha logrado tumbar a Fidel del poder; para ellos es una cuestión de principios. Pero independientemente de las divisiones generacionales entre los exiliados, Cuba los toca a todos; es la ausente presente.

Las palabras —"ausente presente"— las escuché por primera vez del premio Nobel de la paz, Adolfo Pérez Esquivel, al describirme la angustia y expectativas de las familias de los desaparecidos y secuestrados durante las dictaduras militares en Argentina y Chile. Pero son palabras que se pueden aplicar perfectamente al caso cubano.

Cuba es la ausente presente para los exiliados cubanos; se les ha ido, se la secuestraron, aunque están convencidos de que es algo temporal. Y es muy difícil que dejen de pensar frecuentemente en ella.

Esto se suma al presentimiento de que algo grande está por ocurrir. En esta ciudad varias veces se ha anunciado la muerte o enfermedad incurable de Castro, para después, tristemente, rectificar. Recuerdo en particular el caso de una dizque doctora cubana, Elizabeth Trujillo, quien aseguró en el verano de 1998 que Castro estaba dizque enfermo del cerebro. Trujillo fue desacreditada y Castro revivió una vez más. "Cuando me muera nadie lo va a creer", dijo luego Castro, en tono burlón.

Pero esto no es un asunto de risa en Miami; la mayoría de las estaciones de radio y televisión de la ciudad tienen planes y presupuestos especiales para cuando Fidel, inevitablemente, dé la vuelta a la esquina. Por las buenas o por las malas. Por muerte natural o a empujones.

Por lo anterior, Castro y Cuba también forman parte de esto que llamamos mayami.

Todo exilio es brutal. Y lo más difícil debe ser esa intranquilidad, esa ausencia de paz interior, por el llamado de la tierra que fuiste obligado a dejar.

Me toca verlo todos los días en las caras de mis amigos cubanos.

Posdata. Miami es una de las ciudades con más residentes nacidos fuera de Estados Unidos. Según cifras del censo, 59.7 por ciento de sus habitantes eran inmigrantes en 1990, comparado con el 9.7 por ciento en 1940. (Por ejemplo, entre 1990 y 1999 llegaron a vivir 337,174 nuevos inmigrantes al condado Miami-Dade.)

En Houston, el número de residentes nacidos fuera de Estados Unidos aumentó de 11.3 por ciento en 1890 a 17.8 por ciento un siglo después. Y en Los Ángeles 38.4 por ciento eran inmigrantes en 1990, frente al 25.3 por ciento de un siglo antes.

Hace poco más de un siglo, 90 de cada 100 inmigrantes venían de Europa. Hoy en día, de cada 100 inmigrantes, 45 vienen de América Latina, 26 de Asia, 23 de Europa y los otros seis de las regiones restantes.

18. Lázaro: un disidente en el exilio

—Hola, buenas noches —saludé—. ¿Se encuentra Lázaro?

—No, no está —me respondió su esposa Daula—. Ya consiguió trabajo; hoy es su primer día.

La respuesta me dio mucha alegría porque Lázaro llevaba varios meses sin trabajar. Desde su llegada a Miami el 7 de diciembre de 1999, Lázaro no había encontrado empleo y estaba viviendo con la ayuda de sus amigos en el exilio.

Seguramente el primer empleo de Lázaro en Estados Unidos también generó mucha felicidad en su familia porque yo no conozco a Daula y —a pesar de ser un completo desconocido para ella— me lo comunicó por teléfono como si fuéramos amigos de toda la vida. No, no es un gran trabajo. Ayuda en la cocina de un pequeño restaurante de Miami Beach. "Ahora hago sandwiches y combos y *gyros*", me confesó. "Pero hay que echar p'alante, hermano."

* * *

Conocí a Lázaro García Cernuda en el municipio Arroyo Naranjo de La Habana. Él fue uno de los opositores a la dictadura de Fidel Castro que se atrevieron a hablar con la prensa extranjera con motivo de la visita del Papa Juan Pablo II en enero del

98. Me acuerdo perfectamente del miedo en sus ojos, de cómo temblaban sus palabras, de su barba de un día y de la pobre casita donde me recibió. Pero me acuerdo también de que Lázaro hablaba con la convicción de que si él no denunciaba la falta de democracia y de libertad en la isla, nadie más lo haría.

"En Cuba no existe esa supuesta libertad religiosa; después que el Papa se fue, todas las promesas —de mayores libertades— fueron promesas vanas", me contó. "Fue un ardid del gobierno para hacer creer que iba a haber un cambio, aunque nosotros sabíamos que era una farsa."

Esas denuncias contra el régimen castrista, irónicamente, le evitaron ir a la cárcel. "Después que nos dimos a conocer con la prensa extranjera", me dijo, "no le convenía al gobierno cubano llevarnos a prisión; sin embargo, existía una constante represión". Cuando Lázaro habla de la disidencia en Cuba siempre lo hace en plural. Es el nosotros frente a él. Y él siempre es Fidel.

Desde que Lázaro decidió participar en el partido Pro Derechos Humanos en Cuba se quedó sin trabajo. "Para conseguir un empleo te pedían una carta del CDR (Comité de Defensa de la Revolución)", me explicó, "y evidentemente el CDR no me iba a dar una carta a mí porque mi discurso opositor no era el de ellos". Lázaro era técnico en anatomía patológica pero desde 1992 hasta su salida de Cuba se le prohibió trabajar. "Cualquier ciudadano que se enfrente al gobierno cubano no puede llevar una vida normal", me dijo. "Están privados de sus derechos más elementales y no tienen ningún poder adquisitivo."

Conforme aumentaron las actividades opositoras de Lázaro, creció también la presión de los agentes de la seguridad del Estado para que buscara asilo político en Estados Unidos. "Desde el 97 les hicimos creer que estábamos en trámites con la Sección de Intereses de Estados Unidos en Cuba", recordó. "Pero no son bobos, tienen un enorme sistema de inteligencia, hasta que me obligaron a tomar esta decisión."

* * *

Cuando Lázaro habla de "la decisión" se refiere siempre a su salida forzada de Cuba y su llegada a Miami. Midiendo sus palabras me dijo que "el exilio es la segunda Cuba, pero también es un presidio porque es muy duro estar lejos de la tierra donde uno nació".

Lázaro recibió asilo político por parte del gobierno norteamericano y tan pronto como pueda iniciará los trámites para conseguir el pasaporte de Estados Unidos. Esa situación no le incomoda: "El pasaporte americano no me quita lo cubano". "Estamos muy agradecidos", me comentó, "eternamente agradecidos al gobierno de Estados Unidos".

Pero cuando le pregunté sobre su proceso de adaptación en Miami, sentí la dureza en su voz. "Ha sido un cambio muy brusco", me dijo, para luego corregir. "Una vez acá el futuro es grande." La verdad, Lázaro la pasó muy mal en sus primeros días en Estados Unidos. A la semana de haber llegado, murió su mamá en Cuba y él decidió no regresar a su entierro. "Aunque nos permitieran regresar no lo haríamos", me comentó, "hasta que se acabe lo que tiene allá Fidel Castro".

La muerte de su madre y la falta de un empleo bien remunerado fueron dos elementos que él no había considerado al venir a Miami. El inglés fue otro. "Lo que me ha chocado es el idioma", me dijo. "Me dediqué a la lucha por los derechos humanos en Cuba, me despreocupé un poco de mí mismo y no me dediqué a aprender el idioma inglés."

Sin embargo, Lázaro está convencido que viene bien entrenado para enfrentar situaciones difíciles. "Cuba te prepara para sobreponerte a todo", apuntó con humor.

Lázaro se define constantemente. A veces como opositor desde el exilio. Otras como cristiano. Nunca como cocinero. Sus comentarios están llenos de referencias religiosas y de agradecimiento a quienes le han echado una mano en sus momentos más difíciles. Durante nuestra conversación me contó cómo una académica le prestó un apartamento para vivir en Miami Beach y cómo mucha gente del exilio le ha ayudado con ropa y zapatos y orientación. "Realmente no estamos solos", reconoció, "pero nos falta lo principal, que es nuestro pedacito de tierra".

El exilio no ha erosionado las convicciones políticas de Lázaro. Además de aprender inglés, Lázaro y su esposa —una disidente que no pudo terminar su carrera de física y astronomía— están tratando de recaudar dinero para los opositores que dejaron en Cuba. Se están comiendo un cable —como dicen en Miami los exiliados al referirse a quienes apenas tienen para comer—, pero aun así piensan primero en ayudar a quienes necesitan más que ellos.

Lázaro, el disidente en el exilio, se pasa las mañanas haciendo planes para que su isla sea libre y haciendo combos en las noches para los miamenses hambrientos. Lo suyo, me parece, es acabar con el hambre. Pero ya no tiene el miedo que le conocí en La Habana. "Cuba es una cárcel grande", me comentó, "luego ya nada te asusta".

Me despedí y nos prometimos seguir platicando.

—Adiós —le dije—. Hablamos.

—Okey, hermanito —contestó, probando una de las pocas palabras que sabía en inglés—, que Dios te bendiga.

19. Centroamericanos: entre guerras, leyes y huracanes

Miami. Doña Carla tiene suerte. Consiguió una visa de turista en la embajada norteamericana de Tegucigalpa y se saltó en avión México para caer derechito en Miami. Cuando le preguntó un agente de inmigración cuánto tiempo pensaba quedarse en Estados Unidos dijo: "Sólo unas semanitas". Enseñó al agente su reservación en un hotel de Miami Beach y él le creyó: ya no tuvo que mostrarle los dólares que traía amarrados con una liga por si le preguntaban con qué iba a comer. Le sellaron su pasaporte y pasó la aduana con una maletota tan grande y gastada que se necesitaban dos personas para cargarla.

Doña Carla, como miles de inmigrantes que entran legalmente de turistas en Estados Unidos, piensa quedarse a trabajar. No está sola. Contrario a lo que muchos piensan, la mayoría de los inmigrantes indocumentados no cruzan a pie por la frontera entre México y Estados Unidos, sino que vienen por avión y luego extienden su estadía más allá de lo que les permite su visa.

Tras los enormes destrozos del huracán *Mitch* en Honduras, doña Carla sólo quería trabajar el tiempo suficiente en Estados Unidos para conseguir los dólares que le permitieran acabar la construcción de su casa en Tegucigalpa. "La cosa por allá está jodida", me dijo. "No hay ni trabajos y si hay se gana una miseria y la ciudad está destrozada."

Sí, eso quería hacer. Quedarse un tiempo en Estados Unidos y luego regresarse a Honduras. Si con lo que ahorrara no le alcanzara para terminar su casa, volvería a hacer todo una vez más. Hasta que la última cortina estuviera colgando.

—Pero, ¿qué va a pasar la próxima vez que usted trate de entrar a Estados Unidos como turista? —le pregunté—. En su pasaporte los sellos van a indicar que usted se quedó más tiempo del permitido.

—Ahhhh —me contestó con una risita—. Conozco a alguien que por 200 dólares me pone la fecha que yo quiera en el pasaporte.

Doña Carla es un buen ejemplo del inmigrante cíclico, del que no piensa quedarse a vivir en Estados Unidos pero que sólo viene a trabajar por un tiempo y después se regresa. Ella ya se sabe el caminito y su complicado truco migratorio es efectivo; durante más de 10 años nunca le ha fallado.

Hondureños al norte, pero primero hay que cruzar por México

La mayoría de los centroamericanos con quienes he conversado, antes de llegar a Estados Unidos, han tenido que cruzar la República Mexicana. Y el consenso es unánime: "Lo más duro es cruzar por México".

José Lagos, de la Unidad Hondureña en Miami, me contó que para los hondureños que hacen por tierra la travesía desde su país hasta Estados Unidos es mucho más peligroso cruzar México que Guatemala. Cuando le pregunté sobre cuál había sido la experiencia en común de los hondureños en México, me dijo: "Desafortunadamente no he escuchado buenos comentarios".

"He oído anécdotas de ahogados en ríos, violaciones y robos en México", continuó Lagos. "Es mucho más difícil

México que Guatemala: primero hay que cruzar, luego está el problema del acento —que nos delata a los hondureños— y más adelante están los coyotes. Pasan muchas cosas."

Ya en Estados Unidos, las complicaciones son de otro tipo.

Lagos estaba preocupado por el trato tan desigual que han recibido los hondureños en Estados Unidos. Inmigrantes de otras nacionalidades, como los nicaragüenses, por ejemplo, fueron incluidos en un programa migratorio (Nacara) para evitar su deportación. Los hondureños no. Todo parecía perdido. Hasta que llegó *Mitch*.

Tras el huracán *Mitch*, a finales del 98, los hondureños lograron incluirse en otro programa de protección migratoria conocido como TPS. 102,026 hondureños se acogieron a este programa en 1999. Pero los abusos continuaron.

"A nosotros nos catalogan de trabajadores, aguantamos bastante y echamos para delante", me explicó Lagos. "Aunque también somos algo callados; a veces somos explotados y presas fáciles de abogados inescrupulosos."

La difícil experiencia de los 600 mil inmigrantes hondureños en Estados Unidos no es única.

Guatemaltecos y tres veces discriminados

Julio Villaseñor, el presidente de GUIA (Guatemalan Unity Information Agency), calcula que uno de cada dos guatemaltecos en Estados Unidos vive como indocumentado o no ha definido permanentemente su situación migratoria. "La mayoría viene por tierra a Estados Unidos y les pasa de todo en el trayecto", me comentó Villaseñor. "Muchos guatemaltecos tienen que vivir por temporadas en México para seguir avanzando y hay violaciones, asesinatos y abusos de las autoridades mexicanas; al igual que ocurre con las autoridades guatemaltecas con los que vienen de más al sur."

Por las décadas de guerra en Guatemala, el flujo hacia el norte había sido continuo. Pero incluso ahora en épocas de paz, los inmigrantes siguen llegando a Estados Unidos. "Aun la gente que decía estar huyendo de la guerra", reconoció Villaseñor, "venía también por razones económicas".

Ya en Estados Unidos, la guerra no ha terminado para muchos guatemaltecos. "Allá en Guatemala a veces se enciende la envidia cuando mandamos fotos y se da la falsa ilusión de que venimos a recoger el dinero del suelo", me dijo Villaseñor, quien llegó a Estados Unidos en 1981. "Y por eso es muy difícil decirle a un guatemalteco que no se venga. Pero como están las cosas aquí en California, las probabilidades de éxito son mínimas."

Luego me explicó por qué. "Ha habido varias etapas: antes era fácil sacar el número del social security o una licencia de manejo. Ahora está muy difícil, muy difícil." Y para decir la verdad, hay guatemaltecos que la tienen más difícil que otros. En Guatemala se hablan más de 20 lenguas distintas al español y los indígenas guatemaltecos que deciden emigrar a Estados Unidos pueden sentir el rechazo con mucha mayor frecuencia.

"Estos indígenas guatemaltecos sufren una doble y hasta triple discriminación porque no hablan ni siquiera bien el español", me dijo Villaseñor. "Hablan quiche o kanjobal..." De hecho, en la zona de Pico-Union en Los Ángeles se ha establecido una colonia de unos cuatro mil indígenas kanjobales dedicados a la costura. Cuando llega un familiar todos le echan una mano, lo apoyan y le buscan trabajo. Pero se traen también sus viejas prácticas culturales.

Entre muchos kanjobales, son los hombres quienes aprenden el español —no las mujeres— porque son ellos quienes tradicionalmente han salido a trabajar. Así que muchas mujeres indígenas guatemaltecas, que no hablan bien ni inglés ni español, se la pasan encerradas en sus apartamentos. "Las mujeres indígenas guatemaltecas son discriminadas tres veces una vez que llegan a Estados Unidos", me contó Villaseñor. "Por los norteamericanos, por los mismos guatemaltecos que sólo hablan español y por los hombres —sus padres, hermanos o maridos."

Las diferencias de lenguaje han hecho que muchos guatemaltecos ni siquiera se enteren de que califican para la residencia permanente o para programas migratorios de estadía temporal. "No saben los beneficios de Nacara, ni de los permisos de ABC, ni nada", me dijo Villaseñor. "No hablo kanjobal y ni siquiera yo los puedo ayudar."

"El guatemalteco es muy trabajador, honesto y venimos con ánimo de trabajar", concluyó Villaseñor. Pero ciertamente esos ánimos no se han convertido para todos los guatemaltecos en tarjetas de residencia.

Mientras los salvadoreños se adaptan a California...

Actualmente no hay tantos salvadoreños que vienen a Estados Unidos como en la época de la guerra. Pero Carlos Baquerano, presidente de SALED (Fondo Salvadoreño Americano para el Liderazgo y la Educación), se sorprendió de que un viejo conocido en San Vicente ha decidido probar su suerte en Norteamérica. "Se viene porque quiere buscar nuevas oportunidades", me contó. "Él ha luchado allá y no se puede; todo está caro."

Con la excepción de Panamá, la relación entre Estados Unidos y El Salvador parece más estrecha que entre otros países centroamericanos y la única superpotencia mundial. Varias aerolíneas van y vienen todos los días de Los Ángeles y Miami a San Salvador y la influencia cultural norteamericana en El Salvador es incuestionable.

Además está la fuerza del dinero. Las remesas de los salvadoreños en el exterior a su país pasan consistentemente de los mil millones de dólares cada año. El asunto está en tratar de usar ese dinero, no sólo para la subsistencia de las familias salvadoreñas —una de cada dos es beneficiada de alguna manera—, sino también para canalizar esas inversiones a proyectos de largo plazo. Cada salvadoreño en Estados Unidos contribuye a mejorar la vida de tres o cuatro en su país.

"Creo que los salvadoreños tenemos una historia de adaptarse más rápido", me dijo Baquerano, quien llegó a Estados Unidos en 1980. "Nosotros oíamos a los Beatles, a grupos de acá, Fleetwood Mac, Bread; desde hace tiempo hemos tenido mucha influencia norteamericana." Basta mencionar los miles de millones de dólares que envió Estados Unidos al ejército salvadoreño en los años ochenta —con la intención de acabar con la guerrilla— y la constante presencia militar de Estados Unidos en esa nación.

"Somos menos nacionalistas que los mexicanos", apuntó Baquerano. Y ese rápido proceso de adaptación a Estados Unidos ya ha comenzado a diferenciar a ese 15 o 20 por ciento de todos los salvadoreños que decidieron emigrar. "Allá (en El Salvador) nos dicen los agringados; yo juraba que todavía tenía acento salvadoreño —siempre hablo de vos, digo: vaya pues, fijáte, te ves bien chivo, en fin, palabras tradicionales— pero allá dicen que no."

El aquí para los salvadoreños en el extranjero es, en su mayoría, California. Y allá, no hay duda, siempre es El Salvador. Bueno, aquí la comunidad salvadoreña es una de las más organizadas. "Yo pienso que somos una comunidad muy luchadora, de arranque, que no nos dejamos cuando vemos que algo no está bien", me dijo Baquerano. "Quizás por las guerras hemos desarrollo un nivel de conciencia social y política más avanzado que otros grupos." Sin embargo, hasta el momento, los salvadoreños sólo cuentan con una senadora estatal en California, Liz Figueroa, de padres salvadoreños pero nacida en San Francisco.

En realidad, la adaptación de los salvadoreños al panorama social y político norteamericano no ha estado libre de complicaciones, discriminaciones y rechazos. La oposición la han sentido, no únicamente de algunos estadounidenses sino también de otros miembros de la comunidad hispana.

Para mencionar sólo un caso, no hay partido entre las selecciones de futbol de México y El Salvador en algún estadio del sur de California que termine sin algún incidente de violencia o tensión en las gradas. Lo más fundamental, sin embargo, ocurre fuera del terreno de juego. "Tal vez los mexicanos se sintieron amenazados en el mercado laboral", me dijo Baquerano, cuya organización agrupa a casi todas las comunidades centroamericanas en California. Pero no sólo por los mexicanos. "Desde que llegamos acá nos ha costado ser aceptados por otros grupos tradicionales, como los mexicanos, que nos vieron como un reto a su fuerza laboral."

Por otra parte, las enemistades de salvadoreños y mexicanos han sido, muchas veces, exageradas. Cada vez hay más familias de salvadoreños y mexicanos, y el mismo Carlos Baquerano tiene una hermana casada con un zacatecano.

Los salvadoreños en Estados Unidos, está muy claro, no quieren más conflictos. Bastan y sobran los que les obligaron a dejar el país donde nacieron para tirarle un anzuelo al sueño americano. Ahora lo que falta es que el esfuerzo de miles se vea reflejado a colores y con una fotografía en una tarjeta de residencia de Estados Unidos.

...los nicaragüenses construyen el sur de la Florida

José Lovo es un abogado nicaragüense en Miami que se desespera al ver cómo sus compatriotas son explotados. Particularmente le molesta cuando un nicaragüense no logra legalizar su situación migratoria en Estados Unidos por dejarlo todo a última hora o, peor aún, por obstáculos burocráticos.

Cuando hablé con él me comentó con orgullo cómo 45,623 nicaragüenses habían hecho su solicitud bajo la ley conocida como Nacara para permanecer legalmente en Estados Unidos. Pero otros miles seguirán viviendo al margen de la ley. En Miami, en San Francisco y en el noreste del país.

"Como no tienen papeles, ni número de seguro social", me dijo Lovo, "no tenemos cómo probar cuándo entraron a Estados Unidos". Así, hay un ejército de nicaragüenses trabajando bajo la amenaza de una deportación.

"La mitad de las empleadas domésticas y de los hombres que trabajan en construcción son nicaragüenses y son ellos los que están contruyendo Miami", me aseguró el abogado. "No hay empleada doméstica más leal que las de mi pueblo y yo le apuesto que todos los políticos, jueces y millonarios en el sur de la Florida tienen a una empleada nicaragüense ilegal."

Pero como esta gente no paga impuestos por sus empleadas, ni han creado un *paper trail* desde que llegaron a Estados Unidos, ni hay personas que se atrevan a testificar por ellas, no hay manera de normalizar su situación migratoria, aun cuando hayan estado aquí antes de la fecha límite establecida por Nacara. "¿Cómo pruebo que entraron aquí ilegalmente y califican?", se preguntó Lovo.

Muchos nicaragüenses encontraron en Nacara la primera oportunidad en décadas de legalizar su estadía en Estados Unidos. Pero ésos ya no le preocupan tanto a Mario Lovo. Ahora le preocupan los otros. Los que se están quedando fuera del juego. "Ésos", me dijo Lovo, "son nicaragüenses de catacumba, son nicaragüenses silentes; no pueden regresarse a Nicaragua pero tampoco están legalmente aquí".

Los dos corazones de Mario Bruno

Mario Bruno Jiménez, antes que nada, es mi amigo. Pero su historia no deja de impactarme. De él sí podemos decir que dejó un corazón en su país natal, Nicaragua, para tomar otro en Estados Unidos.

No sabe a ciencia cierta si fue el cambio en el estilo de vida, el estrés, la carne, la rumba, la alegría con que juega a vivir o una predisposición médica, pero a los pocos años de llegar a Miami su corazón nicaragüense dejó de funcionar.

Tuvo un ataque al corazón. Luego otro. Y después uno nuevamente.

Pero Mario Bruno no tenía planes de morirse. "Mi profunda fe es lo que me sostuvo siempre con vida", me confesó. Él es el mejor ejemplo que tengo de un hombre que sabe cómo abrir y cerrar con su fe el chorro de la vida.

Cuando se dio cuenta que su viejo corazón ya no le iba a aguantar mucho, se puso en la lista para conseguir uno más joven. La situación era tremendamente complicada. En general, la espera es de un año y medio. Pero, de nuevo, él está convencido que la mano de Dios le permitió conseguir el corazón nuevo en sólo cuatro meses.

Su barba blanca de pensador, su oído de músico y sus sólidas y milagrosas manos proyectan la imagen de un hombre con fortaleza física y espiritual. Es difícil imaginárselo con una brutal cicatriz en el pecho. Por principio no se ve. Y estoy seguro que cuando se para ante el espejo dice: "Qué bonita cicatriz. Qué bonita".

Cuando los sandinistas se comieron su paciencia, sus propiedades y quisieron involucrar a sus hijos en el servicio militar obligatorio se vino a Miami, con su esposa Leticia y sus seis hijos (Mario Alberto, Máximo Antonio, Pablo Rafael, Carol Johanna, Iván Alfonso y Karla Josefina). Aquí en Estados Unidos empezó su vida por segunda vez. Literalmente. Pero no sólo porque tiene corazón nuevo. No. También dejó en un compartimento de la memoria el buen puesto y los mejores tiempos que pasó en Nicaragua para iniciar su propio negocio en Estados Unidos.

Le va de maravilla. No tiene jefe ni horarios. Igual disfruta un ceviche con su esposa que una plática de madrugada con sus hijos. Surfea la internet como chamaco y come sushi como japonés.

Mario Bruno es una celebración de la vida.

Viaja regularmente a Nicaragua. La tierra —y unos problemitas de la familia— lo llaman. Tiene pasaporte estadounidense, pero nunca ha dudado en decirme: "Yo soy nicaragüense".

Cuando lo veo, una vez a la semana, con tanta energía, tan alegre, tan servicial, tan optimista, tan dispuesto a echar p'alante, tan tan tan, no puedo dejar de pensar que yo me conformaría con la mitad, con un cachito de su corazón.

20. Vieques y el ser puertorriqueño

La independencia es el único beneficio que hemos ganado, a cambio de todo lo demás.

SIMÓN BOLÍVAR

San Juan, Puerto Rico. Vieques lo cambió todo. Ahora se habla de antes y después de Vieques.

Nunca como ahora los puertorriqueños se sienten tan puertorriqueños. Aunque tengan pasaporte americano. Aunque muchos de ellos todavía quieran que Puerto Rico se convierta en el estado 51 de la Unión Americana.

Vieques despertó la conciencia de la puertorriqueñidad.

"No. No soy americano. Soy puertorriqueño." "Tengo pasaporte estadounidense, pero eso no me quita lo puertorriqueño." Eso es lo que he estado escuchando últimamente dentro y fuera de Puerto Rico.

Con claridad. Sin ambigüedades.

Y Vieques también ha hecho que los puertorriqueños intensifiquen la permanente búsqueda de su identidad y sus raíces. Hoy no les queda la menor duda que la puertorriqueñidad es algo único. Pero salvo esta certidumbre, el resto parece estar volando.

La pregunta más básica todavía no tiene respuesta concreta: ¿Qué es Puerto Rico; un país (como en las olimpiadas), una colonia (como en las guerras) o un territorio aún indeciso (entre la independencia involuntaria y el convertirse en el estado 51 de Estados Unidos)?

La falta de definición por más de un siglo en la relación entre Estados Unidos y Puerto Rico es la causante histórica de esta y otras interrogantes. No hay resolución: ni independentista ni estadista. Y el estado libre y asociado ha creado un equilibrio fácil de romper.

El asunto de fondo es si, en un futuro, Puerto Rico dejará de ser Puerto Rico para amalgamarse a un Estado mucho más grande.

Muchos latinoamericanos no logran entender por qué hay tantos puertorriqueños dispuestos a entregar el territorio de su isla y supeditar su cultura a otro país. No lo entienden. Millones de latinoamericanos murieron en luchas independentistas y en América Latina no es fácil comprender que los puertorriqueños estadistas quieran ser parte de una nación diferente a la suya.

Mientras tanto, la realidad cotidiana del puertorriqueño está llena de ambigüedades e indefiniciones.

La indefinición política de Puerto Rico —y las consecuencias en las vidas concretas de sus habitantes— es un asunto que no promete resolverse pronto. Y es precisamente esta indefinición la que hace que muchos puertorriqueños en Estados Unidos vivan la extrañísima situación de ser inmigrantes con pasaporte americano.

El rollo político

Plebiscitos van y plebiscitos vienen en Puerto Rico pero ninguno parece ser definitivo. Y aun si lo fuera para los puertorriqueños, el senado norteamericano nunca se ha mostrado muy interesado en tomar en cuenta los resultados. Y menos en un año electoral como el 2000.

Ahora bien, a pesar de todas las enormes diferencias políticas que hay entre los puertorriqueños —con estadolibristas y estadistas repartiéndose casi todo el pastel—, el hecho más significativo de los últimos años en Puerto Rico es el consenso que se alcanzó respecto a la isla de Vieques.

Puertorriqueños de todos los espectros políticos coincidieron en que la marina norteamericana no debería seguir realizando ejercicios militares en la llamada isla Nena. Y a pesar de que el gobernador Pedro Roselló se dejó torcer el brazo para llegar a una solución negociada con el gobierno del presidente Bill Clinton, muchos puertorriqueños vieron ese acuerdo como una traición. Roselló fue visto por muchos puertorriqueños con quienes conversé como un hipócrita por haber dicho en Washington que no permitiría ni una bala más en Vieques, para luego cambiar su postura.

El enfrentamiento en la isla de Vieques dejó algo muy claro: por primera vez en muchos años los puertorriqueños se identificaron como algo distinto —y hasta opuesto— a lo norteamericano. La identidad —los psicólogos lo saben— se va formando al enfrentarnos al otro, a lo que es distinto a mí. Así, con el asunto de Vieques, los puertorriqueños dijeron a los norteamericanos: no somos iguales.

No creo haber escuchado mal. Y lo que oía a finales de siglo eran llamados —y a veces hasta gritos— por la autonomía de Puerto Rico. Esto ciertamente era de notar en una isla donde el voto independentista no había alcanzado ni el 5 por ciento en los pasados plebiscitos. Pero los gritos eran cada vez más fuertes, más constantes y, a la larga, podrían ya haber modificado el futuro de la relación entre Estados Unidos y Puerto Rico.

La congresista Nydia Velázquez, para poner un ejemplo, había dicho que ya era "hora de liberar al pueblo de Vieques de la ocupación militar de su tierra". Y yo me preguntaba: si los puertorriqueños querían sacar a los estadounidenses de Vieques, ¿acaso no los querrían, también, fuera de todas las islas de Puerto Rico?

Al enviar una nota en el otoño de 1999 a su asesor de seguridad nacional, Samuel Berger, el presidente Clinton escribió sobre Vieques que "ellos (los puertorriqueños) no nos quieren allí; ésa es la cuestión principal". Es decir, Estados Unidos estaba muy consciente de que había partes de Puerto Rico donde no era bienvenido.

Permítanme caer en una simplificación, pero el tema de Vieques es como tener a alguien durmiendo en tu casa durante años, para luego decirle: "¿Sabes qué?, quiero que saques tus cosas del cuarto donde has estado durmiendo y que nunca más te vuelvas a meter ahí". Cualquier persona, con un poquito de sentido común, diría: "Estoy de acuerdo, pero no sólo me voy a salir del cuarto sino que me voy de tu casa y, además, no esperes que te siga ayudando económicamente como antes ni creas que algún día te irás a vivir conmigo".

La situación, desde luego, es mucho más compleja. Pero el mensaje respecto a Vieques era claro: los puertorriqueños no querían a Estados Unidos ahí. Independientemente de lo que ocurra —que la marina de Estados Unidos se vaya de Vieques o que limite sus ejercicios militares o que haya un plebiscito en la isla Nena...— el daño a la relación está hecho.

A finales de 1999, lejos de convertirse en realidad el sueño del gobernador Pedro Roselló de que Puerto Rico fuera un estado de la Unión Americana, la idea que tomaba fuerza era la de una independencia involuntaria para la isla. Es decir, que las distancias entre ambos territorios eran tan marcadas que en la práctica podrían acabar por aumentar la autonomía de Puerto Rico y su distancia de Estados Unidos sin que ninguna de las partes, en realidad, estuviera buscando eso.

El enfrentamiento político por Vieques ya ha tenido sus repercusiones en las vidas diarias de los puertorriqueños en Estados Unidos. ¿Cómo pueden los puertorriqueños sentirse plenamente parte de un país —Estados Unidos— que se está enfrentando en un asunto clave con la isla —Puerto Rico— donde nacieron o donde crecieron sus padres y abuelos? ¿Cómo?

Hace poco recibí la carta de un puertorriqueño que reflejaba claramente esta ambivalencia. Me decía: "Yo no favorezco la independencia para mi isla, pero no me siento norteamericano".

Los que se fueron a Nueva York

Nueva York. El número de puertorriqueños en Estados Unidos ha tenido un aumento constante en los últimos 60 años. Para principios del año 2000 se calculaba que había unos 3 millones 300 mil puertorriqueños viviendo en Norteamérica. (En Puerto Rico la cifra arañaba los cuatro millones.)

Históricamente, la mayor concentración de puertorriqueños ha sido en esta ciudad de Nueva York. Según un informe del diario *The New York Times* (publicado a finales de febrero del 2000), en 1998 había unos 800 mil puertorriqueños en la ciudad. Sin embargo, aunque siguen siendo el grupo hispano mayoritario, han ido perdiendo terreno frente a las comunidades dominicana y mexicana. Mientras que los puertorriqueños era el 79 por ciento de la población latina de Nueva York en 1950, ahora son sólo el 37 por ciento del total.

Y de acuerdo con el mismo reporte, en 1999 cuatro de cada 10 puertorriqueños en Nueva York vivía por debajo de los niveles de pobreza debido, en parte, a la pérdida de empleos en las industrias manufactureras. (A nivel nacional, 35 por ciento de los puertorriqueños son pobres frente al 27 por ciento, en promedio, de todos los hispanos.)

O sea, que la ciudadanía norteamericana no es garantía de bienestar. Y hay muchos otros elementos que obstaculizan el desarrollo socioeconómico de los puertorriqueños en Estados Unidos.

Cuando hablé por teléfono con el abogado Juan Figueroa, presidente y asesor del Puerto Rican Legal Defense and

Educational Fund (PRLDEF), todavía estaba enojado por el artículo del diario *The New York Times.* A él le parecía que el largo reportaje no era completo ya que, como otros anteriores, destacaba los aspectos más negativos de la comunidad puertorriqueña en Nueva York, pero no sus virtudes.

"El artículo no dice que, en la ciudad de Nueva York, casi el 95 por ciento de oficiales latinos electos son puertorriqueños", me dijo Figueroa. "Tampoco dice que los puertorriqueños ocupan cargos muy importantes en el mundo de los negocios, la política y el arte; ahí están Jennifer López y Marc Anthony."

Para Figueroa, los problemas socioeconómicos de los puertorriqueños en Nueva York tienen su origen en una "combinación de discriminación, con falta de recursos en los centros urbanos y un sistema educativo terrible; el problema en la educación pública —para todos los hispanos, no sólo para los puertorriqueños— es profundo".

El abogado encargado de una de las agrupaciones de puertorriqueños más respetadas en Estados Unidos se queja también del trato tan desigual que reciben sus compatriotas respecto a otros ciudadanos norteamericanos. "Cuando aquí bregan con nosotros, nos tratan por igual a todos los hispanos —por ejemplo, la policía— y no es de extrañar que algunos puertorriqueños se sientan como si hubieran cruzado la frontera ayer", me dijo Figueroa.

—¿Se sienten los puertorriqueños como inmigrantes con pasaporte americano? —le pregunté.

—Es que por ser puertorriqueños nos tratan así —contestó—. Nos tratan y nos sentimos distintos a pesar de ser, como la mayoría en este país, ciudadanos norteamericanos.

Figueroa cree que el conflicto de los puertorriqueños de la isla con la marina norteamericana por el asunto de Vieques ha generado un grado de conciencia inusitado entre todos los isleños. Y no sólo eso. Ha sacado a flote la puertorriqueñidad que muchos habían olvidado. Explicó: "Es un hecho sin precedente en la historia de Puerto Rico que los tres partidos y todos los líderes políticos, dentro y fuera de la isla, hayan hablado con una sola voz".

"Éste es uno de los primeros instantes que tenemos como nación, como pueblo", analizó Figueroa. "Hemos podido reconocer que nuestra asociación con Estados Unidos tiene desventajas y que nuestro poder es bien mínimo; nuestros deseos, aun hablándolos, no se han escuchado."

Los meses y años por venir no estarán ajenos de conflictos. "Después de lo de Vieques", reflexionó Figueroa, "estaremos dispuestos a cuestionar nuestra relación con Estados Unidos —dentro y fuera de la isla— y a no tomar posturas que hemos adoptado ciegamente como una religión".

* * *

De mis pláticas con Figueroa y con decenas de puertorriqueños más —estadistas, estadolibristas, independientes y apolíticos— ha sido inevitable concluir que los puertorriqueños se sienten hoy en día más puertorriqueños que nunca. Por Vieques. Y esto, que sería lo más común en cualquier pueblo del continente americano, es un verdadero parteaguas en la vida de Puerto Rico.

De pronto, el puertorriqueño en Nueva York —que siempre ha sido tratado de manera distinta a pesar de tener pasaporte americano— sabe que no está solo al sentir al estadounidense como otro, ajeno a él y sus intereses. Y el puertorriqueño en la isla —a pesar de que apoye la estadidad o el estado libre asociado— sabe también que nunca podrá renunciar a su identidad puertorriqueña, a su puertorriqueñidad.

Es difícil saber cómo terminará el asunto de Vieques —ni cuál será el estatus político permanente de la isla—, pero el reciente conflicto con Estados Unidos ya ha tenido sus efectos positivos en la autodefinición de los puertorriqueños.

"Soy puertorriqueño y ya. Nada más."

Eso es lo que estado escuchando.

21. Portodominicanos y neodominicanos

Miami. La pantalla del televisor no daba más. Estaba a punto de reventar. Otra vez una yola, mal construida, cargada con decenas de inmigrantes dominicanos naufragaba en el canal de la Mona. Ésta casi había llegado. Casi. Se quedó a 91 metros de la costa. Pero casi no cuenta. 17 sobrevivientes —cada uno de los cuales había pagado 170 dólares por el trayecto de 75 millas— fueron detenidos por la Patrulla de Fronteras en Puerto Rico. Otros pocos se perdieron en las montañas de la Isabela. 10 cadáveres fueron encontrados. Y al resto se lo tragó el mar.

Las imágenes mostraban el cadáver inflado de un hombre cuya piel estaba tan estirada por los efectos del agua salada y el sol que parecía que iba a explotar. Su color era morado. Un reportero le quitó la sábana que lo cubría pero inmediatamente lo volvió a tapar. No soportó más.

Yo tampoco.

Apagué el televisor.

San Juan. "Yo no estoy prejuiciado contra los dominicanos", me dijo un empresario puertorriqueño. Y se lo creí. Lo conozco y es una persona generosa. "Pero últimamente los veo por todos lados y no agradecen la oportunidad de estar aquí en Puerto Rico." Luego me explicó que en algunas ocasiones —como en los partidos de beisbol de la serie del Caribe— él se ha sentido extraño en su propia isla al verse rodeado de dominicanos.

No se requiere mucha ciencia para entender por qué los dominicanos se siguen yendo a Puerto Rico. Una pareja de profesionistas me lo resumió de la siguiente manera: "La mujer de servicio que trabajaba con nosotros ganaba, a lo mucho, 100 dólares al mes en Santo Domingo; aquí en Puerto Rico puede ganar mil dólares o más".

Sin embargo, estar en Puerto Rico significa para muchos dominicanos el enfrentar problemas de discriminación, racismo y xenofobia. Este asunto es tan preocupante que, incluso, las maestras Carmen Sara García e Ivette Maisonet Quiñones han advertido a sus alumnos de la Universidad del Sagrado Corazón sobre los peligros de reflejar estos prejuicios en sus trabajos periodísticos.

Ellas escribieron en su manual de estilo *Periodismo sin gazapos*:

> En Puerto Rico, la negación de la existencia del racismo contra los negros es una postura social generalizada. No obstante, tanto la actividad humana como el lenguaje evidencian su presencia. Existe el racismo en Puerto Rico, así como la xenofobia contra algunos de los residentes del país. Estos dos prejuicios se evidencian en las prácticas discriminatorias al ofrecer servicios; en el acceso a la educación de excelencia; en la obtención de empleo; en el acceso al poder adquisitivo de bienes; en la restricción de áreas de residencia; en la limitada presencia (más bien, ausencia) pública en posiciones de poder político y social de los puertorriqueños negros.

La discriminación que sienten algunos puertorriqueños en su propia isla la padecen en mayor escala grupos enteros de dominicanos.

Los dominicanos en Puerto Rico hacen lo que los mismos puertorriqueños no quieren hacer —y al igual que ocurre en

Estados Unidos con otros inmigrantes—, los portodominicanos (para identificarlos de alguna manera) son objeto de abuso, explotación, discriminación y rechazo.

Se calcula que actualmente hay unos 150 mil dominicanos viviendo en Puerto Rico.

Por las mañanas, en los barrios más elegantes que rodean la capital puertorriqueña, se pueden ver pequeños ejércitos de mujeres dominicanas bajándose del bus y dirigiéndose a limpiar, barrer, trapear, pulir, encerar, guardar, planchar, lavar, cuidar niños —y cualquier otra cosa que se le ocurra a la señora— en casas puertorriqueñas.

Dominicanos y puertorriqueños se necesitan mutuamente, pero eso es algo que no quieren entender las autoridades migratorias. Conozco familias puertorriqueñas que han, prácticamente, adoptado a dominicanos para que más tarde ellos mismos puedan traer legalmente a sus familias de República Dominicana. Pero también conozco montones de casos de dominicanos que viven bajo la amenaza de la deportación y que, por eso, aceptan salarios mucho más bajos de los que recibiría un puertorriqueño en igualdad de circunstancias.

Los dominicanos pueden ponerle nombre (y a veces apellido) a las razones por las que se van de Quisqueya. Los eternos gobiernos de Balaguer y su populista obsesión por obras grandiosas no pudieron sacar a la mayoría de la pobreza. El huracán *George*, en septiembre de 1998, acercó al canal de la Mona a los que perdieron lo poco que tenían. Y las esperanzas de cambio real puestas en el régimen de Leonel Fernández rápidamente se desvanecieron.

"¿Sabes cómo le dice la gente al grupito que estuvo en el poder con Fernández?", me preguntó un dominicano a quien aprecio mucho. "Los comesolos." Luego me explicaría que otros gobiernos, al menos, tenían la decencia de repartir el pastel presupuestario en una amplia alberca de colaboradores y negociantes. Pero que el pasado gobierno, según me decía, no repartió favores más allá de un reducido círculo de amiguitos. "Comen solos", repuntó.

La gente, generalmente, se va de los lugares donde le hacen huecos en el estómago. Y los dominicanos se van de su isla hacia Puerto Rico y Nueva York.

* * *

No hace mucho, un indignado hombre de negocios dominicano se puso en contacto conmigo después que me escuchó decir que República Dominicana estaba entre los países más pobres del continente.

—Por favor, no diga eso —me pidió.

—Entonces ¿qué quiere que diga? —repliqué—. Son datos que saqué de las Naciones Unidas.

—Es que nos da muy mala imagen.

La buena publicidad, estoy convencido, no va a sacar a la mayoría de los dominicanos de la pobreza. Para eso se necesitan trabajos y un buen plan de gobierno sin corrupción... y muchas generaciones de esfuerzo. Sin embargo, todos los días hay dominicanos que no están dispuestos a esperar a que llegue ese momento. Y cruzar la montaña hacia Haití no es una opción; ahí son mucho más pobres que ellos.

Los más pobres de los pobres no tienen, ni siquiera, la oportunidad de emigrar; no pueden cubrir los gastos más básicos de transportación. Pero otros dominicanos, los que tienen un poquito más, los que consiguieron un préstamo de la tía o el abuelo, los que se hicieron de unos dólares, ven más allá del mar.

"El canal de la Mona es para los dominicanos lo mismo que la frontera sur de Estados Unidos para los mexicanos", me comentó una joven puertorriqueña, bien familiarizada con las muertes que cobra el tempestuoso estrecho entre República Dominicana y Puerto Rico.

Si bien Puerto Rico es muchas veces la tablita de salvación para los inmigrantes dominicanos, otras es sólo la tablita para tomar impulso y saltar a Nueva York. Ser portodominicano no es una condena pero ser neodominicano es, para muchos, la verdadera oportunidad de "hacerla grande en la vida".

Nueva York. Cuando Víctor Morisete y su hermano llegaron a esta ciudad en 1982, llevaban la suerte en la maleta. Al día siguiente de su llegada, el hermano de Víctor consiguió trabajo. Un día, sólo un día, le tardó encontrar el camino. Y Víctor —entonces de 18 años— al poco tiempo entró al colegio.

Hoy la historia de Víctor y su hermano difícilmente se podría repetir. La mitad de los 40 mil dominicanos que cada año llegan a Nueva York lo hacen sin documentos migratorios. Actualmente, al menos uno de cada cinco dominicanos en Estados Unidos es indocumentado.

¿Cuáles son los principales problemas que obstaculizan el desarrollo de los dominicanos en Estados Unidos?

"Primero, lo que necesita un dominicano al llegar a Estados Unidos es un trabajo; eso es primordial", me dijo Víctor Morisete, quien es el director de la Asociación de Dominicanos Progresistas (ADP) en Nueva York. "Poder tener un trabajo que pague más de ocho dólares la hora."

Según ADP, el ingreso promedio de un dominicano en Nueva York es de sólo 6,600 dólares al año. "Y eso está muy por debajo del nivel de pobreza en Estados Unidos", apuntó Morisete. "Es resultado de las leyes migratorias; la falta de elegibilidad para acogerse a leyes migratorias ha tenido un efecto muy negativo entre los dominicanos."

El segundo problema en importancia para los neodominicanos es la educación. Pero en eso no están solos. "Toda la comunidad hispana está sufriendo por la falta de calidad educativa", me dijo Morisete, "y los niños dominicanos que llegan aquí necesitan una educación de calidad".

Y el tercer problema es no poder vivir en un lugar seguro. No sólo libre de crimen sino también de sustancias tóxicas. Es decir, en apartamentos y viviendas que no corran el riesgo de envenenamiento por plomo o sustancias que causen asma y otras enfermedades.

Para enfrentar estos tres problemas se necesita poder político, poder de decisión. Desafortunadamente, la fuerza numérica de los dominicanos en Nueva York no tiene su equivalente en representación política. A principios del 2000 sólo había un asambleísta estatal de origen dominicano, el concejal Guillermo Linares en la ciudad de Nueva York y tres jueces. No mucho más.

Al igual que la comunidad mexicana, los dominicanos tienen la barrera migratoria. Cualquier latino que no sea cubano o puertorriqueño en Nueva York y que aspire a un puesto de elección popular necesita, antes que nada, tiempo. Tiempo para convertirse, primero, en ciudadano norteamericano.

Comparados con los puertorriqueños, los dominicanos llevan relativamente poco tiempo en Nueva York. En los últimos años de la dictadura de Trujillo, a principios de los sesenta, muchos dominicanos emigraron a esta ciudad. Y después de la revolución, esa migración aumentó. En la actualidad, un millón de dominicanos vive en Estados Unidos, 200 mil de los cuales son indocumentados.

Conforme va decreciendo el porcentaje de puertorriqueños en Nueva York, ha estado aumentado el de dominicanos y mexicanos, dos comunidades que comparten muchas cosas. Entre ellas, la dificultad de normalizar su situación migratoria y el hecho de tomar los trabajos más difíciles y peor pagados.

A pesar de esto y de los bajísimos ingresos per cápita, los dominicanos en el extranjero proveen una de las principales fuentes de capital en República Dominicana; una de cada cuatro familias dominicanas depende de las remesas de sus compatriotas en Estados Unidos.

En el nuevo siglo, los dominicanos recién llegados no tuvieron la misma suerte que el hermano de Víctor Morisete de conseguir un empleo al día siguiente de que aterrizara el avión de Santo Domingo. Pero aun así, siguen llegando convencidos que la oportunidad de trabajar y ayudar a los suyos desde lejos es mejor que vivir condenados en una isla con poca o nula movilidad social.

* * *

Volví a prender el televisor. Las imágenes de los dominicanos muertos seguían reventando la pantalla. Yo sabía que ese video llegaría, tarde o temprano, a las casas de los miles de dominicanos que estaban considerando emigrar. Pero eso no los haría desistir. El hambre es más fuerte que el miedo. Así que la esperanza era que la próxima yola cargada de indocumentados dominicanos estuviera mejor construida y no zozobrara en el canal de la Mona a 91 metros de las costas de Puerto Rico.

22. El nuevo éxodo colombiano

Soy uno más. Como el intelectual, como el reportero,
como el activista de derechos humanos,
como el desplazado, como (el cómico) Pacheco.
Nada más ni tampoco nada menos.
Me toca abandonar mi terruño,
mi vida, mi alma, mi país.

FRANCISCO SANTOS

Periodista de *El Tiempo de Bogotá*,
creador de la asociación antisecuestro
País Libre y del movimiento
contra la violencia No Más.
Dejó Colombia en marzo del 2000.

Miami. Debe ser terrible que cada vez que llegas a un aeropuerto internacional, los funcionarios de aduana e inmigración te cuestionen y desnuden por llevar un pasaporte colombiano. A veces parecería que lo hacen sólo para humillarte y no con la expectativa de encontrar drogas entre tus pertenencias o documentos que sugieran tu intención de quedarte permanentemente.

Debe ser terrible que cada vez que alguien menciona a tu país, surjan inmediatamente las palabras: secuestros, asesinatos, amenazas de muerte, guerrilla, violencia... como si no hubiera nada más. Quizás por eso los colombianos preguntan tanto: ¿cómo nos ves?

Es ya una especie de ritual. Cada cierto tiempo se me acerca alguno de mis amigos colombianos a preguntar: ¿Qué piensan aquí de nosotros? ¿Tenemos mala imagen? ¿Qué te parece lo que está pasando en Colombia? ¿Crees que Estados Unidos se quiera meter? Los colombianos tienen la costumbre, como pocos, de estar preguntando a los otros lo que piensan sobre ellos. Es como si no creyeran lo que ven y necesitaran que alguien les dijera cómo están las cosas.

Y las cosas están mal.

Aquí, desde lejos, da la impresión de que la situación en Colombia se va a poner peor, antes de mejorar. A través de los medios de comunicación a nivel internacional, las imágenes que estamos acostumbrados a recibir desde Colombia son desesperanzadoras: que un carrobomba mató a 10 en Medellín, que hubo otras explosiones en Cali, que un grupo guerrillero secuestró a los pasajeros de un avión y a los feligreses que asistían a una iglesia, que el otro grupo rebelde controla una tercera parte del territorio del país, que la economía va en picada, que en el 99 se vivió la peor depresión económica desde los años treinta, que mataron al humorista Jaime Garzón y que con él ya iban 125 periodistas asesinados desde 1977, que en Colombia hay más asesinatos que en China (que es 40 veces más grande en población), que en los últimos 12 meses son más de 850 los civiles muertos por la guerrilla y grupos paramilitares, no, que son más... Puedo seguir pero con esto basta y sobra.

Quizás para los colombianos éstas son noticias viejas y se han desensibilizado ante tanta violencia. Después de cada acto terrorista, o de un secuestro, o de un asesinato particularmente grotesco, escucho decir por ahí: "No más, no permitiremos que esto siga pasando en Colombia", para luego enterarnos de otro acto terrorista, de otro secuestro, de otro brutal asesinato.

Aquí, desde lejos, parecía obvio que el ejército colombiano no podía ganar la guerra a los rebeldes y narcotraficantes. Y que el gobierno, con cada vez menos recursos, se erosionaba hasta los huesitos. Los vacíos de poder que fueron dejando un gobierno tras otro han sido ocupados por guerrilleros, narcos y paramilitares. O sea, por la fuerza, ni el ejército ni el gobierno de Colombia podían ganar la batalla.

Sé perfectamente que los medios de comunicación, particularmente la televisión, tienden a exagerar y a presentar una parte de la realidad como si fuera el todo. Desde luego que hay otra cara de Colombia —pujante, mayoritaria, trabajadora, exitosa, exportadora, pacífica—, pero ésa no la estábamos viendo afuera. Sólo nos llegaban los bombazos y los asesinatos (como el de Garzón) y los secuestros... las malas noticias.

Y como sólo nos llegaban las malas noticias, Estados Unidos se asustó. Estados Unidos, como todos sabemos, tiene un interés cíclico por América Latina. Por periodos muy largos se olvida de países enteros, para luego meterse en el asunto hasta la cintura. Bueno, en estos días Estados Unidos está viendo a Colombia muy de cerca. Con lupa.

Las señales están por todas partes. Ahí está la oferta de 1,600 millones de dólares en ayuda norteamericana para que, de acuerdo con la intención de la Casa Blanca, "el gobierno colombiano se introduzca en las regiones del sur de Colombia donde crece la coca y que actualmente están dominadas por guerrillas insurgentes".

Hay más señales. Por ejemplo, cuando ustedes vean a uno de los *anchors* o presentadores titulares de los principales noticieros de televisión de Estados Unidos viajar a un país, más vale que se amarren los cinturones. Quiere decir que ahí hay problemas. Esos tipos no viajan por gusto. Salen muy caros.

En el verano de 1999, el periodista Dan Rather de la CBS estuvo en Colombia porque, según él, "súbitamente ha entrado en el radar de Washington". El viaje de Rather ocurrió tras el derribo de un avión de reconocimiento con cinco militares norteamericanos a bordo. En ese momento había entre 200 y 300 soldados y agentes estadounidenses trabajando en Colombia y el temor del Pentágono era que Estados Unidos fuera involucrado en un complicadísimo conflicto.

Cuando los políticos norteamericanos hablan de Colombia, la comparación no es con Kosovo, sino con Vietnam, donde la participación estadounidense fue creciendo de manera paulatina. En realidad es muy difícil pensar que Estados Unidos pudiera intervenir militarmente en Colombia de forma masiva; ni los norteamericanos lo quieren ni el presidente Andrés Pastrana lo permitiría. Sería su muerte política. Aunque no cabe duda que los más altos funcionarios de la caballería de Estados Unidos llevaban meses estudiando cómo echarle una mano a Pastrana.

En un largo ensayo publicado por la entonces secretaria de Estado norteamericana, Madeleine Albright escribió que "los narcotraficantes colombianos producen más del 80 por ciento de la cocaína mundial", que "tanto los guerrilleros como los paramilitares utilizan el tráfico de drogas para financiar sus operaciones" y que "los problemas de Colombia se extienden más allá de sus fronteras y tienen graves implicaciones para la seguridad y la estabilidad regional". En otras palabras, Colombia se estaba convirtiendo en un problema de seguridad nacional para Estados Unidos y aquí ya había quienes se morían de ganas de meterle bala al asunto.

Pero Colombia, repito, no es Kosovo y una guerrita de 79 días —como la de los Balcanes— no acabaría con el narcotráfico ni con la guerrilla colombiana. Entonces ¿qué hacer?

En verdad, desde lejos, la única alternativa que suena viable es un diálogo por la paz. El presidente Andrés Pastrana sabe que por las malas no va a poder ganar, que su ejército no es tan fuerte ni tan limpio ni tan bien entrenado como quisiera. Y él sabe también que nunca podría apoyar una intervención militar a gran escala por parte de Estados Unidos. Sólo queda jugársela por la negociación. Además, la palabra de Pastrana todavía vale, no es como la de Ernesto Samper. Como periodista que fue, Pastrana sabe que lo único que realmente tiene es su credibilidad.

Ya sé que la popularidad de Pastrana está por los suelos y que lo critican por haber entregado a la guerrilla una parte del país. Éste, sin embargo, no es un concurso de popularidad. Y, claro, su estrategia tiene riesgos. De lo que se trata, nada más y nada menos, es de alcanzar la paz. Los que tengan una mejor idea que levanten la mano.

¿Que es difícil la negociación? Desde luego. Pero si los rebeldes salvadoreños y guatemaltecos pudieron negociar la paz con sus respectivos gobiernos e integrarse a la sociedad civil, ¿por qué no van a poder lograr eso los colombianos?

Pobres pero en Miami

Mientras todo esto ocurría, ya para finales de 1998 y principios de 1999 se empezó a hablar del nuevo éxodo colombiano.

Las autoridades aseguraban que no era cierto. Que las salidas masivas de colombianos respondían, únicamente, a un patrón bien conocido de visitas al extranjero para vacaciones o negocios. La diferencia en esta ocasión es que muchos de los que se iban de Colombia hacían todo lo posible para no regresar. Mejor indocumentados que muertos, pensaron algunos. Sin papeles pero sin miedo, concluyeron algunos más. Pobres pero en Miami, bromearon otros.

Un artículo del diario *The Miami Herald* calculaba que en febrero del 2000 había alrededor de 50 mil inmigrantes indocumentados procedentes de Colombia sólo en el área de Miami-Dade en el sur de la Florida. A éstos habría que sumar decenas de miles más en toda la costa oriental de Estados Unidos, sobre todo en Nueva York. Y bajo el subtítulo de "Imparable huida de colombianos a Estados Unidos", el mismo diario informó poco más tarde —citando cálculos del gobierno de Colombia— que 800 mil colombianos habían dejado su país entre 1996 y el 2000 con destino a Estados unidos. "La gente se va del país por problemas económicos que se originan en la violencia", dijo el embajador de Colombia en la OEA, Jesús Ramos, a la reportera de *El Nuevo Herald* (marzo 14, 2000).

Las colas en la embajada de Estados Unidos en Bogotá eran enormes. Las trabas, gigantescas. Pero quien conseguía una visa de visita —después que su vida había sido analizada tipo confesionario— era como un niño en feria.

La mayoría, es cierto, va y viene. Pero los que se quedan son cada vez más.

Ya en Estados Unidos —legal o ilegalmente— varios de estos inmigrantes colombianos viven una nueva confrontación: su país se desmorona a pedacitos en un conflicto bélico, sin embargo, el gobierno de Estados Unidos no les otorga ninguna consideración migratoria especial (como la que reciben refugiados y exiliados políticos de otras zonas de guerra).

Los colombianos, hoy en día, se pueden caracterizar por estar siempre luchando contra una adversidad. De Colombia huyeron por la guerra y la falta de oportunidades; en Estados Unidos lo único que quieren es que los dejen vivir en paz sin la amenaza de deportación. No es mucho pedir; es lo mismo que se ha dado a otros grupos en circunstancias similares.

Por eso miles de colombianos presionaron con marchas y firmas al gobierno norteamericano para que les concedieran el TPS, que es una condición migratoria especial —y solicitada por el mismo presidente— para evitar temporalmente el riesgo de las deportaciones.

Es difícil saber cuántos colombianos se han venido a Estados Unidos en los últimos 24 meses. Pero yo llevo mi cuenta personal. Conozco a un buen arquitecto colombiano que quería trabajo de reportero en Estados Unidos, y a una joven madre que temía por la seguridad de sus dos niños y estuvo buscando la manera de quedarse a vivir en Miami, y a un director de noticias cuya esposa vivía aterrorizada por la posibilidad de un secuestro en la familia y exigió a su esposo salir de Colombia cuanto antes *or else*, y a...

Sacando lo mejor de lo peor

La violencia, irónicamente, ha obligado a sacar lo mejor de los colombianos. Un político de Colombia me decía que los colombianos viven en el presente y planean poco porque la historia les ha enseñado que estamos en el mundo sólo cinco minutos. Colombia ha vivido largos períodos de violencia y el simple hecho de sobrevivirlos es toda una proeza.

Conozco pocos pueblos tan alegres como el colombiano. Una fiesta con colombianos se convierte en feria y en celebración de la vida. A ritmo de merengue, salsa y vallenato, cada fiesta en Colombia es una negación de la muerte que por tantas décadas los ha perseguido. Y esas mismas ganas se desbordan en otras cosas.

A pesar del enorme problema del narcotráfico, del prolongadísimo conflicto guerrillero, de la desconfianza a los gobernantes corruptos y del estancamiento económico, Colombia no se ha parado. Y eso hay que destacarlo. Pocas naciones se mantendrían intactas en su esencia como Colombia con crisis parecidas.

This too shall pass.

Los colombianos esperan con ansias el día que puedan hacer turismo dentro de su país sin temor a que los maten, el día en que la gente mencione el nombre de su nación y no piense en violencia, el día en que lleguen a un aeropuerto y los traten con genuina cortesía y respeto, el día en que siempre sean bienvenidos —no importa de dónde lleguen— y el día en que en su tierra haya paz.

Mientras eso no pase, el éxodo —en gotero o en chorro— seguirá sacando de las entrañas de Colombia lo mejor de sí misma.

23. Los zapatos enlodados de Venezuela

Barrio de San Bernardino, Caracas. Después del primer año de gobierno de Hugo Chávez en Venezuela, la economía se había contraído en un 7 por ciento, medio millón de trabajadores se sumaron a las filas del desempleo y el despegue en los precios del petróleo no pudo hacer mucho para sacar de la pobreza al 80 por ciento de los venezolanos. O sea que muchos venezolanos no le estaban viendo el queso a la tostada.

Pero si el estilo populista y populachero, autoritario y centralista del presidente Hugo Chávez no fue la razón por la que muchos venezolanos decidieron emigrar, las terribles lluvias de diciembre de 1999 sí se convirtieron en la señal que algunos estaban esperando para marcharse.

* * *

Los zapatos debían haber sido de un niño de unos cuatro o cinco años de edad. Eran blancos, con líneas azules. Las suelas estaban un poco gastadas. Las agujetas, perdidas. Los encontré entre el lodo, las ramas y las rocas que bajaron en un torrente del cerro del Ávila. ¿Habrá sobrevivido el niño que usó estos zapatos? No sé. Lo que sí sé es que siempre me ha llamado la atención —quizás porque no tiene una explicación lógica— que lo primero que pierden las víctimas de desastres y accidentes son los zapatos.

El último cálculo que escuché —de la Defensa Civil de Venezuela— es que el número de muertos por las lluvias e inundaciones sobrepasaba los 20 mil. Pero muchas personas con quienes platiqué creen que el gobierno del presidente Hugo Chávez está escondiendo las verdaderas cifras. ¿Por qué?

Bueno, porque existía la sospecha entre algunos venezolanos de que el presidente Chávez minimizó el peligro de las torrenciales lluvias y aguaceros para que la gente saliera a votar en el plebiscito del pasado miércoles 15 de diciembre y aprobara la nueva constitución que él tanto deseaba. Esta nueva carta magna venezolana incluye, desde luego, la reelección y le permitiría a Chávez quedarse 12 años más en el poder.

¿Por qué el gobierno no declaró una emergencia nacional antes de las elecciones y después de dos semanas ininterrumpidas de lluvias? ¿Por qué no se canceló o pospuso el plebiscito cuando se supo de los primeros muertos en el estado Vargas? ¿Por qué no se informó a la población, en cadena nacional por radio y televisión, que se preparara para posibles deslaves e inundaciones? ¿Por qué no fueron evacuadas a tiempo las zonas geográficamente más vulnerables? ¿Acaso la política y el interés reeleccionista tomó prioridad sobre el bienestar del venezolano común y corriente? Son sólo preguntas.

Chávez, engrandecido por los resultados del plebiscito —siete de cada 10 votantes estuvieron con él— apareció la misma noche del 15 de diciembre de 1999, en una conferencia de prensa, restándole importancia al mal tiempo. Ingenuamente dijo: "San Isidro Labrador quita el agua y pon el sol, puede ser la consigna para este momento. O aquella de Bolívar: si la naturaleza se opone lucharemos contra ella y haremos que nos obedezca".

Las palabras de Bolívar, en boca de Chávez, sonaron a prepotencia. Y obviamente la naturaleza no obedeció al presidente. Uno de los damnificados por las lluvias —que llevaba cinco días caminando—, al escuchar los comentarios de Chávez, le contestó por televisión: "Él dice que iba a cambiar todo, que él luchaba contra la naturaleza; que venga a luchar ahora, que mire cómo estamos todos".

Ésta era la primera crisis que enfrentaba Chávez, después de un año de gobierno, que no podría resolver con discursos, publicidad o balazos. Su enorme popularidad empezaba a erosionarse —había caído del 90 al 70 por ciento— tras varias decisiones bastante desafortunadas, como la de abrir el aeropuerto internacional de Maiquetia a los refugiados de las lluvias y aislar a Venezuela del resto del mundo. Los damnificados fácilmente hubieran podido ser ubicados en un lugar menos estratégico —como un hangar—. Pero el populismo le ganó al pragmatismo. Cuando los chavistas se dieron cuenta del error, ya era demasiado tarde; Venezuela estaba cerrada al mundo. Y así no llegan ni ayuda ni inversiones.

A mí me tocó, por ejemplo, volar de Miami a Caracas (antes de las navidades del 99) literalmente arriba de la carga de un avión C-130 de la Fuerza Aérea Venezolana. Pasé las cuatro horas y media de vuelo sobre un contenedor que llevaba alimentos, medicinas y sillas de ruedas a los damnificados por las lluvias. Todos los vuelos comerciales de ida y vuelta a Caracas estaban cancelados. Así, miles se quedaron varados en Venezuela y otros tantos fuera de ella. Las escenas que vi en el aeropuerto de Miami, con pasajeros que llevaban días durmiendo en la terminal, eran escalofriantes.

Pero nada comparable, desde luego, con lo que pasa aquí en Venezuela. Me encontré con un país que no podía ver más allá de sí mismo, igual que los enfermos que sufren de mucho dolor. Venezuela está viendo hacia dentro. Recorrí las zonas más afectadas durante la navidad y no vi un solo Santa Claus ni un arbolito de navidad. Y ciertamente en este país nadie estaba preocupado —como en el resto del orbe— sobre la llamada falla de milenio (Y2K) y posibles ataques terroristas. Lo que sufrió Venezuela era mucho peor.

Aún tengo clavados los ojos de Esmérida, que pasó 30 de sus 53 años en una casita que el río que cruza el barrio de San Bernardino destruyó de un buche. Y la persistencia de Alejandro, el policía que rehusaba dejar lo que quedó de su semidestruida vivienda, llena de lodo, en Catia La Mar. Y la desesperación de Mariela, cuando se dio cuenta que el nuevo caùce del torrente que bajaba de la cordillera pasaba a un ladito de su cocina. Y al enloquecido padre, sin camisa, que lloraba por televisión al contar cómo perdió en el agua a sus cinco hijos.

A pesar de todo lo anterior, la historia que más me impactó fue la de una niña de 11 años de edad que trató de salvar a su sobrinita de 3 meses de nacida. Ambas estaban siendo arrastradas por una fuerte corriente que desembocaba en el océano. El hombre que me contó la historia dice que, después de mucho luchar, la niña se quedó sin fuerzas y soltó a la bebé. Ella se ahogó. Pero la mayor se pudo coger a un envase de plástico y fue rescatada más tarde ya en el mar. No puedo ni imaginarme lo que debe estar soñando cada noche esa niña-heroína.

Ésta es la primera vez en mi vida que el color verde no lo identifico con la vida. Desde el aire, Venezuela era toda verde; las lluvias la habían pintado así. Pero era verde de muerte.

Con este desastre Venezuela corría el peligro de quedarse atorada en el siglo XX; tardaría años en estar donde estaba. Y donde estaba... no estaba muy bien. Ahora hay más pobres que cuando comenzó Chávez, más desamparados que antes, más desempleados que antes y tras el primer año de gobierno, la economía se hizo más chiquita. Sólo el súbito aumento en los precios del petróleo salvó del colapso financiero a esta nación. La ilusión de un cambio para mejorar —que ofreció Chávez a los más hambrientos— estaba empapada y podría tardar años en secarse.

Además, esta tragedia permitió la militarización de facto de Venezuela; los soldados estaban por todos lados, el congreso fue disuelto (el 22 de diciembre de 1999) aprovechando con mucha mala leche el caos de las inundaciones, y los opositores políticos y los periodistas independientes empezaban a sentir los pisotones de las botas.

Por todo esto, no me extrañaba la percepción de un nuevo éxodo hacia Estados Unidos. De hecho, los venezolanos más ricos ya lo estaban haciendo. En avioneta, vía Aruba, Curacao, San Juan y Santo Domingo. Y al igual como empezaron a llegar a Miami centroamericanos después del huracán *Mitch* y colombianos con la intensificación de la guerra, ya se veía un caminito de venezolanos dejando su país.

Las huellas estaban frescas:

1. Una actriz venezolana me contó que iba a vender sus propiedades adquiridas durante toda su vida en Venezuela porque había perdido la fe en Chávez.
2. Por los altos niveles de criminalidad y desempleo, una pareja de venezolanos me comentó que pusieron su apartamento de Caracas a la venta y se fueron a probar suerte a Miami. Sin visas y sin trabajo seguro. "Al menos", me dijo él, "mis hijos podrán respirar aire limpio y jugar en un parque sin correr el riesgo de que los secuestren o los maten".
3. La fuga de talento es ya un hecho. Una de las periodistas más reconocidas de Venezuela me llamó el otro día y empezó a lanzar sus redes para ver si consigue un trabajito en Estados Unidos. "Aquí ya no se puede", me dijo.

Así es como están muchos venezolanos; con los zapatos enlodados y buscando cómo sacar brillo al presente.

VIDUSA: la vida en Estados Unidos

24. La nostalgia, los olores y los tacos

Hace casi dos décadas que salí de México para irme a vivir a Estados Unidos. Pero cada vez que regreso de visita realizo, religiosamente, el mismo ritual: primero me voy a comer unos taquitos al pastor, con cebolla, cilantro, salsa verde y unas gotas de limón, y después trato de ponerme al día de los últimos cambios en mi país.

La nostalgia, estoy convencido, comienza por la boca y sigue por la nariz. Son olores muy concretos los que me regresan inmediatamente a México y a veces, con un poquito de esfuerzo, los puedo evocar; el pasto mojado por la lluvia y poco después que saliera el sol, la loción que usaba mi papá, los vapores de la cocina de mis tías las grises, la piel de mi primera novia y el interior de mi Volkswagen.

Por azares del destino, me he roto la nariz tres veces. Y en cada operación he ido perdiendo poco a poco mi capacidad olfativa. Sólo capto olores muy fuertes. Pero quizás por eso los olores que tengo guardados con candado en la memoria —y que no son muchos— me llevan como de rayo en viajes al espacio y al tiempo. Siempre al pasado.

Siempre a México.

Siempre.

25. La llamada

Es la llamada que todos tememos, particularmente los que vivimos fuera de nuestro país. Es ese telefonazo que te despierta de golpe en plena madrugada y te deja el corazón a punto de reventar. Cuando la llamada llega no hay buenas noticias. Del otro lado del teléfono casi siempre hay una enfermedad o un accidente. E irremediablemente le ocurre a quienes más queremos.

Cuando la llamada llega hay que salir inmediatamente a algún sitio y siempre está presente la duda de si llegaremos a tiempo, de si podremos ayudar, en el mejor de los casos; de despedirse, en el peor. La angustia domina.

Bueno, esa llamada me llegó cuando estaba de viaje en Bogotá, cubriendo unas elecciones presidenciales en Colombia. Me habló mi hermana al hotel, como a las tres de la mañana.

A mi padre le había dado un tercer ataque al corazón y lo tenían que operar de emergencia en la ciudad de México. Escuché todo con la luz apagada. Antes de colgar el teléfono le dije: "Voy para allá". Prendí la lámpara y la luz entró como cuchillo en todo el cuarto. Pero no me molestó en los ojos. Me parecía estar como anestesiado. En ese estado semiconsciente hice un par de llamadas y luego me lancé al aeropuerto.

No había cupo para el vuelo a México. El siguiente saldría en dos días. De todas formas me apunté en la lista de espera. Me sentí como en esas pesadillas en que uno quiere correr pero no puede.

Yo creo que me gané el cupo en el avión por tanto preguntar. Compré el boleto casi al doble del precio regular. Es la primera vez en mi vida que agradezco pagar la tarifa más cara en un vuelo. No me acuerdo muy bien de cómo pasé migración y aduana en la ciudad de México. La siguiente imagen que recuerdo fue ya en el hospital.

Cuando llegué acababa de terminar la operación. "Está grave pero estable", me dijeron. "Fue un triple *bypass*." Así, sin traducciones ni eufemismos.

Mi familia y yo nos pasamos los siguientes días casi viviendo en la claustrofóbica sala de espera de terapia intensiva del hospital. Sólo un par de puertas de cristal nos separaban de él. Realmente nunca lo imaginé como un enfermo, sino como un sobreviviente, luchando a manotazos por la vida. A todos nos daba miedo irnos de la sala de espera.

Mi papá se salvó de ésa. Pero el recuerdo de la llamada me marcó.

Por años la estuve esperando. Muchas veces fueron números equivocados en la mitad de la noche, que terminaban con una mentada de madre (por el susto y la despertada) y un respiro de alivio antes de clavarme de nuevo en la almohada.

Otras han sido sólo saludos de amigos despistados que viven en distantes latitudes o con horarios de vampiro. Sin embargo, para los que hemos escogido vivir lejos del lugar donde nacimos, la llamada tarde o temprano llega. Esa ansiedad es algo que compartimos todos los que un día hicimos la maleta y nos fuimos.

Ciudad de México/junio del 94

26. El redescubrimiento de los hispanos

Por fin. CNN nos ha descubierto. Existimos. Acabo de ver un reportaje (febrero de 1998) de Cable News Network (CNN) sobre el extraordinario crecimiento de los medios de comunicación en español en Estados Unidos. Es un fenómeno que lleva décadas ocurriendo pero que CNN —junto con millones de norteamericanos— apenas registra. El tono del reportaje era casi de asombro. CNN es el descubridor que propaga la noticia a todo el mundo, como si fuera un moderno Cristóbal Colón. ¿Y su descubrimiento? La presencia y el poder de los hispanos en Estados Unidos.

El reportaje de CNN forma parte de uno de esos ciclos de interés y olvido a los cuales ya nos hemos acostumbrado los latinos. Pero lo interesante es que esos ciclos poco a poco están desapareciendo —o ya no son tan pronunciados como antes— debido a una realidad inocultable: los hispanos somos cada vez más y nuestro creciente poder político y económico se está haciendo sentir en todos los rincones de Estados Unidos. Aunque quisieran, ya no es tan fácil olvidarse de nosotros. Las razones son muchas y tienen que ver, fundamentalmente, con números, poder político y dinero.

Números

Actualmente hay más de 30 millones de hispanos en Estados Unidos, más del 10 por ciento de la población total. Y lo más probable es que la cifra real sea muy superior, ya que los inmigrantes indocumentados tienen cosas más importantes que hacer que andar contestando preguntas a los encuestadores de la Oficina del Censo.

Y no sólo eso. Los latinos en Estados Unidos tienen, en promedio, más hijos que los afroamericanos y los blancos. El último estudio (realizado por el National Center for Health Statistics) indica que en 1995 los hispanos ya eran responsables de 18 de cada 100 nacimientos en Estados Unidos. Esa cifra está aumentando casi 1 por ciento cada año. Para el 2005 seremos la minoría más grande de Estados Unidos. Y de ahí p'alante.

Hay más. Al crecimiento poblacional de los hispanos dentro de Estados Unidos hay que sumar los miles de inmigrantes indocumentados que cruzan la frontera con México para venir a trabajar.

Así, con los altos niveles reproductivos entre los hispanos y la constante entrada de inmigrantes no hay peligro, a corto plazo, de que la asimilación al resto de la sociedad norteamericana, al *mainstream*, diluya el poder de los hispanos en Estados Unidos. En los números está la fuerza. Y en cómo utilizar este fenómeno demográfico depende el futuro del creciente, pero todavía muy limitado, poder político de los latinos.

Poder político

Si todos los hispanos votaran como lo hacen los cubanoamericanos en el sur de la Florida, otra sería la historia de los latinos en Estados Unidos. Los votantes de origen cubano representan más del 50 por ciento de la población en el condado y en la ciudad de Miami. Y cuando hay elecciones salen a votar por los suyos. Por eso, las principales posiciones políticas en el sur de la Florida están ocupadas por hispanos y sus preocupaciones son siempre una prioridad para los candidatos, independientemente de su raza y color.

El poder político de los cubanoamericanos es indiscutible y se hace sentir hasta en Washington. Basta decir que la política norteamericana hacia Cuba, centrada en el reforzamiento del embargo contra la isla, está fuertemente influida por el exilio cubano.

Miami es el mejor ejemplo de lo que podría y debería pasar en otras ciudades donde los hispanos se están convirtiendo en mayoría. Pero aún falta un largo trayecto por recorrer. Casi el 40 por ciento de los habitantes de la zona metropolitana de Los Ángeles son latinos y por lo tanto cuatro de cada 10 puestos de importancia en el gobierno local deberían estar en manos de hispanos. Incluso, el alcalde de Los Ángeles debería ser latino. Sin embargo, la realidad está muy lejos de ese ideal.

Por cuestiones migratorias e históricas, la comunidad mexicoamericana aún no ha logrado el mismo nivel de representación política que los cubanoamericanos. Parte del problema es que hay millones de mexicanos indocumentados y otros tantos se han resistido a convertirse en ciudadanos norteamericanos.

Pero con la nueva ley mexicana que permite la doble nacionalidad, el miedo creado por leyes antiinmigrantes como la 187, el temor a ser deportado y la ansiedad ante la posibilidad de perder el derecho a ciertos servicios sociales, las solicitudes para convertirse en ciudadano estadounidense han llegado a nuevos records.

A pesar de lo anterior, aún falta mucho para que ciudades como San Antonio, Chicago, Nueva York y San Francisco, entre otras con alta concentración de latinos, se parezcan un poco a Miami. ¿Y para qué parecerse a Miami? Bueno, como me decía uno de los pioneros de los medios de comunicación en español, Miami es la única ciudad de Estados Unidos que trata a los hispanos como ciudadanos de primera, igual en las escuelas y en los restaurantes que las oficinas de gobierno y los cines.

El éxito que los hispanos han logrado en Miami no ha llegado, todavía, a tener su impacto a nivel nacional. Si los hispanos somos el 10 por ciento de la población de Estados Unidos, cualquier lógica indicaría que 10 de los 100 puestos en el senado deberían estar ocupados por latinos. Pero actualmente no hay un solo senador con apellido Pérez, Suárez, Rodríguez o Hernández.

Eso también debe cambiar. Pronto.

Dinero

Es cierto que la fuerza de los números no se ha traducido, instantáneamente, en poder político para los hispanos. Sin embargo, el crecimiento demográfico de los hispanos está teniendo un impacto muy importante en el mundo de los negocios. Como dice sin eufemismos un anuncio de autos usados (¿o es de colchones?): "Aquí lo que importa es el *cash*".

Según un estudio de la Asociación Hispana de Responsabilidad Corporativa (HACR), el poder adquisitivo de los latinos —es decir, lo que se pueden gastar— aumentó de 211 mil millones de dólares en 1990, a 348 mil en 1997 y a casi 400 mil cerca del 2000. Esta última cifra es superior al producto interno bruto de México. Y las consecuencias de este creciente poder económico se ven y se escuchan por todos lados.

Las estaciones de radio de mayor audiencia en Los Ángeles son en español, a pesar del frecuente berrinche de sus competidores en inglés. Y la hora de noticias por televisión que recibe más sintonía en el mercado angelino (entre las personas de 18 a 49 años) también es en español. Sobra decir que las estaciones hispanas de radio y televisión en Miami dominan el mercado. Sin embargo, los comerciales en inglés se siguen vendiendo más caros que en español. ¿Por qué?

Desafortunadamente estos altos niveles de audiencia en los medios de comunicación en español no significan, necesariamente, un aumento proporcional de ingresos. Todavía hay mucha reticencia entre las grandes compañías norteamericanas a invertir en publicidad en español. Sin embargo, ha habido grandes avances. La empresa AT&T, por ejemplo, invirtió 1,400 millones de dólares en 1997 en publicidad para hispanos, según reportó el diario *The New York Times*. Eso representa un incremento del 14 por ciento respecto al año anterior. Y otras compañías están siguiendo los pasos de AT&T. Bueno, más que pasos son pasitos. Pero son bienvenidos.

Los hispanos no sólo determinan qué se ve por televisión en muchas ciudades sino que también influyen en el tipo de mercancías que predominan en las tiendas. En Estados Unidos se venden más tortillas que *bagels* y más salsa picante que *ketchup*.

Además, empresas tan grandes como Sears se han visto obligadas a adaptar sus tiendas a los gustos latinos, lo que ha significado más brasieres negros y menos pantalones de cuadritos.

No se trata sólo de una especie de invasión cultural, sino de un mayor poder adquisitivo entre los latinos. Un estudio de la Universidad del Sur de California indica que el salario anual de los hombres latinos aumentó en 10 años de 14,900 a 18,900 dólares. El mismo informe indica que los inmigrantes en California están aprendiendo inglés y escapando de la pobreza a ritmos sin precedentes. Eso cuenta.

También cuentan las enormes contribuciones de los inmigrantes procedentes del sur de la frontera a la economía del país. Y en el estudio más extenso que se haya realizado hasta la fecha, la Academia Nacional de Ciencias (National Academy of Sciences) concluyó que la inmigración —en su mayoría compuesta por latinoamericanos— contribuye en 10 mil millones de dólares (10 billions, en inglés) anuales a la economía de Estados Unidos. Es decir, los inmigrantes son un tremendo negocio.

Es más, hay industrias enteras, como la textil, la agrícola y la de servicios —restaurantes, hoteles, limpieza...— que dependen de los inmigrantes hispanos y de los trabajadores indocumentados. Y si a esto le sumamos el hecho de que miles de familias norteamericanas están poniendo el cuidado de sus hijos en manos de mujeres inmigrantes, podemos concluir que las aportaciones de los hispanos a la cultura y sociedad estadounidenses han llegado a niveles insospechados hace sólo unos años.

* * *

El descubrimiento y redescubrimiento de los hispanos seguirá ocurriendo en Estados Unidos, particularmente en los lugares donde no ha habido una fuerte presencia hispana. Pero conforme crecemos en número, en influencia política y poder adquisitivo, ya nadie necesitará de CNN para darse cuenta que estamos aquí y que contamos. Es sólo cuestión de tiempo.

Sin embargo, será —me temo— un recorrido lleno de obstáculos y cuesta arriba. La corriente antiinmigrante y antilatina —que se mostró con todos sus prejuicios raciales durante la aprobación de las proposiciones 187 y 209 en California— está lejos de desaparecer.

Este país está enfrascado en una crisis de identidad y aún no se atreve a verse en el espejo como una sociedad multirracial y multicultural. Todavía hay muchos que no se han dado cuenta que Estados Unidos dejó de ser predominantemente blanco hace mucho. Por eso algunos nos siguen descubriendo y se asombran cuando nos ven.

Pero los hispanos estamos pisando duro y las huellas están ahí para los que quieran ver.

27. California es el futuro

California es una isla en la tierra.

CAREY MCWILLIAMS

Los Ángeles. Me encanta venir a esta ciudad porque es como meterse en una máquina del tiempo... hacia el futuro. Para imaginarse el mañana no es necesario leer una bolita mágica ni *La tercera ola* de Alvin Toffler. Basta con echarle una ojeada a las calles de California.

California se reinventa todos los días. Y como va California va el resto de Estados Unidos. California es, posiblemente, el estado más dinámico del país. Las nuevas ideas no asustan a los californianos. Son parte de su cultura. Y es aquí, también, donde podemos encontrar un retrato de cómo se verá Estados Unidos en el siglo XXI.

California se acaba de convertir en el primer estado norteamericano donde los blancos (no hispanos) ya no son mayoría. Es decir, California es hoy en día un estado lleno de minorías. Y esto tiene enormes repercusiones, particularmente por la manera en que grupos tan distintos —blancos, negros, latinos y asiáticos— van a tener que convivir y compartir el poder.

Vamos a los números. De acuerdo con la Oficina del Censo de Estados Unidos y el Departamento de Finanzas, a principios del 2000 en California no había ninguna raza o grupo étnico que fuera mayoritario. Los blancos no alcanzaban el 50 por ciento de la población, los hispanos constituían el 31 por ciento, los asiáticos el 12 y los negros o afroamericanos un 7 por ciento.

El cambio era dramático. En 1970 ocho de cada 10 californianos eran blancos. Hoy son otra minoría más. Y conforme disminuye el número de blancos aumenta el de hispanos. No es de extrañar, pues, que los blancos se estén quejando tanto y que de vez en cuando den sus patadas de ahogado con leyes y críticas injustas a la población latina. Por ejemplo, si hubiera entrado en efecto la fatídica proposición 187 —aprobada por los votantes pero rechazada en las cortes por inconstitucional— miles (o quizás millones) de inmigrantes no tendrían acceso a servicios médicos y sus hijos no podrían ir a escuelas públicas.

El cambio que está viviendo California tiene dos razones fundamentales: una, la constante migración internacional que proviene del sur de la frontera; y dos, que las familias hispanas tienden a tener más hijos que los otros grupos étnicos. A algunos blancos, negros y asiáticos puede no gustarles esta situación, pero no hay nada que puedan hacer al respecto. Sólo adaptarse y aprender a convivir. (Bueno, para algunos ésta no era una opción atractiva y se fueron a otros estados, particularmente durante la recesión a principios de la década de los noventa.)

Desde luego, es más fácil promover la tolerancia —de boca para afuera— que vivirla. La violencia y las tensiones étnicas son cosas de todos los días en California. Basta mencionar los sangrientos conflictos entre pandillas. También es difícil que pase un día sin escuchar que alguien está denunciando un caso de discriminación. Se oye de todo: de blancos discriminando a hispanos, afroamericanos y asiáticos, pero no faltan los casos de blancos que se sienten echados a un lado. Recuerdo el caso de un supervisor blanco que quería sancionar a sus empleados sólo porque hablaban español entre ellos.

A pesar de lo anterior, la violencia no es la constante aquí. California es un experimento en marcha y las tensiones surgen por las diferencias y contrastes. Hay más mexicanos que en cualquier otro lugar fuera de la ciudad de México. Hay más salvadoreños que en cualquier otro lugar fuera de San Salvador. Hay más guatemaltecos que en cualquier otro lugar fuera de la ciudad de Guatemala. Esto mismo se podría decir de muchos grupos más.

A veces, en menos de dos minutos manejando, puedo pasar frente a una taquería, seguida por un restaurante coreano, otro de pollos y un lugar de sushi, para luego sentir cómo se cuela por las ventanas el inequívoco olor de unas hamburguesas a la parrilla. Los Ángeles huele al mundo. Es la sociedad multicultural por excelencia. Tiene, sí, todas las mezclas latinoamericanas que gozan ciudades como Miami, Chicago y San Antonio, pero con la ventaja de tener una enorme influencia asiática por obvias razones geográficas; es el primer punto de entrada de inmigrantes provenientes de Japón, Tailandia, Corea del Sur, China, Taiwán, etc. El tejido social de California es multicolor.

Desde lejos se ve hermoso. Pero de cerca el reto consiste en evitar que se atoren los hilos y que predomine un color sobre otro.

En una breve conversación antes de su muerte, el poeta y escritor mexicano Octavio Paz me comentaba que "Estados Unidos es un país multirracial y un país multicultural" y que ése es, precisamente, "el gran reto histórico de Estados Unidos". De acuerdo con su argumento, la idea del *melting pot* —en la que todos los grupos étnicos acabarían por asimilarse— fracasó porque excluyó a minorías, como la negra y mexicana.

Hoy, más que hablar de Estados Unidos como una sociedad parecida a una sopa gigantesca (sin diferencias muy claras entre sus elementos), la tendencia es comparar a la nación con una ensalada en la que cada uno de los grupos mantiene sus características, a pesar de compartir el mismo espacio. Hace poco tuve la oportunidad de visitar una escuela primaria y me llamó la atención que en el pizarrón había dibujada una enorme ensalada. La clase era de ciencias sociales y el nombre de la ensalada: Estados Unidos.

Los niños estadounidenses ya lo están entendiendo —porque lo viven todos los días en los salones de clase—, pero muchos adultos norteamericanos no acaban de comprender que su país está dejando de ser blanco. No entienden que si se vieran con detenimiento y sin prejuicios, encontrarían rasgos de mestizaje, no de pureza étnica. En otras palabras, ser norteamericano es ser multicultural, multiétnico, multirracial.

California es el futuro de Estados Unidos. En este siglo XXI, Estados Unidos se convertirá en una nación de minorías, será como hoy es California. Y para irse acostumbrando al futuro, basta caminar un ratito —con mente, nariz y ojos bien abiertos— por cualquiera de las calles de esta ciudad.

Posdata. A principios del siglo XXI, la población hispana estará rebasando en número a la población negra de Estados Unidos. ¿Por qué? Hay dos razones fundamentales.

Por una parte, la migración hacia Estados Unidos (legal e ilegal) se mantiene constante y los grupos más grandes de los recién llegados provienen de América Latina. Por la otra, la fertilidad entre los hispanos sigue aumentando. De acuerdo con el National Center for Health Statistics, el número de bebés nacidos de madres hispanas en Estados Unidos subió de un 14 por ciento del total en 1989 a un 18 por ciento en 1995. Es decir, de cada 100 niños que nacen en Estados Unidos, 18 son latinos. Y esto a pesar de que la población hispana apenas alcanzaba el 10.3 por ciento del total en esas fechas.

En 1995 nacieron 679,768 bebés de origen hispano frente a los 532,249 que nacieron en 1989.

En promedio, de acuerdo con el reporte de esta organización, las madres de origen mexicano tienen un promedio de 3.32 hijos durante su vida, las puertorriqueñas 2.2 y las cubanas 1.7. (Las mujeres negras y blancas no hispanas tienen un promedio de fertilidad ligeramente superior a dos hijos durante su vida.)

Por todo lo anterior y por el constante flujo migratorio proveniente del sur, estamos viviendo la latinización de Estados Unidos. De acuerdo con cifras del censo, los hispanos eran sólo un 5 por ciento de la población en 1970. Eso aumentó a 9 por ciento en 1990 y poco más del 11 por ciento en el año 2000. Para el año 2030 los hispanos serán el 18 por ciento de la población total de Estados Unidos y para el 2050 alcanzarán un 22 por ciento.

28. Loretta y la venganza de los votantes

Muchos noticieros de radio y televisión en Estados Unidos ni siquiera mencionaron la noticia a principios de 1998. No tenían tiempo: el escándalo entre Bill Clinton y Monica Lewinsky estaba en todo su apogeo y Boris Yeltsin amenazaba sobre el peligro de una "guerra mundial". En los periódicos, en el mejor de los casos, apareció enterrada en las páginas interiores. La noticia tenía que ver con una congresista demócrata de California llamada Loretta Sánchez. ¿Quién? Sí, es cierto, fuera del californiano condado de Orange casi nadie la conocía. Pero ella es protagonista de una de las más importantes victorias electorales de los hispanos en Estados Unidos.

El cuento va así. En las elecciones de noviembre de 1996, Loretta Sánchez, una amateur de la política, ganó al congresista Bob Dornan, quien llevaba casi 20 años en su puesto. Su ventaja fue de sólo 979 votos, pero le ganó. Y Dornan, sencillamente, no lo podía creer. Dornan había ganado en las últimas 10 votaciones para el congreso norteamericano y se encontraba derrotado frente a una candidata cuyo nombre ni siquiera podía pronunciar correctamente.

Dornan, uno de los políticos más conservadores de Estados Unidos —es antiinmigrante, antiaborto, antihomosexual y anticomunista—, creía que su retórica le iba a garantizar su puesto eternamente. Pero se equivocó. Sin que se diera cuenta, su distrito electoral (el número 46 en California) se transformó y se fue llenando de hispanos. Y cuando en 1996 muchos de esos latinos salieron a votar, decidieron escoger a alguien parecido a ellos, a alguien que se preocupara más por sus problemas cotidianos que por la politiquería de Washington. Por eso perdió Dornan.

Pero Dornan es un muy mal perdedor.

El berrinche de un millón de dólares

En lugar de reconocer que había perdido el contacto con la gente y aceptar sus errores como político, Dornan dijo que un enorme fraude electoral le había robado la victoria. Y como el congreso norteamericano estaba dominado por gente de su partido —el republicano—, comenzaron las investigaciones.

La Comisión de Supervisión de la Cámara de Representantes de Estados Unidos hizo una investigación tan larga como su nombre. Pero después de un año de buscar y rebuscar documentos llegaron a la conclusión de que Loretta Sánchez, efectivamente, había ganado a Bob Dornan.

Encontraron que en la elección de noviembre de 1996 hubo 748 votos ilegales (aunque nunca dijeron si eran a favor de Sánchez o de Dornan). Y luego, solemnemente, declararon que "no hay evidencia de que el número de votos ilegales sea suficiente para anular la elección". Caso cerrado.

Bueno, para hacerles el cuento corto, el berrinche de Robert Dornan costó aproximadamente un millón de dólares. Eso es lo que se gastó la comisión del larguísimo nombre en la ahora inútil investigación. Y todo para nada.

Desafortunadamente los republicanos que integraron la comisión investigadora prefirieron creer, desde un principio, al hombre anglosajón y no a la mujer hispana. Por sus prejuicios todos los contribuyentes acabamos pagando un billetote.

La victoria de Loretta en 1996 no fue un churro. En 1998 Dornan volvió a desafiar a Loretta... y volvió a perder.

Loretta, cuyos padres nacieron en Mexicali y Nogales, entendió mejor que Dornan que Estados Unidos se está convirtiendo en una sociedad multiétnica, multicultural, y que ni siquiera Pat Buchanan o el Ku Klux Klan lo pueden evitar. Por eso ganó Loretta. Ahora, el "síndrome Dornan", simbolizado por el avestruz escondiendo la cabeza, amenaza con sabotear las carreras de otros ilustres políticos anglosajones en California, Nueva York, Texas, Arizona, Nuevo México e Illinois, entre otros.

Sí, la noticia de esta doble victoria de Loretta Sánchez se perdió en la avalancha del escándalo clintonita y de la posibilidad de un nuevo enfrentamiento militar con Irak. En el peor de los casos, fue ahogada por "El Niño", que atormentaba el clima mundial. Pero vale la pena rescatarla. De historias como la de Loretta estará lleno el futuro de los latinos en Estados Unidos.

Posdata. En qué diablos debió haber estado pensando Bob Dornan cuando creyó que podía ganar unas elecciones en un distrito, en un estado y en un país que ya no conocía. Según un estudio del United States Hispanic Leadership Institute, en 1996 —el primer año en que perdió Dornan— el número de hispanos registrados para votar en Estados Unidos aumentó en un 25.3 por ciento respecto a 1992. Y el número de votantes latinos subió en un 14.1 por ciento. Con esos votos ganó Loretta.

Cada vez que hay unas elecciones en Estados Unidos está ocurriendo lo mismo; hay más latinos en edad de votar, más hispanos se registran y más personas de origen latino deciden ejercer su voto.

En el año 2000 se registraron unos nueve millones de hispanos para votar (2,200,000 sólo en California) y se calculaba que siete millones de latinos lo harían en las elecciones presidenciales. Conforme pase el tiempo esas cifras se van a multiplicar.

De acuerdo con la Oficina del Censo, en 50 años los latinos se van a triplicar: pasarán de los 30 y tantos millones que son en la actualidad a 98 millones en el 2050. Y saltarán de ser el 11 por ciento de la población a ser el 24 por ciento. En el 2050 habrá 404 millones de personas viviendo en Estados Unidos.

Para el año 2100 una de cada tres personas en Estados Unidos será latina (33 por ciento). Los blancos anglosajones no serán ni la mitad (48 por ciento) y el resto será compuesto por afroamericanos (13 por ciento) y asiáticos. En el 2100 habrá 570 millones de personas en Norteamérica.

Sin embargo, no hay que esperar tanto para ver el cambio. El número de los políticos hispanos elegidos en Estados Unidos —desde el nivel distrital hasta el estatal— aumentó de 4,704 en 1987 a 5,864 en 1992 (según cifras del censo). Hoy en día esa tendencia sigue al alza.

Por todo lo anterior, candidatos como Dornan o Buchanan —con una plataforma antiinmigrante, excluyente, racista— irán reduciendo sus posibilidades de ganar en una sociedad que será compuesta por minorías étnicas.

Las Lorettas de California son las que tienen el futuro en sus manos. Y probablemente ya haya nacido —o esté por nacer— el primer presidente hispano en la historia de Estados Unidos.

29. Cómplices de los indocumentados

Todos somos cómplices de los inmigrantes indocumentados. Todos. Igual en México que en Estados Unidos. Los indocumentados pueden vivir y prosperar en Estados Unidos porque todos, de alguna manera, apoyamos lo que hacen.

No hay que darle muchas vueltas. En Estados Unidos existen unos seis millones de indocumentados, la mayoría de origen mexicano. Y ellos pueden conseguir trabajos porque hay compañías norteamericanas que están dispuestas a emplearlos, a pesar de los castigos que impone la ley de inmigración. Es decir, para muchas empresas vale más la pena correr el riesgo de contratar a trabajadores indocumentados que pagar los altos salarios de los empleados estadounidenses o extranjeros con documentos de residencia.

Esto ocurre todos los días en California, Texas, la Florida, Illinois y Nueva York. Pero aunque es difícil de creer, incluso en los lugares más insospechados hay indocumentados trabajando. Déjenme darles un ejemplo.

Por ahí leí que fueron arrestados 38 mexicanos en una redada del Servicio de Inmigración en Cincinnati, Ohio. ¡En Ohio! Y trabajaban —nada más y nada menos— para la compañía que construía el edificio de una de las corporaciones más grandes del mundo, Procter and Gamble. Aunque esta corporación obviamente no los contrató directamente, la empresa constructora sí fue cómplice de esos indocumentados mexicanos para bajar los costos de su nuevo edificio.

En otros niveles, más al ras del suelo, también hay una evidente complicidad con los indocumentados. Somos cómplices de los inmigrantes indocumentados cuando cuidan a nuestros hijos, cuando nos limpian la casa, cuando comemos las frutas y verduras que cosechan, cuando vamos a los restaurantes donde nos sirven, cuando nos quedamos en un hotel que ellos atienden, cuando vivimos en los lugares que construyeron, cuando estamos en oficinas donde trabajan, cuando transitamos en carreteras que pavimentaron, cuando compramos lo que nos venden... en pocas palabras, en prácticamente todas nuestras actividades en Estados Unidos participan los inmigrantes indocumentados. Y somos sus cómplices, lo sepamos o no.

Por algún tiempo estuvo circulando la idea de una huelga de todos los indocumentados que viven en Estados Unidos para demostrar a los norteamericanos su verdadero valor económico a la sociedad. Me parece una idea muy ingenua y poco práctica; ¿cuántos inmigrantes podrían aguantar un par de días, una semana, un mes, sin trabajar? Pero como ejercicio mental suena interesante.

Si todos los inmigrantes indocumentados se pusieran en huelga un mes, digamos, cientos o quizás miles de negocios en Estados Unidos se irían a la quiebra, se paralizaría la actividad en los campos agrícolas, el sector servicios resultaría seriamente afectado y la inflación se dispararía a niveles tercermundistas.

La contribución económica, cultural y social de los inmigrantes (con y sin papeles) está más que documentada. Por eso me parece hipócrita la actitud de muchos políticos estadounidenses que critican a los indocumentados, pero que al mismo tiempo se benefician de su labor.

¿Acaso el ex gobernador de California, Pete Wilson, y el ex candidato presidencial Pat Buchanan —dos de los principales enemigos de los inmigrantes en Estados Unidos— no consumen los productos y servicios que proveen los indocumentados? Por supuesto que sí. Si Wilson y Buchanan fueran congruentes con sus declaraciones deberían evitar cualquier contacto con los indocumentados, directo o indirecto. Y si fuera así tendrían que irse a vivir a Marte. Bueno, ni el presidente de Estados Unidos podría evitar contacto con productos o servicios proveídos por indocumentados.

El gobierno de México, desde luego, también es cómplice de los indocumentados. Como México no puede dar trabajo a los indocumentados debido a tantos gobiernos de corrupción y despilfarro, le conviene a la actual administración salir en su defensa. No es un acto de generosidad sino de interés. Los mexicanos en Estados Unidos envían anualmente miles de millones de dólares a México. Y al gobierno mexicano no le convendría tener a los indocumentados de regreso. No sabría qué hacer con ellos y elevarían enormemente sus manipuladas cifras de desempleo.

En fin, el caso es que tanto en México como en Estados Unidos —dentro y fuera del gobierno— todos somos cómplices de los indocumentados. Voluntaria o involuntariamente. Y la única manera de acabar con la manera hipócrita y aprovechada con que se trata a los indocumentados en Estados Unidos es dándoles una amnistía, igualita a la de 1986. Eso es algo que el gobierno mexicano se muere de miedo de proponer a Estados Unidos y que aterra a los políticos norteamericanos. Pero alguien va a tener que ponerse bien los pantalones y las faldas.

Los indocumentados disfrutan de nuestra complicidad. Ahora sólo falta que dicha complicidad sea reconocida, legalmente, en ambos lados de la frontera.

Posdata. ¿De dónde vienen los inmigrantes indocumentados? Del cielo. La respuesta no es una broma. Vienen del cielo, en el sentido alegórico, debido a la enorme ayuda que proporcionan a la economía de Estados Unidos y a la de sus países de origen, a través del envío de remesas de dólares. Y, también, vienen del cielo en el sentido literal porque —contrario a la creencia popular— la mayoría de los inmigrantes indocumentados entraron en avión a Estados Unidos (no a pie por la frontera con México).

De acuerdo con un estudio del National Immigration Forum (otoño de 1994), "la mayoría de los inmigrantes indocumentados no llegan al país cruzando la frontera ilegalmente. Seis de cada 10 entran a Estados Unidos legalmente con visa de estudiante, turista o de negocios, y luego se convierten en 'ilegales' cuando se quedan en Estados Unidos después de que expira su visa".

Según la misma organización, cada año entran a Estados Unidos más de un millón de inmigrantes. De éstos, alrededor de 300 mil son inmigrantes indocumentados.

De acuerdo con el Servicio de Inmigración, los 10 países que a principios del 2000 generaban más inmigrantes indocumentados a Estados Unidos eran, de mayor a menor: México, El Salvador, Guatemala, Canadá, Haití, Filipinas, Honduras, República Dominicana, Nicaragua y Polonia (Foreign Affairs, marzo/abril 2000).

También, contrario a la percepción de muchos norteamericanos, cada año entran muchos más residentes legales que inmigrantes indocumentados. En 1993, por poner un ejemplo, entraron alrededor de 700 mil personas con estatus de residentes permanentes; esto es más del doble que el número de indocumentados para el mismo año.

¿Y de dónde vienen los residentes legales? Según el National Immigration Forum en 1993, éstos son los 10 países de donde vinieron más inmigrantes legales:

País	*Número de inmigrantes*
México	(109,027)
China	(65,552)
Filipinas	(63,189)
Vietnam	(59,613)
Ex Unión Soviética	(58,568)
República Dominicana	(44,886)
India	(40,021)
Polonia	(27,729)
El Salvador	(25,517)
Inglaterra	(18,543)

Para principios del año 2000, la lista de los 10 países de donde vinieron más inmigrantes legales había cambiado ligeramente: México, Filipinas, India, Vietnam, China, República Dominicana, Cuba, Ucrania, Rusia y Jamaica (Foreign Affairs, *ibid.*).

30. El laberinto

Miami. Ser inmigrante en Estados Unidos es un rollo. De verdad. No es suficiente enfrentar ataques injustos, prejuicios y discriminación, sino que además hay que ser un erudito en leyes migratorias —y tener mucha suerte— para no ser deportado. El esfuerzo, desde luego, vale la pena: millones de inmigrantes hemos encontrado en Estados Unidos las libertades y oportunidades que no tuvimos en nuestros países de origen. Pero el proceso para legalizar nuestra situación migratoria es un campo minado.

No exagero. Tras la amnistía de 1986 —cuando más de tres millones de personas se hicieron residentes legales de Estados Unidos—, las leyes de inmigración se han convertido en un verdadero laberinto. ¿A ver quién entiende esto?: Nacara, TPS, HR-36, amnistía tardía, 245-I, CCS... Se trata de distintos programas migratorios, cuyos detalles son tan complicados y barrocos que sólo algunos obsesivos abogados y maniáticos funcionarios públicos pueden entender.

Para no echarles a perder el día con detallitos, basta decir que frente a los ojos del gobierno de Estados Unidos un inmigrante nicaragüense o salvadoreño no es lo mismo que uno de Honduras o Guatemala, y que un balsero cubano que pisa territorio norteamericano tiene muchísimas más ventajas que un mojado mexicano que cruzó a nado la frontera.

¿Por qué estas diferencias? ¿Por qué este trato tan disparejo? Bueno, las respuestas son muchas (aunque ninguna satisfactoria).

Algunos grupos, como los cubanos y nicaragüenses, han sido mejor defendidos y representados en el congreso norteamericano que los hondureños, por ejemplo, a pesar de que sufrieron por el huracán *Mitch* de manera desproporcionada. Huir de las más de cuatro décadas de dictadura de Fidel Castro es más redituable —desde el punto de vista migratorio— que huir de las más de siete décadas de corrupción y autoritarismo priísta en México. Escapar de la violencia política en El Salvador es visto con mejores ojos que escapar de los escuadrones de la muerte en Guatemala o de la pobreza en Haití y República Dominicana.

Si vienes a Estados Unidos como inversionista, tienes las puertas (migratorias) abiertas; si vienes aullando de hambre y de miedo, como refugiado político, tienes que convencer a un burócrata de que si te deportan, te matan... y ojalá te crea. En otras palabras, los reglamentos migratorios en este país parecen un montón de leyecitas particulares echadas arbitrariamente a un costal, revueltas, incongruentes, sin orden lógico.

Y cuando nadie entiende nada, quienes salen ganando son los abogados. Incluso los trámites migratorios más sencillos requieren de asesoría legal. Sé de muchas personas que se han presentado a las oficinas del Servicio de Inmigración y Naturalización para preguntar o legalizar un documento y que han terminado arrestadas, deportadas y sin posibilidades de regresar durante años.

Ante este ambiente confuso y de terror, millones de inmigrantes prefieren ahorrar unos centavitos y ver a un abogado. Y ése es otro problema. En mi caso he tenido la suerte de toparme con abogados muy buenos, eficaces y responsables. Pero conozco, también, a unos impresentables rateros.

Hace unos días una muy humilde amiga mexicana, madre de cuatro, me pidió que tratara de localizar a su abogado. Él había desaparecido durante dos años (¡dos años!) tras recibir un pago de 250 dólares. En lugar de realizar el simple trámite para el que se le había contratado, se esfumó. Después de muchos esfuerzos y llamadas, di con él. Me prometió resolver el caso de mi amiga o devolverle el dinero. La siguiente vez que traté de localizarlo ya había cambiado de domicilio, teléfono y *beeper*. Es una rata.

Les cuento esto sólo para tratar de entender la verdadera dimensión del problema. Las leyes migratorias de Estados Unidos son tan laberínticas y arbitrarias que nadie, sin ayuda, las puede entender y aplicar. Ni siquiera los mismos funcionarios de Inmigración interpretan de la misma manera casos idénticos.

Ante este panorama, ¿qué se puede hacer?, ¿cuál es la alternativa?, ¿cuál es la solución? Una amnistía general, como la de 1986.

En Estados Unidos viven alrededor de 10 millones de latinoamericanos con problemas migratorios; más de la mitad son indocumentados y la otra mitad vive con permisos temporales, deportaciones suspendidas, solicitudes sin resolver, la esperanza de quedarse y la angustia de poder ser expulsado, sin explicación, en cualquier momento. Estos 10 millones de seres humanos no son, ni siquiera, ciudadanos de segunda clase.

Además de sufrir en carne propia los prejuicios contra los hispanos, son más fáciles de explotar en sus trabajos (porque viven con miedo de quejarse y ser denunciados a la migra) y sus hijos no pueden disfrutar de todos los beneficios educativos y de salud que recibe el resto de la población. Es una subclase de 10 millones de personas pobres, discriminadas, explotadas y, por ahora, sin recursos legales para normalizar su situación migratoria.

El primer paso para ayudarlos a salir de esa existencia escondida y temerosa es otorgarles una amnistía migratoria. Cuando un inmigrante sabe que no será deportado, hay más posibilidades de que obtenga un trabajo digno y mejores escuelas y doctores para su familia.

La amnistía migratoria no es nada nuevo. De lo que se trata es que todos los latinoamericanos que se encuentran viviendo actualmente en Estados Unidos tengan derechos migratorios similares a los de los cubanos. Los cubanos, cuando tocan territorio estadounidense, están protegidos. Claro, ellos tienen la situación especial —y la desgracia— de huir de la única dictadura que queda en el continente. Pero el resto de los hispanoamericanos no deberían ser tratados de forma tan desigual.

Una amnistía general; ése es el camino más rápido y directo para desenrollar el laberinto migratorio en que viven más de 10 millones de personas en Estados Unidos.

Posdata. En la amnistía migratoria de 1986 pudieron normalizar su situación alrededor de tres millones de extranjeros. Un millón 600 mil vivían en California, y de ellos, 800 mil en Los Ángeles.

31. Los metedólares

Con motivo de la visita del presidente de Estados Unidos, Bill Clinton, a Centroamérica, había que echarle un ojo a quienes, desde lejos, estaban sosteniendo la economía de sus países de origen: los metedólares.

Clinton se lanzó —del 8 al 11 de marzo de 1999— a la aventura de repartir casi mil millones de dólares para los damnificados por el huracán *Mitch* en Honduras, Nicaragua, El Salvador y Guatemala. Y aunque ése era un montón de dinero, apenas serviría para lo más básico y para apuntalar los pagos de la deuda externa.

Habría sido de muchísima más utilidad que Clinton hubiera promovido una amnistía permanente para los millones de inmigrantes indocumentados que viven en Estados Unidos. Por aquello de Monica Lewinsky, la credibilidad de Clinton había quedado muy golpeada. Pero aún le quedaban algunas municiones como para empujar un acuerdo migratorio que normalizara la situación legal de millones de personas.

Y aunque finalmente no lo hizo, había muchas razones de peso para otorgar una amnistía definitiva a los inmigrantes indocumentados (además de que sería en el interés de Estados Unidos el no tener que estar enviando ayuda al sur cada ratito).

Estos inmigrantes —los metedólares— son una de las principales fuentes de ingresos de sus respectivos países, igual en México que en Centroamérica. Y proveen una ayuda directa, constante y sonante. Las remesas que envían son ajenas a los conflictos internos y, por lo tanto, mucho más confiables que las promesas de los políticos locales que generalmente terminan en humo.

De hecho, hay pueblos enteros en América Latina que viven gracias al dinero que les llega del norte. Son pueblos que se han quedado sin hombres jóvenes —y, cada vez en mayor número, mujeres— dispuestos a jugársela en Estados Unidos. Sin los metedólares, estos lugares se convertirían en pueblos fantasmas y desaparecerían del mapa económico.

Ahora veamos las impresionantes cifras generadas por los metedólares.

Empecemos por México, que aunque no fue afectado gravemente por el huracán *Mitch*, tiene el ejército más grande de metedólares del continente. En Estados Unidos hay más de siete millones de mexicanos (nacidos en México).

Por estos inmigrantes, México ha recibido (en promedio durante la última década) unos cuatro mil millones de dólares anualmente en remesas. Sin embargo, en 1999 los ingresos por las remesas pudieron haber llegado a 8 mil millones de dólares —6 mil por transferencias electrónicas y otros 2 mil por familiares y amigos— según la información del secretario general del Consejo Nacional de Población, Rodolfo Tuirán (*Reforma*/ marzo 20, 2000).

Irónicamente esos envíos de dinero son clasificados por los burócratas mexicanos como "ingresos no identificados". Como quiera que le llamen, las remesas compiten con el turismo y el petróleo en la lista de las principales fuentes de divisas extranjeras de México; son equivalentes al 50 por ciento de las inversiones directas al país y al 60 por ciento de las exportaciones de petróleo.

En Centroamérica el panorama es similar.

El millón y medio de salvadoreños que viven en Estados Unidos —concentrados en Los Ángeles, Washington, Nueva York, Houston y Atlanta— enviaron a su país 1,285 millones de dólares en 1998 (de acuerdo con cifras del Banco Central). Los salvadoreños, al igual que los guatemaltecos, han sido beneficiados por una ley norteamericana que protege a los inmigrantes involucrados en la guerra contra el comunismo. Pero muchos aún desconocen la ley, no califican o tienen miedo de ser deportados.

Los guatemaltecos conforman la población de centroamericanos más antigua de Estados Unidos. Hay registros de inmigración guatemalteca en Chicago que datan de hace medio siglo. Actualmente son un millón y medio en Estados Unidos y envían, por lo menos, 500 millones de dólares al año a Guatemala.

Los dos países más afectados por el huracán *Mitch*, Honduras y Nicaragua, dependen ahora y más que nunca de los dólares que les llegan desde Estados Unidos. Los 600 mil hondureños localizados, sobre todo, en ciudades como Nueva Orleáns, Nueva York y Miami envían un promedio de 600 millones de dólares al año a Honduras.

Y los 350 mil nicaragüenses en Estados Unidos —concentrados en Miami— colaboran con 250 millones de dólares al año a la economía de su país de origen, si le creemos a las cifras del Banco Central de Nicaragua. (Esa cifra pudiera llegar hasta 400 millones de dólares, si nos apoyamos en reportes extraoficiales.)

Como vemos, el envío de dinero de inmigrantes mexicanos y centroamericanos a las naciones donde nacieron se convierte en un aporte financiero incomparable. De hecho, los países de Centroamérica reciben mucho más dinero cada año de sus compatriotas en el extranjero que de la generosa ayuda ofrecida por Clinton.

No es que la ayuda que ofreció Clinton a los centroamericanos hubiera sido para cacahuates. Pero ellos hubieran podido ayudarse mejor a sí mismos si los centroamericanos contaran con una amnistía migratoria permanente y no vivieran día a día con los fantasmas de la deportación y la inseguridad. En promedio cada centroamericano en Estados Unidos envía 667 dólares al año a sus familiares en su país de origen.

Sumemos. Los 1,285 millones de dólares enviados por los salvadoreños, más los 500 de los guatemaltecos, más los 600 de los hondureños, más los 250 de los nicaragüenses son un total de 2,635 millones de dólares en remesas. Cada año.

Esto es casi el triple de lo ofrecido por Clinton.

Por eso, cuando los presidentes centroamericanos se reunieron con el mandatario estadounidense en marzo de 1999, debieron haberle dicho: gracias por el dinero, pero preferimos una amnistía para nuestros metedólares.

Posdata. De acuerdo con el Instituto Tomás Rivera (marzo 3, 1997), "el porcentaje de los ingresos de las familias de los inmigrantes que es enviado a sus países de origen ha aumentado dramáticamente en la última década". En 1989 los inmigrantes "enviaron entre el 6 y el 16 por ciento de sus ingresos a las naciones de donde vinieron. Y en algunos países, el aumento de las remesas fue superior al aumento en el ingreso de los inmigrantes que las envían".

Al mismo tiempo, está muy claro que las familias que reciben ese dinero dependen para su subsistencia de las remesas. Por ejemplo, las remesas constituyen el 40 por ciento del presupuesto de las familias en República Dominicana que reciben dinero de sus parientes en Estados Unidos y el 51 por ciento de las familias salvadoreñas en la misma situación.

Lo curioso de este asunto es que las remesas acaban, también, por ayudar a compañías norteamericanas y a la economía de Estados Unidos. Es decir, una buena parte del dinero que llega en los envíos a los países latinoamericanos se utiliza para comprar productos extranjeros, productos de exportación que generalmente vienen de Estados Unidos. O sea que el inmigrante que envía su dinero a su nación de origen ayuda, fundamentalmente, a dos entidades: primero, a su familia, y luego a las compañías norteamericanas que exportan sus productos.

Negocio redondo.

32. Qué aportan los inmigrantes a Estados Unidos

El eterno debate sobre los inmigrantes es si aportan más de lo que toman de Estados Unidos. A principios de la década de los noventa muchos creyeron que, efectivamente, los inmigrantes costaban miles de millones de dólares al gobierno. Un estudio comisionado por el gobierno federal aseguraba en 1994 que los siete estados con el mayor número de inmigrantes —Texas, California, Arizona, Florida, Nueva Jersey, Nueva York e Illinois— gastaron 3,100 millones de dólares en educar a indocumentados, casi 500 millones por poner en la cárcel a inmigrantes criminales y 422 millones en costos médicos.

Las cifras probablemente eran correctas. Sin embargo, este tipo de estudios —y hubo varios realizados en California— no tomaban en cuenta las enormes aportaciones de los inmigrantes. Hasta que la Academia Nacional de Ciencias puso su pie en el asunto.

Un panel de algunos de los científicos más reconocidos de la nación consideró que, después de hacer todas sus sumas y sus restas, los inmigrantes (legales e indocumentados) aportan cerca de 10 mil millones de dólares al año a la economía norteamericana. Ciertamente ocasionan muchos gastos, pero también aportan ingresos, consumen, crean trabajos, invierten, pagan impuestos (directa e indirectamente) y toman empleos que otros inmigrantes no desean.

Lo que no dice el estudio (pero sí sugiere) es que la presencia de los inmigrantes es muy positiva para Estados Unidos, no sólo en el aspecto económico sino también en el aspecto cultural. La cara de Estados Unidos ha sido modificada por los inmigrantes.

El Instituto Urbano, en un estudio en 1994, fue incluso más allá. Calculó que los inmigrantes contribuían entre 25 mil a 30 mil millones de dólares anuales a la economía de Estados Unidos. El estudio reconoció que los recién llegados tienden a ser pobres, jóvenes y con poca experiencia en el trabajo. Pero después de 10 años como residentes en Estados Unidos, las familias de los inmigrantes tienden a tener un salario superior que el de los norteamericanos nacidos en su propio país.

Y hay más. Según el Instituto Alexis de Tocqueville, los habitantes de las ciudades con más inmigración tienen menos pobreza y menos criminalidad que aquellas que casi no tienen inmigrantes. Por ejemplo, a principios de los años noventa, el 38 por ciento de los habitantes de Los Ángeles eran inmigrantes frente a sólo el 2.5 por ciento en Saint Louis. Sin embargo, la ciudad de Los Ángeles tenía un ingreso per cápita (16,188 dólares) superior y menos familias viviendo en la pobreza (14.9 por ciento) que Saint Louis (cuyo ingreso per cápita era de 10,798 dólares y su porcentaje de pobreza alcanzaba el 20.6 por ciento). Asimismo, en Los Ángeles había menos crímenes (9.7 por cada 100 habitantes) que en Saint Louis (16 por ciento).

De la misma manera, Nueva York (con 28 por ciento de inmigrantes) se comparaba mejor en niveles económicos y baja criminalidad que Cincinnati (2.8 por ciento de inmigrantes); a San Francisco le iba mejor que a Birmingham, Alabama, y Santa Ana, California, superaba en esos renglones a Shreveport, Louisiana.

Último punto. El doctor Leo Estrada y Marcelo Cruz en un estudio para la UCLA y la Universidad de California en Berkeley (*Immigration Issues and Policy in California*) establecieron claramente que "durante momentos de recesión económica, hay un resentimiento por el *otro*, por el que viene de fuera". Y en momentos así hay varias percepciones erróneas sobre los inmigrantes. Los dos académicos citaron cinco:

- La inmigración genera sobrepoblación.
- Los inmigrantes quitan trabajos a los nacidos en Estados Unidos.
- Los inmigrantes hacen que bajen los salarios.
- Los inmigrantes usan mucha ayuda gubernamental.
- Los recién llegados no se asimilan lo suficientemente rápido a la sociedad norteamericana.

Estas cinco percepciones, según los dos investigadores, están equivocadas.

Estrada y Cruz concluyeron que "en lugar de quitar empleos a los nacidos en Estados Unidos, los inmigrantes juegan un papel muy significativo en el mercado laboral al realizar trabajos que difícilmente ocupan los empleados norteamericanos. Los inmigrantes también contribuyen a la creación de nuevos empleos utilizando sus salarios en la economía local y pagando impuestos regionales y federales. Estudios que han tratado de medir los costos y beneficios de los inmigrantes generalmente han concluido que los beneficios exceden a los costos".

¿Qué más se puede decir? Que oiga y vea el que quiera oír y ver.

Posdata. ¿Cuántos somos? De acuerdo con cifras de la Oficina del Censo, el 1o. de noviembre de 1999 había 273,866,000 personas en Estados Unidos. Y el total estaba compuesto de la siguiente manera:

Hispanos	31,767,000	(11.6%)
Negros (no hispanos)	33,278,000	(12.2%)
Blancos (no hispanos)	196,409,000	(71.7%)
Asiáticos	10,379,000	(3.8%)
Indígenas, esquimales y otros	2,033,000	(0.7%)

El porcentaje de latinos respecto a la población total en Estados Unidos aumenta año con año, como queda demostrado en esta tabla:

Porcentaje de hispanos (del total de la población)

1995	10.3%
1996	10.6%
1997	10.9%
1998	1.2%
1999	11.6%

Los hispanos, según cifras del censo recabadas en marzo de 1997, tenían el siguiente origen étnico:

Mexicanos	64%
Puertorriqueños	10%
Cubanos	4%
Centro y sudamericanos	14%
Otros	8%

El racismo

33. Julian Samora y los perros

Cuando Julian Samora era un niño, lo llevaron a un parque público en Colorado. Pero no pudo entrar. Ahí había un letrero que decía en inglés: "Prohibida la entrada a mexicanos, indígenas y perros". Esa experiencia lo marcó por el resto de su vida.

Tarde, tristemente, me enteré de la vida de Julian Samora. Murió a los 75 años de edad. Y hoy entiendo que gracias a este sociólogo mexicoamericano hay más estudiantes hispanos que pueden ir a las universidades de Estados Unidos.

Como él mismo decía, su vida fue marcada por la necesidad de demostrar que era igual a todos los demás. En realidad, al morir el 2 de febrero de 1996, sabemos que Julian fue mucho mejor que casi todos los demás.

Julian Samora nació en la pequeña población de Pagosa Springs, Colorado, el 1o. de marzo de 1920. Con una beca pudo terminar la universidad. Pero tres becas más le permitieron seguir adelante. Con muchos trabajos, Julian Samora obtuvo su maestría y doctorado, y luego se convirtió en uno de los maestros más importantes de la influyente universidad de Notre Dame.

Ahí hizo todo lo posible para atraer a estudiantes hispanos y poco a poco Notre Dame —además de tener un buen equipo de futbol americano— se transformó en un imán para los estudiantes latinos más inteligentes de Estados Unidos.

En la Universidad Estatal de Michigan (MSU), donde inició su carrera como profesor, se creó el Instituto de Investigación Julian Samora, dedicado al estudio de asuntos latinos. En realidad, Samora fue un pionero en el rescate de los "americanos olvidados", es decir, los hispanos que forman parte importantísima de Estados Unidos y que tan poco crédito han recibido.

Así que Julian Samora abrió camino, no sólo para él, sino para cientos, miles de latinos que demostraron una y otra vez que pueden ser iguales o hasta mejores que el resto de sus compañeros anglosajones. Julian rescató del olvido a estos hispanos.

Hoy en día ya no vemos letreros como ése que vio Julian Samora en Colorado, cuando era un niño, que prohibía la entrada a mexicanos, indígenas y perros a los parques públicos. Y ya no los vemos gracias a gente como él.

Aún hay muchos letreros y barreras por destruir. Pero eso nos toca a nosotros.

Julian Samora ya cumplió.

Posdata. Retiro para Julian Samora jamás significó dejar de trabajar. Cuando se retiró de Notre Dame en 1985, se puso a trabajar en el recuento histórico de cuatro familias que vivieron en el sureste de Estados Unidos desde el siglo XVI hasta nuestros días.

Entre los libros más conocidos de Samora, cofundador del Concilio Nacional de La Raza, están *Los Mojados: The Wetback Story* (1971) y *La Raza: Forgotten Americans* (1966).

34. John Rocker: cara a cara con un racista

Miami. Hay gente que cuando habla se mete el pie en la boca. Ése es el caso de John Rocker, el pitcher de los Bravos de Atlanta, a quien tuve la oportunidad de enfrentar en febrero del 2000. La verdad fue un encuentro bastante desagradable. Pero antes de describirles la conversación, déjenme contarles por qué los comentarios de un arrogante muchachito de 25 años se convirtieron en noticia en todo Estados Unidos.

En una entrevista con la revista *Sports Illustrated* (diciembre, 1999), Rocker hizo unos comentarios racistas que le costaron una suspensión temporal del beisbol profesional de Estados Unidos y una leve multa.

En esa entrevista, Rocker dijo lo siguiente: "Yo no soy un gran fanático de los extranjeros. Puedes caminar una cuadra completa de Times Square (en Nueva York) y no escuchar a nadie hablar inglés. Asiáticos y coreanos y vietnamitas e indios y rusos y gente que habla español están por todos lados. ¿Cómo carajos se metieron en este país?"

La respuesta corta, señor Rocker, es que la mayoría de los extranjeros que hay en Estados Unidos se metió por avión. Estados Unidos acepta cada año a más de un millón de inmigrantes legales. Y más de la mitad de los indocumentados entran también por avión: seis de cada 10 extienden ilegalmente sus visas de turista, negocios o de trabajo una vez que están en Estados Unidos.

A pesar de lo anterior, me parece que John Rocker no estaba muy interesado en una respuesta académica cuando preguntó: "¿Cómo carajos se metieron (en Estados Unidos tantos extranjeros)?" John Rocker no es un intelectual. Él dice que hizo esos comentarios porque estaba molesto por la forma en que la gente lo trata cada vez que juega en Nueva York y le pareció muy fácil —como hacen muchos norteamericanos— echar la culpa de sus males a los extranjeros.

Quizás Rocker piensa que hay muchos extranjeros en Estados Unidos y que ellos son culpables de los principales problemas del país. Pero eso no es cierto. Sólo ocho de cada 100 habitantes en este país nacieron en otro (en 1910, en cambio, los extranjeros eran 14 de cada 100). Y esos inmigrantes que tanto molestan a Rocker contribuyen con miles de millones de dólares al año a la economía norteamericana. Pero me parece que Rocker no es una persona que maneje muchos números en la cabeza. Más bien, lo suyo es agarrar pelotas y tirarlas muy rápido. A 95 millas por hora. Nada más.

¿O será que Rocker dice esas cosas porque tiene miedo a ser desplazado por los extraordinarios jugadores extranjeros que hay en las ligas de beisbol de Estados Unidos? Rocker nació en Macon, Georgia, y no es muy probable que en esa esquinita blanca de Estados Unidos haya muchos extranjeros. Pero en el diamante del beisbol profesional sí los hay. Y muy buenos. Ahí están Liván y *el Duque* Hernández, Sammy Sosa e Igor González —este Igor gana 27 mil dólares cada vez que se para a batear—, entre muchos otros.

Si Rocker quiere jugar en un equipo de puros blancos, me temo que va a tener que regresarse a Macon. Y tal vez ni ahí.

Escuchémoslo ahora hablar sobre los habitantes de Nueva York. De nuevo, en la misma revista, dijo:

Es una ciudad muy acelerada, te rompe los nervios. Imagínate tener que tomar el metro para ir al estadio de beisbol como si estuvieras cruzando Beirut, junto a un muchacho con el pelo morado y un maricón con sida; y junto a un tipo que acaba de salir de la cárcel por cuarta ocasión y junto a una madre de 20 años con cuatro niños. Es deprimente.

Debe ser muy difícil para John Rocker saber que no todo el mundo recibe 217 mil dólares al año como él sólo por tirar pelotitas a la manopla de un catcher. Desafortunadamente, la posibilidad de hacerse millonario jugando beisbol no la tienen 99 de cada 100 jóvenes norteamericanos, ni los homosexuales enfermos, ni los ex convictos, ni las madres solteras.

Bueno, ahora sí vamos al punto. Durante nuestra conversación en un estudio de televisión de Miami, pregunté de todo esto a John Rocker. Y el intercambio fue más o menos así. (Las traducciones son mías porque —qué raro— Rocker no habla español.):

—¿Es usted racista? —le pregunté.

—No, de ninguna manera —me dijo.

—¿Entonces por qué hace ese tipo de comentarios? —seguí.

—Es que había pasado momentos muy difíciles en Nueva York —me contestó—, con la gente escupiéndome, tirándome cerveza y estaba muy molesto por la situación ahí; estaba un poco frustrado y (mis comentarios) fueron una forma de desahogarme.

—¿Cree que fueron unos comentarios estúpidos? —insistí.

—Definitivamente. Quería sacar algo que tenía dentro, salió de la forma equivocada y (esos comentarios) no representan el tipo de persona que soy.

—¿Quisiera disculparse directamente con los hispanos ahora?

—Seguro —respondió—. Si alguna persona tomó esos comentarios de la forma equivocada, pido disculpas; no representan el tipo de persona que yo soy.

Nunca me quedó muy claro si lo que me dijo Rocker fue sincero o si todo formaba parte de una campaña de relaciones públicas para limpiar su nombre. Fue muy extraño, por ejemplo, que se apareciera a nuestra entrevista junto al beisbolista venezolano Andrés Galarraga, como diciendo: ya ven, yo sí tengo amigos latinos.

Los comentarios racistas de Rocker contra los extranjeros no son nada nuevo. Públicamente ha criticado a uno de sus compañeros latinos de los Bravos de Atlanta por no detener un hit durante un juego. Sin embargo, no se le ha escuchado decir nada similar contra sus compañeros anglosajones, aunque también han tenido sus dosis de errores.

Asimismo, un periodista lo escuchó llamarle "chango gordo" a otro beisbolista negro de Atlanta. De nuevo, Rocker no ha hecho ese mismo tipo de comentarios sobre deportistas blancos.

Los Bravos perdieron de manera miserable frente a los Yanquis de Nueva York durante la Serie Mundial de beisbol en 1999. Pero los problemas de Rocker comenzaron un poco antes, durante los juegos de campeonato por la liga nacional del este entre su equipo y los Mets de Nueva York. El pitcheo de Rocker en momentos claves de la serie eventualmente permitió a los Bravos de Atlanta vencer a los Mets y pasar a la final. Rocker aguantó la presión de los bateadores pero no la de los fanáticos de Nueva York que, como era lógico, lo abuchearon y molestaron. En ese ambiente fue que Rocker sacó lo más íntimo de su ser: lanzó pelotas de manera sorprendente y dejó afuera todos sus prejuicios raciales. Y al destapar la botella ya no supo cómo cerrarla.

Sería muy fácil que los racistas tuvieran pintada una "R" en la frente. Así, podríamos ir por la calle diciendo: ah, mira, ése es un racista y alejarnos. Y luego, ver a alguien que no llevara la "R" pintada y acercarnos para entablar una conversación, buscar un trabajo o lo que fuera. Pero las cosas no son tan fáciles.

En Estados Unidos hay algunos racistas —y ya he conocido a un bonche— que parecen buena gente; tienen hijos, pagan impuestos y se saben de memoria el himno nacional. Pero, en el fondo, se sienten superiores a ti sólo porque ellos son blancos y tú eres hispano, negro, extranjero, hablas otro idioma, pronuncias el inglés con acento o, simplemente, te ves distinto.

Por ejemplo, cuando me presentaron a Rocker antes de la entrevista, me saludó con una sonrisa —se le veían todos sus dientes bien parejitos— y parecía el típico deportista fortachón. Es alto (más de dos metros), pálido, 102 kilos de músculos, con brazos larguíííííísimos, el pelo muy cortito y lleno de *gel*, de conversación ágil y bien parecido —a juzgar por las muchachas que estaban tirando la baba al verlo—. Además, lanza pelotas de beisbol como los magos. Es decir, no tenía la "R" pintada en la frente. Pero mientras platicaba con él, no podía dejar de pensar en sus comentarios a la revista.

Cuando mis amigos en otros países me preguntan qué es lo mejor y lo peor de Estados Unidos, tengo ya lista mi respuesta de cajón. Lo mejor, les contesto, es que Estados Unidos nos ha dado a los inmigrantes las oportunidades y libertades que nuestros países de origen nos negaron; y lo peor, les digo, es el racismo.

Pero no es el racismo burdo, como el que no le permitía al profesor Julian Samora ir a los parques de Colorado porque tenían un letrero que prohibía la entrada a mexicanos, indígenas y perros. Ese tipo de racismo, creo, está desapareciendo.

No, el racismo que ahora hiere es el de gente como John Rocker. Es un racismo más sutil aunque muestra, también, la peor cara de Estados Unidos. Es el del político ultraconservador Pat Buchanan que nos llama "José" a todos los hispanos y que desearía detener de golpe la inmigración hacia Estados Unidos; y el de los padres anglosajones que no quieren que sus hijos tengan amigos latinos ni que sus hijas se casen con afroamericanos; y el de las fábricas que despiden a sus empleados sólo por hablar español; y el de los que creen —equivocadamente— que los extranjeros quitan trabajos a los estadounidenses;

y el de los que quieren negar escuelas y hospitales a los hijos de trabajadores inmigrantes; y el de los policías que te detienen porque no eres como ellos; y el de los que no te atienden en un restaurante o un bar sólo porque eres mestizo o moreno; y el de los que te cuelgan el teléfono porque dicen no entender tu inglés; y el de los que no te ven a los ojos (como si fueras invisible); y el de los que dicen: "pero tú no pareces hispano"; y el de los 10 mil fanáticos que ovacionaron de pie a Rocker durante su primer juego de la temporada de entrenamiento del 2000 en el norte de la Florida...

Rocker cree que está curado —como si el racismo se contagiara por un piquete de mosquito— porque fue sometido a varias sesiones con un psicólogo para tratar con más "sensibilidad" a la gente. Desafortunadamente, *mister* Rocker, eso no se cura así: el racismo se mama en casa.

Rocker aceptó conversar conmigo e incluso se disculpó por sus comentarios racistas. Pero en el fondo de sus ojos ambivalentes se desprendió una duda; aun no sé si para él yo soy uno de esos extranjeros "que están por todos lados" y que no sabe de dónde carajos han salido.

Posdata. ¿Alguna vez te han discriminado, Jorge? Me ha preguntado más de uno. Mi respuesta, hasta el momento, es siempre la misma. Nunca. En parte he tenido suerte. Siempre que he sentido un maltrato o una intención discriminatoria, brinco, me quejo, contraataco. Es decir, no me he dejado discriminar.

Entiendo que como periodista he tenido una posición privilegiada. Además, la mayoría de los norteamericanos que conozco son muy abiertos y aceptan perfectamente que su sociedad está compuesta de muchos y muy distintos grupos raciales.

Sin embargo, todos los días muchísimos inmigrantes rehúsan denunciar actos de discriminación porque temen perder su empleo, su casa, su dinero o porque, sencillamente, no confían en el peso de la ley. Es frustrante, afecta seriamente el bienestar de muchas familias y hace huecos en la autoestima.

La lucha, creo, es uno a uno. Caso por caso. Grito por grito. Sólo así los Rockers, Buchanans, Dornans y Wilsons del mundo van a entender que el mundito blanco y sin mezclas que se imaginaron en sus prejuiciadas cabezas ya no existe más.

35. Cómo matar a un inmigrante y no ir a la cárcel

En la madrugada del 4 de febrero de 1999, el inmigrante africano (de Guinea) Amadou Diallo fue detenido por cuatro policías, vestidos de civil, en el vestíbulo del edificio de apartamentos donde vivía en la zona del Bronx, en Nueva York.

Diallo era un vendedor ambulante de 22 años y que, según su familia, trabajaba 12 horas al día casi toda la semana. Nunca había tenido problemas con la justicia. Cuando lo detuvo la policía él estaba desarmado, como siempre, y trató de sacar su cartera del bolsillo de atrás de su pantalón. Seguramente se quería identificar. Eran las 12:40 de la mañana. No había nadie más en el vestíbulo.

Los cuatro agentes dicen que se sintieron amenazados por el movimiento del inmigrante africano y pensaron que, quizás, Diallo quería sacar una pistola. En ese momento le dispararon 41 veces. 19 disparos dieron en el cuerpo de Diallo.

Murió instantáneamente.

¿Podría haber ocurrido esto en uno de los elegantes edificios frente al Parque Central de Nueva York? ¿Estos cuatro policías le hubieran disparado de la misma manera a un hombre blanco y de pelo rubio? Lo más probable es que no.

¿Qué tenía que haber hecho Amadou para que no lo mataran? ¿Cantar el himno nacional en voz alta? ¿Rezar un rosario?

¿Pararse de cabeza? No lo sé. Porque Amadou hizo lo que cualquier persona inocente debe hacer cuando lo detiene la policía: intentar identificarse.

Con la muerte de Amadou queda claro que por el racismo —bien clavado en la mente de muchos norteamericanos— todos los africanos en Estados Unidos están en peligro. Y que todos los inmigrantes estamos en peligro. Y que todos los que hablamos el inglés con acento estamos en peligro. Y que todos los que no vivimos en el área correcta estamos en peligro. Y que todos los que no nos parecemos al falso estereotipo del estadounidense estamos en peligro.

El ex senador y precandidato presidencial Bill Bradley tenía mucha razón cuando dijo, comentando sobre este caso, que "cuando los estereotipos raciales están tan marcados en las mentes de algunas personas, la cartera en la mano de un hombre blanco se ve como una cartera, pero la cartera en la mano de un hombre negro se ve como una pistola".

Los cuatro policías que, irónicamente, formaban parte de una unidad anticrimen creyeron ver en Amadou a un violador o a un ladrón o al miembro de un *gang*. Sólo por su color de piel. Sólo porque vivía en el Bronx. Sólo porque sus movimientos en el mismo edificio donde vivía les parecieron sospechosos. Y sólo por eso lo mataron. Ni a un perro se le dan 41 disparos. Pero para los cuatro agentes de la policía de Nueva York, la vida de Amadou nunca tuvo mucho valor.

La policía de Nueva York —y de muchos otros lugares de Estados Unidos— detiene con mucha más frecuencia a negros e hispanos que a blancos. El procurador general del estado de Nueva York, Eliot Spitzer, dio a conocer un estudio en diciembre de 1999 que corroboraba lo anterior; por cada 100 blancos que fueron detenidos por la policía (para cuestionarlos), se detuvo a 123 negros y a 139 hispanos. Es decir, independientemente de que hay muchos más blancos que grupos minoritarios en Nueva York, negros y latinos son vistos como criminales y detenidos con más frecuencia por la policía, sólo por su aspecto físico.

Tras la muerte de Diallo, lo más lógico era que un jurado imparcial encontrara a los cuatro policías culpables, al menos, de homicidio involuntario y de abuso de fuerza. Pero después de una serie de maniobras legales —incluyendo que el juicio fue trasladado de la ciudad de Nueva York a Albany, la capital neoyorquina—, un jurado de ocho personas blancas y cuatro negras determinó el 25 de febrero del 2000 que los cuatro agentes no eran culpables de nada. De absolutamente nada.

Al enterarse del fallo, el padre de Amadou, Saikou Diallo, dijo que el veredicto para él había sido como un segundo crimen. Así quedaron en libertad los policías Sean Carroll, Kenneth Boss, Richard Murphy y Edward McMellon. Pongo sus nombres porque nunca deben olvidarse. Estos policías son los que tuvieron la poca vergüenza de culpar, públicamente, a Amadou de su propia muerte. Nunca se debió haber movido, dicen, ni buscar algo en su pantalón.

Estos policías —que ahora aseguran que todo fue un accidente— le dispararon 41 balazos a un inmigrante desarmado e inocente cuyo único pecado era ser pobre, negro y vivir en el Bronx. Y los cuatro policías quedaron en libertad sin ningún cargo en su contra.

Ellos nos han enseñado cómo se puede matar a un inmigrante y no ir a la cárcel. Muchos —policías y no policías— han aprendido bien la lección. Amadou, me temo, no será el último inmigrante inocente en morir a manos de la policía o por motivos racistas en Estados Unidos.

36. Videojusticia

Me golpearon peor que a un animal.

Alicia Sotero, inmigrante
atacada por la policía.

Los Ángeles. No hay duda. Si la brutal golpiza a dos inmigrantes mexicanos en Riverside, California, en 1996, no hubiera sido filmada por cámaras de televisión, los policías que la realizaron seguirían haciendo de las suyas con una sonrisa de oreja a oreja. La percepción —muy generalizada— es que si estos crímenes no hubieran quedado registrados en una cinta de video, no habría ninguna posibilidad de apuntar el dedo a los culpables.

¿Y así se hace justicia? Bueno, eso es muy difícil en un país que ha decidido —consciente y colectivamente— dar la espalda a los inmigrantes, olvidándose de su origen. Pero algo es algo.

Sin ofrecer resistencia, Enrique Funes recibió al menos seis macanazos de la policía antes de caer al piso. Y Alicia Sotero (antes conocida como Leticia González) fue golpeada una vez, jalada de los pelos, tirada al suelo, pateada y rematada ahí con otros dos golpes de macana. Al ver cómo esos dos policías golpearon, sin ninguna justificación, a Enrique y a Alicia, dan ganas de concluir que en Estados Unidos hay dos tipos de justicia: una para los blancos, anglosajones, ricos y famosos; y otra para todos los demás.

Me pregunto si esos policías hubieran golpeado con la misma alegría beisbolera y exceso de fuerza a un par de güeros universitarios con acento bostoniano. Es muy probable que ni siquiera los hubieran detenido. Los oficiales Kurtis Franklin y Tracy Watson sabían perfectamente lo que estaban haciendo. No son ningunos novatos; cuando ocurrió el incidente, Franklin llevaba 20 años en el departamento de policía del condado de Riverside y Watson cinco.

Cuando terminó la persecución y se detuvo la destartalada camioneta en que viajaban Enrique, Alicia y casi 20 inmigrantes más, los policías dieron por hecho que todos eran indocumentados y que podían abusar de ellos sin sufrir las consecuencias. Pero en este caso se equivocaron; estaban en la mira de las cámaras de televisión.

Kurtis Franklin y Tracy Watson —y que nunca se nos olviden sus nombres— se sintieron invencibles en sus impecables uniformes color caqui, protegidos con sus palos y pistolas. Tan pronto como vieron dos presas fáciles y vulnerables empezaron a repartir golpes e insultos. Lo que hicieron no requiere ninguna valentía. Pero su entusiasmo olímpico por lastimar a una pareja desarmada sí demostró una inteligencia muy limitada; aún no entiendo cómo nunca se enteraron que los estaban filmando desde dos helicópteros. ¿Qué pensaban? ¿Que los helicópteros de los medios de comunicación estaban ahí para aplaudir su acción de trogloditas? Lo peor del caso es que quizás sí se dieron cuenta que los estaban filmando y no les importó.

En Estados Unidos la palabra no siempre es suficiente para alcanzar la justicia. Vivimos en una época de videojusticia. Las imágenes controlan. El video nos acerca a la posibilidad de castigar a quienes violan la ley y a veces una cinta de video es el único recurso que existe para denunciar la brutalidad policiaca.

Así perdieron su trabajo los policías de Los Ángeles que le pegaron al motorista negro Rodney King en marzo de 1991. También por una cinta de video fue despedido un patrullero de Carolina del Sur que —pistola en mano— sacó a una mujer de su auto, la tiró al suelo y amenazó con desnudarla. ¿Será una coincidencia que Rodney King, Enrique Funes, Alicia Sotero y la mujer de Carolina del Sur son todos miembros de alguna minoría en Estados Unidos?

En otros países, este concepto de videojusticia —hay que reconocerlo— tiene muchos inconvenientes y rajaduras; una cinta de video no siempre puede resolver el crimen. Para eso también se necesita voluntad política.

Funcionó, por ejemplo, para identificar y poner en la cárcel a Yigal Amir, el asesino del primer ministro israelí Yitzhak Rabin. Pero en México, en el caso de Luis Donaldo Colosio, no ha tenido resultados creíbles. El asesinato del candidato presidencial del PRI en marzo de 1994 en Tijuana fue filmado, pero la mayoría de los mexicanos cree que los responsables de la muerte de Colosio están libres.

Aquí en Estados Unidos, los *videotapes* que han surgido últimamente tienen a la policía como protagonista y están cargados de odio. Y el odio —racial, étnico, sexual— no aparece en un vacío. Se alimenta, por ejemplo, de los discursos demagógicos y fascistoides y de un público deseoso de culpar a los inmigrantes por los principales problemas de la nación. Por eso, aunque parezca increíble, rápidamente hubo quienes culparon de la golpiza a los inmigrantes mexicanos —por haber entrado ilegalmente al país— y no a los policías de Riverside.

Lo que ocurrió en California no es una excepción. De 1987 a 1996 al menos 26 mexicanos habían muerto en manos de policías del estado. Y todavía la mayoría de los crímenes cometidos por la policía pasan desapercibidos, no son reportados y mucho menos castigados.

Pero en esta era cibernética, posindustrial, la alta tecnología —escondida en una ligera y accesible cámara de video— está extendiendo las probabilidades estadísticas de que esos crímenes sean filmados y sancionados.

Los prejuicios y las actitudes racistas no van a desaparecer sólo por las imágenes de televisión en las que Franklin y

Watson desbarataron a batazos a Enrique y Alicia. Pero quizás, en el futuro, la policía lo va a pensar dos veces antes de golpear a un inmigrante, a una mujer, a un negro o a un hispano.

Ahí esta la fuerza del video. *Big Brother is watching*. Pero los papeles han cambiado. En este caso, *Big Brother* no es el Estado ni la policía. *Big Brother* somos todos nosotros con una cámara de video.

El *espanglish*

37. ¡Que viva el *espanglish*!

He estado wacheando con un chorro de interés los recientes debates de los wise-men de las letras españolas sobre el futuro del idioma. Pero escuché very little sobre el espanglish, este mix del inglés y el español que se habla cada vez con más frecuencia en América, Estados Unidos o gringolandia, as you wish. Estoy convencido que, like it or not, el espanglish tendrá mucha influencia en la forma en que se escuche y escriba el español this century.

Durante el primer congreso internacional de la lengua española, realizado en Zacatecas en la spring del 97, hubo buen soporte a la idea del español como un idioma dinámico, always changing. In particular, me llamó la atención el quote del autor y Nobel español Camilo José Cela. Dijo: "La lengua es un torrente perramente en ebullición, todo lo contrario a una laguna de aguas estancadas". All right.

Así, sin bulchetear a nobody, Cela se fue right to the point. Hubiera sido superinteresting pick his brains sobre el tema del espanglish, pero no pude atender al meeting. Estoy seguro que nos lo hubiéramos gufeado de lo lindo.

Para los que cruzamos el borde para venirnos a chambear al norte, también resulta very helpful la proposición del novelista Gabriel García Márquez de simplificar la gramática, antes que la gramática termine por simplificarnos a nosotros. Si después de cruzar la línea pasas mucho tiempo frente al tubo viendo programas de tv en inglés, lo primero que forgueteas es la grammar y la ortografía.

Por ejemplo, vamos a hablar del issue de la b. Si en español las consonantes b y v se pronuncian igual, entonces ¿para qué la diferenciación? Encuentro que muchas veces en los magazines en español de Estados Unidos se escribe governador así, con v, como si viniera del inglés governor. Se ve feo, pero suena igual. Quizás por eso deberíamos kickear una de las dos bes y jubilar la ortografía, como proponía el Nobel colombiano. Pero con cuál nos quedamos: ¿con la b o la v? ¿Vida o Bida? ¿Burro o vurro? Por ahora vamos a dejarlo pending.

Con esto del espanglish y la liberation de la ortografía y la gramática, hay algunos mad y escandalizados. Un día pregunté al escritor mexicano Octavio Paz si era correcto utilizar el espanglish. Y esto me contestó: "Yo no creo que sea correcto o incorrecto; es fatal... Estas formas mixtas son formas transitorias de comunicación entre los hombres". Está claro que a Paz no le gustaba el espanglish, pero al menos entiende su origen y necesidad.

Quien realmente sounded horrorizado fue el assistant director de la Real Academia de la Lengua Española. En Zacatecas, Ángel Martín Municio dijo que el espanglish era una afrenta al idioma español, que denotaba una falta de educación y que no se le puede permitir a la gente decir lo que quiera. Pero ¿quién se cree? ¿Un ángel guardián? ¿Un police de la palabra?

I'm sorry que mister Ángel sea tan narrow-minded. Realmente parece que no sabe what he's talking about o quizás tenía miedo de quedarse unemployed. Seguro que nunca ha estado en Santa Anna, Hialeah, Pilsen o Queens. Allá él y sus diccionarios. El lenguaje se forma y desarrolla en el home, en el trabajo, between friends, frente a la tivi y escuchando la radio, man. No en los diccionarios. Si no, acuérdense cómo terminó el latín clásico: en la tumba, mientras el latín vulgar seguía vivito y coleando.

Éstas son sólo algunas de las palabras del espanglish que todos los días implementan más de 30 millones de hispanics en Estados Unidos y que tanto jorror causan a los angelitos del castellano: trocka (camión), yarda (patio), estorage (bodega), liquear (gotear, aunque puede ser sinónimo de ir al bathroom), carpeta roja (trato especial), llamar para atrás (no, no es hablar de espaldas sino contestar una llamada telefónica), faxear (enviar un fax), taipear o typear (escribir a máquina o en computadora), frizar (congelar), lobbyista (cabildero), rufero (reparador de techos), ganga (pandilla, no oferta), hacer sexo (imagíneselo), sexista (machista, pero ¿cómo llamarle a las mujeres que discriminan a los hombres?), tener química (ser compatible), grincar (tarjeta de residencia), medicare y medicaid (programas gubernamentales de ayuda médica), welfare (asistencia social), social security (retiro), billones (en lugar de miles de millones), modem (conexión de la computadora al teléfono), mouse (no ratón sino instrumento de computación) y cliquear (presionar el mouse), weder (clima), show (programa), bilingual (por bilingüe), llamar p'atrás (no es un ejercicio de faquires, sino el responder una llamada telefónica)... y un bonche más de items que encuentra uno en cualquier website.

El espanglish está OK. No debe avergonzar. Y el español no tiene nada de qué asustarse. El español lo aguanta todo: tecnicismos, anglicismos e incluso la eliminación de los acentos. 400 millones de personas lo hablan en el mundo. Por eso tiene que ser una lengua que refleje la realidad, no los caprichos de los académicos. Prefiero decir aseguranza (en lugar de seguro) y computadora (en vez de ordenador) y que me entiendan en Los Ángeles, Miami, Chicago y Nueva York.

El español es "una lengua que no cabe en su pellejo" (otra vez García Márquez). Y por eso el español no debe temerle al espanglish. Al contrario; el espanglish es hermano del español.

Tampoco se trata de convertir al espanglish en una nueva lengua, como de alguna manera intentaron hacerlo con el ebonics, esa variación del inglés que hablan algunos african-americans. El issue right here es que el español debe estar totalmente abierto a las aportaciones del espanglish. El español —don't forget Don Ángel— es tan nuestro como suyo. Take it easy, man; agárralo suave. Esta lengua puede parkear en muchos lados. Sólo hay que darle un chance.

Debemos olvidarnos de los académicos y tichers de la Royal Academy del Spanish; allá ellos en sus torres de cristal haciendo rules y convenciones que nadie sigue. Hay que escuchar a la gente, a la people, y hacer del español —con los gifts del espanglish— un idioma aún más rico y flexible. Curiosamente, los hispanoparlantes de Estados Unidos puede aportar más que cualquier otro país en el mundo al desarrollo del español.

¡Y que viva el *espanglish*!

Posdata. La internet es el instrumento que más está contribuyendo a la espanglishación. Y la razón es que Estados Unidos —la superpotencia solitaria, como decía por ahí un gurú de la política internacional— lleva una buena delantera en esto de la internet. La mayoría de los servicios en la internet son en inglés, el más alto porcentaje de las compañías cibernéticas son norteamericanas y ningún país tiene tantos usuarios de computadoras como Estados Unidos.

Actualmente hay más de 100 millones de personas que tienen acceso a la internet en Estados Unidos, una cifra que aumenta diariamente ya que bibliotecas y escuelas permiten que cada vez más norteamericanos puedan usar la world wide web. En Estados Unidos (en 1999), de cada 100 personas 32 tenían una computadora o acceso a ella. La cifra se disparó en el 2000. En comparación, en México, de cada 100 personas sólo tres tienen computadora o acceso a una. El número de usuarios en México apenas pasa del millón.

México no es la excepción. América Latina, en general, está muy atrasada en asuntos cibernéticos. Según la empresa International Data Corporation, en 1999 sólo había siete millones de personas en toda la región con acceso a la internet. Esta cifra, sin embargo, tenderá a duplicarse en dos o tres años. (Y como un virus cibernético, el espanglish continuará extendiéndose con cada nuevo usuario.)

Los estadounidenses se pasan, además, más tiempo surfeando en la internet que los habitantes de cualquier otra nación. De acuerdo con la compañía Pricewaterhouse Coopers, los norteamericanos pasan más de cinco horas a la semana metidos en la internet, el doble que los franceses, alemanes e ingleses. Y por eso no es de extrañar que se gasten mucho más dinero en operaciones de compra a través de su computadora.

¿Cuánto? En 1999 los norteamericanos se gastaron aproximadamente 18 mil millones de dólares en transacciones cibernéticas (sin pagar, dicho sea de paso, un solo centavo en impuestos). Los latinoamericanos, en cambio, se gastaron únicamente 160 millones de dólares (de acuerdo con los cálculos de la Cámara de Comercio de Santiago). Los pronósticos, sin embargo, son que el comercio electrónico se multiplicará de manera geométrica en muy poco tiempo. Aquí y allá.

Desafortunadamente, las diferencias cibernéticas entre Estados Unidos y América Latina tienden a crecer. Es lógico: un estadounidense necesita ahorrar su salario de dos o tres semanas para comprarse una computadora; un latinoamericano requeriría ahorrar meses o hasta años para hacerse de una. Pero, sea como sea, cada vez es más difícil vivir aislado de las nuevas tecnologías. El que se quede atrás, pierde su pedazo del pastel. Y el que se resista a usar anglicismos, el espanglish o el ciberespañol difícilmente podrá comunicarse eficientemente en la internet.

38. El futuro del español en Estados Unidos

El otro día llamé al rufero para que revisara el techo de mi casa porque había un liqueo. Toda la carpeta estaba empapada. Vino en su troca a wachear la problema y quería saber si yo iba a pagar o la aseguranza. Después de contar cuántos tiles tenía que cambiar me dio un estimado. Yo le dije que me dejara el número de su celfon o de su biper. Si nadie contesta, me advirtió, deja un mensaje después de bip y yo te hablo p'atrás.

La primera sugerencia para los que se escandalizan con párrafos como el anterior —y que tengan un legítimo interés en saber qué es lo que hablamos los latinos en Estados Unidos— es dejar a un lado a los académicos de largas barbas, panza prominente y seria actitud, para empezar a escuchar a la gente de la calle. En ciudades como Hialiah en la Florida, Santa Anna en California, Queens en Nueva York, Pilsen en Chicago y el West Side en San Antonio quien no hable español —o algo parecido— se puede sentir claramente discriminado. Pero es un español que ni Cervantes o el pragmático de Sancho Panza entendería.

Aquí en Estados Unidos se entiende mejor *greencard* que tarjeta de residencia. (Incluso una profesora chilena proponía que se escribiera grincar, tal y como se pronuncia, y que nos olvidáramos de problemas.) Para quienes utilizan los beneficios del *welfare*, el *medicaid* o el *unemployment* es más fácil referirse a una palabra que a una extensa e incomprensible explicación.

Luego, por supuesto, están esas seudotraducciones del *espanglish* que se han apoderado del habla. Ganga es una oferta, pero en las calles del Este de Los Ángeles nadie confundiría a una pandilla con una oportunidad de compra. También todos saben que el bordo o el borde queda al sur, aunque no hayan tenido que cruzar ilegalmente la frontera. Tener sexo es usado frecuentemente en lugar de hacer el amor, aunque quien lo tiene casi nunca se queja de las palabras. Hacer lobby es tan usado como cabildear. Surfear es más fácil que correr tabla. Ambientalista es más corto que defensor del medio ambiente. Sexista no existe en el diccionario pero es un término más amplio que machismo.Y soccer busca remplazar a futbol.

Las cosas se complican cuando la misma palabra en español significa cosas distintas para los grupos que conforman ese híbrido llamado "hispanos". Darse un palo en Puerto Rico es tomar un trago. Darse a palos, entre cubanos, es una golpiza. Darse un palo en México, bueno, mejor imagíneselo usted. Incluso las tareas más sencillas tienen su reto. Los chilenos dicen corchetera a lo que los cubanos llaman presilladora, los mexicanos engrapadora, algunos puertorriqueños clipeadora y los norteamericanos stapler.

Todo lo anterior apoya una hipótesis muy simple: el español que se habla en Estados Unidos es un idioma vivo, cambiante, dinámico, sujeto a las influencias del medio y es una batalla perdida el tratar de resistirlo o rechazarlo. Estados Unidos, en estos días, puede aportar más al crecimiento del idioma español que cualquier otro país de habla hispana.

No, no estoy promoviendo el español mal hablado o mal escrito, pero sí creo que debemos tener una mente mucho más abierta para aceptar constantemente los nuevos términos y expresiones que nos aporta nuestra experiencia en este país. Los nuevos conceptos enriquecen nuestra cultura, no la denigran.

La aspiración más realista es hablar bien el inglés y el español y tener hijos bilingües —o bilinguales, como decía un conocido político de Los Ángeles—. La misma discusión que tenían los romanos con el latín clásico y el latín vulgar la tenemos ahora en Estados Unidos con el español y el *espanglish*. Ya conocemos la lección; el latín vulgar predominó al igual que en Estados Unidos va a predominar un español muy impuro combinado con un *espanglish* irreconocible en Madrid.

Cualquier padre o madre de familia que quiera mantener el español en la casa sabe a lo que me refiero. Lo más frecuente es intercambiar el inglés y el español en una misma conversación. Por más esfuerzo que se haga, el inglés tiende a predominar en las nuevas generaciones. La necesidad de hablar inglés para tener éxito en este país, la influencia de la escuela y el bombardeo de la televisión y la internet le van ganando la guerra al español palabra por palabra. Y al mismo tiempo, el *espanglish* se ha convertido en un puente: generacional, lingüístico, tecnológico, cibernético y cultural.

Responder a la pregunta: ¿qué van a hablar los hispanos del futuro? es vital para el desarrollo de los medios de comunicación en español en Estados Unidos. Los ejecutivos de la radio y televisión quisieran tener la bolita mágica para saber si los hispanos en dos o tres décadas hablarán más inglés que español; si se adaptarán o si se mantendrán más independientes que otros grupos étnicos —como italianos y polacos— en sus costumbres culturales. Actualmente, de los más de 30 millones de latinos en Estados Unidos, la mitad prefiere comunicarse en español, 35 por ciento en inglés y un 15 por ciento es bilingüe.

¿Cómo se comunicarán en un futuro los latinos? Por el momento no hay de qué preocuparse. La constante migración a Estados Unidos, calculada por la Oficina del Censo en 1.3 millones al año (así como los altos niveles de fertilidad entre los latinos), asegura una audiencia cautiva que hablará español (o al menos lo entenderá) por los próximos años.

Muchos puristas se escandalizan al ver que el *espanglish* —palabra por palabra— le está ganando terreno al español de los diccionarios. Pero la verdad, ni vale la pena molestarse. Sólo escuchen la radio, la televisión, la calle. Hablen con las nuevas generaciones de hispanos. Fácilmente podrán corroborar cuál es el futuro. Y en el futuro de los hispanos no hay un español puro.

Posdata. El viernes 4 de febrero del 2000 un carpintero de apellido Casillas se convirtió en el primer miembro de un jurado en Estados Unidos que no habla inglés. Casillas, que entonces tenía 43 años, utilizó a un traductor en un juicio por narcotráfico en el condado de Doña Ana.

39. El profesor de *espanglish*

Sus enemigos le llaman "el destructor del idioma español". Pero Ilan Stavans, profesor del Amherst College de Massachussetts, lejos de destruir se ha dedicado los últimos tres años a construir un diccionario del *espanglish* con más de 6 mil palabras.

"Hablar de mantener la pureza del idioma español en Estados Unidos es utópico", me dijo Stavans en una conversación telefónica. "Los puristas quieren mantener un español congelado en el tiempo, como si los idiomas no se transformaran."

La realidad es que más de 30 millones de personas en Estados Unidos son de origen hispano —64 por ciento de México, 10 por ciento de Puerto Rico, 4 por ciento de Cuba, 14 por ciento de Centro y Sudamérica...— y muy pocos de ellos hablan el castellano como lo dicta el diccionario de la Real Academia de la Lengua Española. Lo que hablan es una mezcla del español con el inglés y montones de localismos, anglicismos y expresiones únicas que trajeron de sus países de origen. Lo que hablan, en muchos casos, es *espanglish.*

—¿Qué es el *espanglish*? —le pregunté al profesor de 38 años nacido en México.

—El *espanglish* no es un idioma —me contestó—. Tampoco está a nivel de dialecto, aunque está en proceso de convertirse en dialecto. Es un *slang* o una jerga.

Ilan Stavans está convencido que "estamos siendo testigos de un fenómeno verbal sumamente creativo y que nos hace repensar la manera en que el mismo español se desarrolló a lo largo de los siglos".

El *espanglish* se remonta a 1848 (al Tratado de Guadalupe Hidalgo) cuando México perdió más de la mitad de su territorio frente a Estados Unidos. Fue ahí que grupos de mexicanos se encontraron viviendo, de pronto, en unas tierras controladas por los norteamericanos y se tuvieron que enfrentar a un idioma y a una cultura que no era la suya. Según Stavans, el fenómeno del *espanglish* se intensifica en la guerra hispano-americana cuando España pierde Cuba y Puerto Rico ante los estadounidenses.

Con la retirada de España del continente americano, el español en sus formas más puras se vio bajo ataque. "No es un fenómeno que se limita a Estados Unidos", me dijo Stavans. "El *espanglish* incluye muchas palabras colombianas, venezolanas... y de hecho el *espanglish* no es lo mismo para mexicanos, cubanos y neoyorriqueños". A pesar de todas sus variaciones —dependiente de distintos grupos étnicos y lugares donde se habla— no fue sino hasta la segunda mitad del siglo XX que surge la conciencia del *espanglish* como algo único, que no es ni inglés ni español.

Y ahora, no cabe la menor duda que el *espanglish* llegó para quedarse. "En la misma panza del imperio hablamos *espanglish*", observó el profe. "Y lo habla igual la gente educada que la menos educada." Es cierto. He escuchado a abogados y doctores hablar *espanglish* con sirvientas y personal de limpieza; políticos y funcionarios en Texas, California y Arizona constantemente usan el *espanglish* para comunicarse con sus votantes más pobres.

El *espanglish* ya ha infiltrado todas las capas de la población latina en Estados Unidos y como periodista que lleva casi dos décadas en este país tengo que reconocer que muchas veces es más fácil utilizar una palabra que no es ni del inglés ni del español con el objetivo de comunicarse e informar de manera más rápida y eficiente.

A pesar de su uso tan extendido en Estados Unidos, el *espanglish* es motivo de ataques. Como vimos en el capítulo anterior, el poeta mexicano Octavio Paz —en una de sus últimas entrevistas antes de morir— me dijo que el *espanglish* era fatal. Y los intelectuales —sobre todo los de España y particularmente los miembros de la Real Academia de la Lengua Española— no se cansan de tildar de ignorantes y aberrantes a quienes defienden y usan el *espanglish.* Esto último molesta mucho a Stavans.

"Ya somos más hispanos en Estados Unidos que la población entera de España", apuntó. "Me parece ridículo que esta gente de la Academia crea que lo único que hay que hacer es olvidar lo que hablamos y tratar de imponernos un idioma ajeno. Por décadas los círculos académicos han visto al *espanglish* como una deformación y una prostitución de la lengua", continuó. "Lo que yo propongo es que ya no es posible verlo en un tono tan negativo."

En los últimos años, la revolución tecnológica promovida por la internet ha dado lugar a una explosión de términos en *espanglish.* Algunos incluso ya le llaman *cyber-spanglish.* Ejemplos: faxear, cliquear, downlodear, webear, webon... Este *cyber-spanglish* no usa acentos —la mayoría de las computadoras en Estados Unidos no tienen incluidos los programas en español— ni la letra ñ ni signos iniciales de interrogación ¿ o admiración ¡.

Como es lógico pensar, los miembros de la Academia española quieren mantener su ilusorio control del idioma y de sus puestitos honorarios. Su centralismo y arrogancia hablan de otros siglos cuando España era España, es decir, un verdadero imperio. No se han dado cuenta que no pueden determinar qué hablan y cómo se expresan más de 400 millones de hispanoparlantes. Hoy, se mueven a la velocidad de tortuga y aún se resisten a aceptar en sus diccionarios las palabras en *espanglish*. Pero está muy claro que la realidad los ha rebasado y corren el riesgo de verse aún más obsoletos y chochos.

Dejemos el pasado. Vamos al futuro. El profesor Stavans tiene dos hijos: Joshua de ocho años de edad e Isaiah de tres. A ambos les está enseñando español e inglés y no los disuade, en lo más mínimo, a que experimenten y se comuniquen en *espanglish*. Y es más, lejos de creer —como Paz— que el *espanglish* es una forma transitoria de comunicación, Ilan considera que está desarrollándose y consolidándose.

"Yo no soy profeta, pero creo que el *espanglish* no está desapareciendo", me dijo antes de despedirse por su agitada agenda. "Ni el español ni el inglés sobrevivirán de la misma manera." Tras el anuncio de su *Dictionary of Spanglish* o *Diccionario del Espanglish* ha tenido más de 50 entrevistas de prensa. "Y no creo nada improbable", concluyó, "que dentro de 200 o 300 años se escriban grandes obras en *espanglish*".

43 palabras del Diccionario del Espanglish

(publicadas con la autorización del profesor Ilan Stavans; las traducciones al español son mías)

Espanglish	*Español*	*Inglés*
antibaby	píldora anticonceptiva	birth control pill
ancorman	presentador de noticias	tv news personality
babay	adiós	bye-bye
beseler	éxito de librería o de ventas	best-selling item

brainstormear	considerar ideas	to think intently
brode	hermano, amigo	pal, friend
cibernauta	usuario de la internet	web navigator
databais	base de datos	database
drinquear	beber	to drink
estufiar	inhalar drogas	to sniff drugs
fletera	coqueta	female flirt
guachear	observar con cuidado	watch out
gufear	bromear	to joke, to kid
hood/hud	barrio	neighbor-hood
imail	correo electrónico	e-mail
imailiar	enviar correo electrónico	to send e-mail
jaina	cariño	honey, sweetheart
kenedito	traidor	traitor (from J. F. Kennedy)
lis	renta	lease
lobi	cabildear	lobby
lonchear/ lonche	almuerzo	to lunch
llegue	golpe	hit, punch
maicrogüey	horno de microondas	microwave oven
maus	elemento de computadora	computer mouse
mopa	trapear	mop
mula	dinero	money
nerdio	estudioso/tímido	nerd

parisear	festejar/ir a una fiesta	to hand aroundparties
pimpo	padrote	pimp
printear	imprimir	to print
queki/queque	pastel	cake
ringuear	llamar por teléfono	to ring
sochal	número del Seguro Social	Social Security number
taipear	teclear	to type
tiquetero	vendedor de boletos	ticket seller
troka	camión	truck
ufo	ovni	unidentified flying object
víbora	pene	penis
vate	agua	water
wachear	ver/observar	to watch
yanitor	empleado de limpieza	janitor
yoguear	trotar	to jog
yuca	cubanoamericano	young urban cuban american

Fuente: *Hopscotch 1:1*, Duke University Press.

El sueño americano

40. Por qué Marta se quiere ir de México

Cuando hablé con Marta por teléfono, ya había tomado la decisión. Viajaría en autobús con sus tres niñas de Lerdo, estado de Durango, a Tijuana. Y una vez ahí se subirían en un avión con la esperanza de llegar a Estados Unidos, quizás a Dallas, Texas.

El asunto es complicado porque las tres niñas de Marta —Marcela de 10 años, Martita de ocho y María de seis— no tienen visa para entrar a Estados Unidos. Marta tampoco. "Piden muchos requisitos", me contó. Lo único que tienen es su pasaporte mexicano recién salidito del horno.

—Sin visa, ¿cómo piensan entrar a Estados Unidos? —pregunté a Marta.

—Bueno —me dijo—. Mi esposo —que ya se encuentra en Los Ángeles— dice que tiene un contacto y que si le damos mil dólares por niña, esta persona se encarga de que entren sin problemas.

—¡Mil dólares por niña! —le comenté—, ¿no le parece mucho dinero?

—Sí, pues —me dijo—. ¿Pero qué le vamos a hacer? Vale la pena.

Marta tiene 29 años. Empezó a estudiar enfermería pero no pudo terminar. Las niñas, la renta, la pobreza heredada la empujaron a la calle. A trabajar. Su esposo, Juan, se fue a California hace un año y medio y aunque envía dinero de vez en cuando, no alcanza. Él está juntando dinero para pagar los cuatro mil dólares que necesita para traer a su esposa y tres hijas a Estados Unidos.

"Está muy difícil la situación", me dijo Marta. "Sí hay empleo, pero muy mal pagado; mucho trabajo de maquila para hacer mezclilla." En lugar de ir a una fábrica, Marta se puso a hacer gorditas para venderlas en la calle: de frijoles con queso, de chile, de asado... Las vende (al equivalente) en dos dólares cada una. Así se gana unos 150 dólares a la semana.

Pero no le alcanza para ella y para la escuela de las niñas.

"Aquí, por muy que estén mis hijas en una escuela del gobierno, no son gratuitas", me explicó. "Dizque son gratuitas pero piden mucho dinero; para los uniformes, para el pago quincenal del conserje, la cuota para los exámenes."

Marta está obsesionada con la educación de sus hijas. Si logran entrar a Estados Unidos, lo que Marta quiere es que Marcela, Martita y María aprovechen lo más posible el sistema educativo. Ya la situación migratoria vendrá después. "Yo quiero que estudien y allá todo niño estudia", me dijo. "Y si se pueden arreglar los papeles, pues bien."

—¿Y si no arreglan sus papeles en Estados Unidos? —le pregunté.

—Bueno —me dijo—, primero me gustaría que mis hijas estudiaran. Luego juntaríamos algo de dinero y nos regresaríamos a México; ése sería el plan.

—¿Por qué no se quedan en México, entonces?

—Aquí el gobierno no da una —me dijo, para luego describirme cómo en un programa que vio por la televisión se encontró el desagradable espectáculo de políticos criticándose unos a otros y sacándose "sus trapitos al sol"—. No hay en quién confiar.

A Marta no le quita mucho el sueño el asunto de la discriminación contra los inmigrantes en Estados Unidos. "Sí da miedo la discriminación", comentó, "pero no toda la gente es mala". Además, Marta "tiene a muchos familiares regados por todas partes en Estados Unidos, que entran y salen como Pedro por su casa". O sea que para ella el camino ya está andado.

"Por muy pobres que sean allá los inmigrantes en Estados Unidos, por muy mal que les vaya, viven mejor que nosotros", concluyó Marta. "Sí estoy convencida de que hay que irse. Aquí en México no se puede estudiar y trabajar; allá sí."

Antes de terminar nuestra conversación, sabía que Marta se iba a ir de México —con todo y sus tres niñas— para reunirse con Juan en Estados Unidos.

"¿Y por qué no?", me dijo al final, casi desafiante. "Nadie tiene la vida comprada."

41. Los niños del futbol

Miami. Nicolás David es un niño del mundial. Estoy convencido que dio sus primeras patadas futboleras, para salir del vientre de su madre, después del gol con que México venció a Corea del Sur (en el verano del 98 en el mundial de futbol en Francia).

El griterío frente a la pantalla del televisor fue tan grande que no pudo quedarse tranquilo ahí dentro. Tenía que salir a ver qué estaba pasando allá afuera. Nació al día siguiente, el segundo domingo de junio, luego que el árbitro pitara el final del tercer partido mundialista de la jornada. ¡Qué día!

Y ahora que Mister Nick —como le decía su hermana Paola— está vivito y coleando, espero poderle transmitir la misma emoción por el futbol que yo sentí cuando era niño; lo jugaba igual en la calle y en los parques que en el baño y la cocina, con balón de cuero o con una hoja de papel hecha bola, solo contra la pared o en un caótico remolino en que participaba toda la escuela.

Fui un niño que creció con el futbol. Ojala m'hijo tenga la misma suerte.

Mis amigos aquí en Estados Unidos no acaban de entender que, en el resto del mundo, el futbol es mucho más que un deporte. No sólo es un cacho de la cultura, sino también parte importantísima de nuestras primeras experiencias de grupo. Es algo raro; competencia y unidad al mismo tiempo. Algunos de los mejores momentos de mi infancia están ligados a un balón de futbol. Y otros, no tan buenos, también están vinculados a un esférico. Déjenme contarles.

Durante el mundial de 1978, en Argentina, me tuve que operar la nariz debido a una lesión que llevaba años sin atender. Bueno, pues cuál sería mi sorpresa cuando me desperté en la mitad de la operación —aparentemente la anestesia estaba perdiendo su efecto— y me encontré con que los médicos mexicanos que me operaban estaban viendo, al mismo tiempo, un partido del mundial en un televisor portátil. Por supuesto, mi primera reacción fue preguntarles por el marcador. Pero en lugar del resultado lo que me dieron fue más anestesia.

En realidad esa operación no remedió nada. A los pocos meses de la intervención quirúrgica tenía la nariz tan chueca como antes. Quizás si los doctores le hubieran puesto más atención a mi nariz y menos al mundial... No, eso es algo impensable, imposible. Fue mi error, lo reconozco; jamás debí haberme operado en la mitad de una copa del mundo.

Ahora, con el mundial de Francia 98, he reafirmado esa pasión que genera el infantil intento de 22 jugadores por meter una pelota dentro de un rectángulo. Es una pasión cíclica que explota por un mes cada cuatro años y que puede ser malinterpretada, por aquellos que no la llevan en la sangre, como locura temporal.

* * *

Con motivo del nacimiento de mi maravilloso hijo Nicolás David, nos han visitado los padres y hermanos de mi esposa Lisa. Ellos son cubanos y viven en Puerto Rico; dos naciones que no tienen una verdadera tradición futbolística. Por eso temo que al verme gritar como un demente frente al televisor —cada vez que jugaba México, Chile, España, Colombia, Paraguay, Argentina o Brasil— hayan pensado que Lisa cometió un gravísimo error al casarse con un mexicano futbolero. *Oh well!*

Desde luego, mi hijo tomó sus primeras mamilas arrullado por los gritos de *gooooooooool* de Andrés Cantor y Norberto Longo, los comentaristas deportivos de Univision que narraron el mundial de Francia en español en Estados Unidos. Perderse un gol del mundial es como un pecado. Así que también le robaba al satélite las transmisiones desde México de Televisa o Televisión Azteca. Y si iba manejando, no había nada como escuchar a un colombiano o a un uruguayo describir un partido, jugada por jugada, en el mejor ejemplo de cómo meter mil palabras en un minuto.

Jamás se me ocurrió escuchar los juegos en inglés por la cadena ABC o Espn. ¡Qué aburrido!; en inglés tienen que andar explicándole a la teleaudiencia, todo el tiempo, que el soccer se juega sólo con los pies y que el ganador no es, necesariamente, el que va adelante en sus absurdas estadísticas de tiros al arco y *corners*. Además, en comparación con las emocionantes narraciones en español, esas transmisiones parecen una misa en cementerio. Sólo hubieran servido para dormir al bebé.

En cambio lo que yo quería es que Nicolás, en sus primeros días de vida, comiera, bebiera y durmiera futbol (tal y como sugería correctamente un comercial de televisión). Desde luego, así fue. Nicolás no lo sabe todavía pero se pasó los primeros días de su vida viendo y escuchando futbol. Educación subliminal, sin duda.

No me considero un fanático alucinado del balompié, pero sí me siento muy distinto a la mayoría de los norteamericanos durante los días en que se juega un mundial. (Y ya me han tocado cuatro en Estados Unidos.) Lo que pasa es que aquí el futbol soccer es un deporte secundario y, quizás, hasta terciario; está muy lejos de encender los ánimos como lo hacen las canastas de Michael Jordan, los batazos de los Yanquis de

Nueva York o un *touchdown* de los Broncos de Denver o los Dallas Cowboys.

Por lo anterior, no me extrañó en lo más mínimo una encuesta (de la empresa Harris) que aseguraba que tres de cada cuatro estadounidenses no sabía que el mundial se estaba jugando en Francia y que sólo dos de cada 10 habían visto parte de algún juego.

¡Qué desperdicio! El mundial es equivalente a 30 *superbowls* seguidos y la verdad se han perdido de un extraordinario espectáculo; nunca había habido tantos goles en un mundial. Ni modo.

Como quiera que sea, nada me aguó la final del mundial de Francia el domingo 12 de julio del 98. Estuve junto a mi hijo —celebrando su cuarta semana de vida— y frente al televisor escuchando el grito de gooooooool.

Después de todo, tanto él como yo somos niños del futbol.

Posdata. En una informal conversación con el entonces vicepresidente Al Gore, le estaba contando lo difícil que era definir el origen étnico de mi hijo. Tenía que llenar las formas del Censo del 2000 y no había en ellas ninguna clasificación que abarcara todas las raíces multirraciales de Nicolás.

—Mire —dije al vicepresidente—, mi hijo nació en Miami, pero yo soy mexicano, su madre nació en Puerto Rico y sus abuelos maternos son cubanos. ¿Cómo lo definimos? ¿Cómo portocubanomexicanoamericano?

—Es muy fácil. Él es un americano.

Tiene razón.

En las listas del Censo no existía una sola clasificación que incluyera toda la historia que arrastra Nicolás y de la cual estamos muy orgullosos sus padres y abuelos. Así que puse una X en la parte de “hispano” y luego tres X más en los cuadritos donde aparecían las descripciones "mexico o mexicoamericano", "puertorriqueño" y "cubano o cubanoamericano".

Puse a trabajar tiempo extra a la gente de la Oficina del Censo, pero ésta era la única manera de reflejar correctamente la naciente cara de *América*.

42. La vida loca

Miami. Antes de comenzar, dos aclaraciones: primero, no sé nada de música; y segundo, no conozco a Ricky Martin. Les comento esto porque últimamente he estado escuchando muchas críticas a Ricky; que no canta ni baila, que todo es producto de la mercadotecnia, que su disco ("Livin la vida loca") es poco creativo... ¿Saben qué? En realidad nada de eso importa. Lo importante es que Ricky Martin se ha convertido en una de las caras más visibles de los latinos en Estados Unidos y en el mundo. Y —nos guste o no— está abriendo camino.

Tampoco conozco a Carlos Santana ni a Jennifer López (a menos que cuente el habérmela encontrado una noche en una fiesta). Pero ellos, como Ricky, también están abriendo camino.

En esta época en que las celebridades han remplazado a los héroes y el entretenimiento a las noticias serias (*hard news*, según le llaman los norteamericanos), Ricky Martin y Santana y Jennifer y Christina Aguilera forman parte de un grupo de artistas hispanos que está ayudando a eliminar los prejuicios y acabar con las percepciones negativas que millones de estadounidenses tienen respecto a los latinos.

Ricky Martin, aunque jamás hayamos escuchado uno de sus discos, ha logrado presentarse como un joven inteligente, bilingüe, con una imagen llena de energía, que sabe cómo promover su carrera, que conoce a los *movers and shakers* de la industria discográfica y que, además, es multimillonario.

¿Cuántos latinos como él pueden salir en la portada de la revista *Time*, cantar en el mundial de futbol en Francia, grabar a dúo con Madonna y Luciano Pavaroti, y vender dos millones de discos en menos de tres semanas?

Ricky Martin, junto con Gloria Estefan, Enrique Iglesias, Elvis Crespo, Jennifer López, Marc Anthony, Christina Aguilera, etc., son —de varias maneras— embajadores de lo latino en Estados Unidos, vengan de donde vengan. Y no sólo por la música que interpretan y el idioma que hablan, sino porque al integrarse al *mainstream* nos van integrando a todos los latinos, poco a poco.

Desde luego que ayuda a la imagen de los hispanos cuando Julio Iglesias puede entrar a la Casa Blanca como si fuera la suya, cuando Carlos Vives ayuda en un telemaratón y cuando Shakira aparece en uno de los programas de televisión, en inglés, más vistos de Norteamérica. Pero también ayudan los chismes de Luis Miguel saliendo con Mariah Carey y de Thalía con el superempresario Tony Mottola. Si los hispanos se están integrando, cada vez con mayor éxito, en el mundo del espectáculo en Estados Unidos es irremediable que los incluyan en sus *affairs*, fiestas, reventones y malas lenguas. ¿Frívolo? Sí. Aunque el mensaje es claro: los hispanos también forman parte de este país.

Por supuesto que no debemos promover el estereotipo de que todos los latinos bailamos salsa y cantamos con mariachis; entre los hispanos hay también médicos, abogados, ingenieros, diplomáticos, escritores... pero sí hay que reconocer que los personajes del entretenimiento, al ritmo de conga, son actualmente la punta de lanza de toda la comunidad.

Por principio, son mucho más conocidos y entretenidos que la decena de congresistas que nos representan en Washington. (Bueno, conozco a un par de congresistas que viven a la perfección el dicho del ex presidente Richard Nixon: "El mayor pecado en la política es ser aburrido", pero eso lo dejamos para otra ocasión.)

Y cuando gente como Glorita o Luismi o Julio o Arjona o Vives o Maná tocando en MTV abren un oído norteamericano, abren también una mente. Es más fácil hablar con Al Gore, Hillary, Bill Clinton o Bill Gates, por ejemplo, si antes han escuchado a Celia Cruz, Tito Puente o Armando Manzanero. Y es más fácil hablar con un senador o empresario norteamericano sobre los problemas de América Latina si comprenden el español, han leído a Fuentes, García Márquez y Vargas Llosa, y tienen algunos puntos de referencia, aunque sean musicales.

Lo que este grupo de cantantes, artistas y figuras del entretenimiento de origen latinoamericano está haciendo es representar a una comunidad cada vez más grande y más fuerte en Estados Unidos. Aquí van algunos datos (proporcionados por la Asociación de Responsabilidad Corporativa de Washington):

1. En 1999 los más de 30 millones de hispanos en Estados Unidos gastaron aproximadamente 400 mil millones de dólares; esto es más que el producto nacional bruto de México, una nación de 100 millones de habitantes. (En 1997 el poder adquisitivo de los hispanos fue de 211 mil millones y en 1998 de 348 mil millones.)
2. En el año 2005 habrá más hispanos que negros en Estados Unidos; el ritmo de reproducción de los latinos duplica actualmente el de los afroamericanos.
3. Contrario a la imagen de que todos los hispanos son inmigrantes indocumentados, madres solteras, pandilleros u oportunistas, la gran mayoría de los latinos forma parte de la clase media norteamericana.

Luego, hay otros datos, menos conocidos pero igualmente significativos. La estación de televisión más vista en Miami transmite en español, no en inglés. La estación de radio más escuchada en Los Ángeles transmite en español, no en inglés. Y en otras ciudades con altos porcentajes de población hispana, como

San Antonio, Houston, Nueva York o Chicago, los programas radiofónicos y televisivos en español compiten exitosamente con los que se producen en inglés.

Es decir, la población hispana no sólo está creciendo en fuerza y poder económico, sino que también domina en los medios de comunicación de ciertas ciudades. Desafortunadamente este fenómeno no tiene todavía su equivalente a nivel político. Pero ése es el siguiente paso.

Por ahora, lo que hay que destacar es que la presencia hispana en Estados Unidos se está haciendo sentir —por su creciente poder económico— y se está escuchando —gracias a nuestros artistas—. Es totalmente intrascendente que los críticos prefieran "La vida loca" de Francisco Céspedes a "Livin la vida loca" de Ricky Martin. (A mí también me gusta más el primero, aunque prefiero el video del segundo.) Lo importante es que nuestras voces latinas se oigan, en inglés y en español, para que esta sociedad —la norteamericana— algún día se reconozca como lo que es: multicultural, multiétnica, multirracial.

Posdata latina. Los hispanos están de moda en Estados Unidos. Christina Aguilera (de ascendencia ecuatoriana), Enrique Iglesias y Edward James Olmos fueron parte central del espectáculo del medio tiempo en el Superbowl XXXIV. Miles de millones los vieron. Más visibilidad no puede haber.

Poco después, el 23 de febrero del 2000, Carlos Santana barrió con ocho premios Grammy y el timbalista Tito Puente también se llevó su premio.

Entonces, ¿qué falta? Que el poder de la música se transforme en poder político. Además de obtener algunos puestos en el club más exclusivo de Estados Unidos —el senado norteamericano— hay que colarse en la Corte Suprema de Justicia donde ninguno de los nueve jueces tiene un apellido latino. Es decir, ya sabemos para dónde hay que caminar; sólo falta dar la zancada.

43. El *chef* Cristino

Captiva Island, Florida. "Empecé de lavaplatos, ¿qué te parece?", me dijo el chef de uno de los restaurantes más elegantes de la exclusiva isla Captiva, en el centro de la Florida. Llevaba su inmaculado gorro blanco —dos manos por arriba de las orejas— con notable orgullo. Imposible ignorarlo. Y no era para menos. Después de todo, ¿cuántos oaxaqueños con éxito hay en Estados Unidos?

Esa noche, frente al golfo de México, Cristino Ramírez tenía muchas cosas que celebrar. El día anterior se había convertido en ciudadano norteamericano y unos meses antes fue designado *executive chef* del mismo restaurante donde comenzó desde abajo. Se apareció con una cara botella de vino californiano y nos enfrascamos en una cálida conversación.

"¿Sientes que traicionaste a México al convertirte en estadounidense?", le tuve que preguntar. Casi brincó de su asiento. "Claro que no", me dijo. "Yo no traicioné a mi México; lo que se lleva por dentro es para siempre." Luego, con un poquito más de calma, me explicaría que tomó la decisión de hacerse ciudadano norteamericano cuando el gobierno de México abrió la posibilidad de acceder a la doble nacionalidad.

De hecho, Cristino lleva más o menos el mismo tiempo viviendo en Estados Unidos que el que estuvo en México. Cuando tenía 16 años se dio cuenta que su futuro estaba muy limitado y, tras probar suerte por un tiempo en el Distrito Federal, se siguió al norte hasta Texas y más tarde a la Florida. La pasó mal.

Todavía recuerda los dos meses y medio que estuvo sin trabajo porque la sequía había acabado con la cosecha de tomates. "Pero yo no soy de los que se dan por vencidos", me dijo. "Cualquiera hubiera pensado en regresarse, pero yo no." Tuvo razón.

Por sólo unos días calificó para la amnistía migratoria de 1986. Por fin, sus papeles estaban en orden. El resto sería menos difícil.

Con las lluvias llegaron tiempos mejores. Y de las duras faenas del campo pasó a la cocina. Setenta horas a la semana en dos restaurantes. Limpiando pisos, fregando cacerolas, sobreviviendo. Sin embargo, los ojos de Cristino nunca estuvieron quietos.

Aprendió de todos y cada uno de los cocineros y meseros con quienes trabajó. Hasta que 10 años más tarde, le ofrecieron el puesto más importante: chef. Hoy igual cocina una langosta thermidor que un filete mignon. Sin embargo, no hace salsas picantes, con chile chipotle, "porque los clientes no lo aguantarían".

Lo irónico es que este exitoso chef oaxaqueño no puede comer lo que más le gusta: las tortas mexicanas. "Aquí no hay teleras ni bolillos", me contó con cierta resignación. "Puedes hacer tortas con pan francés, pero no es lo mismo." Otra cosa que extraña Cristino es el futbol. "Aquí está lleno de americanos", me dijo. "A veces me voy solito a la playa y me pongo a jugar."

Cuando vi su tarjeta de presentación, decía: "Christino Ramirez, *Executive Sous Chef.*" "¿Christino lo escribes con H?", le pregunté. "Yo no", me contestó. "Pero todos los demás lo escriben así."

En verdad, no importa cómo se escriba su nombre, todos los que comen en este sofisticado rinconcito del mundo se llevan un pedazo del esfuerzo y de los sueños del chef Cristino; de Oaxaca para el mundo.

44. El *American Dream* a la mexicana (o los *Santitos* de María Amparo)

No es que María Amparo Escandón esté alucinando. No. Lo que pasa es que tiene una vida interior muy rica y una imaginación a prueba de realidades. Por eso puede escribir que una mujer ve una aparición de San Judas Tadeo en el horno de su casa informándole que su hija no está muerta sino que sólo andaba de parranda.

Desde que la conocí en 1983, María Amparo se imagina cosas. Pero su magia consiste en materializar esas cosas que se inventa. Así, primero María Amparo se imaginó que podía irse de México con una mano por delante y otra por detrás y que podía subsistir decentemente en Estados Unidos. Y lo hizo más que decentemente: su primera cama estuvo en el piso de arriba del carcomido y ratonero Teatro Fiesta de Los Ángeles; hoy vive en una casa de dos pisos.

Luego se imaginó que podía crear una agencia de publicidad y al poco tiempo se convirtió en ejecutiva y dueña de una empresa junto con su esposo Benito. María Amparo también se imaginó que quería ser mamá y a pesar de que la naturaleza decía no, ella dijo sí, se tomó unos menjurges extrañísimos y le ganó a la naturaleza. Ahora tiene dos extraordinarios hijos: Marinés e Iñaki.

Esta mujer que se fue autoconstruyendo de arriba abajo, es decir, desde su magnífica cabellera negra hasta los blanquísimos pies, tenía un destino: ser escritora e inventarse los mundos en que quería vivir. Sus primeros cuentos en español —que ella llama "micruentos" porque eran cortos y cruentos— se publicaron en varias revistas especializadas en México, como *Plural*, *La Brújula en el Bolsillo* y *Adrede*.

Y no nada más eso. Después de unos años en Estados Unidos, María Amparo quiso dar un salto mortal y empezó a escribir en inglés. Se dijo: "Si estoy en Estados Unidos, voy a escribir en inglés; así, muy macha". Pero ahora recuerda que lo de macha le duró poco. "Tras escribir 40 páginas en inglés, pensé: estoy loca." El diccionario español/inglés se convirtió en una necesidad y pasó lo inevitable. "Aprendí mucho inglés y aumentó mi vocabulario." Como María Amparo se imaginaba el universo en español, estoy seguro que muchos dudaron que pudiera traducir sus rollos al inglés. Pero ésos eran los que no la conocían.

Sin muchos apuros surgieron sus primeros cuentos en inglés. En el primero —escrito durante unas clases que tomó en la Universidad de California en Los Ángeles— entendió mal las instrucciones de la maestra y en lugar de relatar algo *haunting* (o tenebroso) contó las experiencias de una niña durante un *hunting trip*, un viaje de cacería. El resultado fue tan aceptable —en el cuento una niña acaba cargando la mano que se cortó con un machete el guía del viaje, tras la mordida de una serpiente— que María Amparo pasó en poco tiempo de alumna a maestra.

Además del salto mortal, María Amparo trató de pasar por un arito; escribió también su primera novela en inglés, no en español. Cuando acabó de escribir la novela, pensó que tenía "que hacer las cosas como se hacen aquí (en Estados Unidos)". Consiguió un agente, envió 12 copias del manuscrito original —incluyendo estampitas de santos, rosarios y crucifijos— a las principales editoriales norteamericanas y en una semana recibió cuatro ofertas. El truco había funcionado.

Su novela *Santitos* (o *Esperanza's Box of Saints*) se convirtió rápidamente en un éxito literario en Estados Unidos —tanto en inglés como en su traducción al español— y en uno de los libros más vendidos en Suecia, España, Holanda, Italia y Francia. "A ojo de buen cubero", me dijo, "creo que se han vendido unos 300 mil libros en 13 idiomas".

Con su mente de publicista aún intacta, en 1999 viajó a 67 ciudades para promover *Santitos*. Era la fórmula perfecta: una excelente novela acompañada del *marketing* más brutal realizado por una viajera curiosa e incansable.

Así salió lo del libro. Lo de la película fue otra cosa.

Mientras María Amparo escribía su libro, simultáneamente se puso a hacer un guión cinematográfico para darle más naturalidad a sus diálogos. Al final del experimento, Esperanza —la protagonista— hablaba como una verdadera veracruzana. Y de postre, María Amparo tenía un libro en una mano y la posibilidad de hacer cine en la otra.

A través del Instituto Sundance, su guión llegó a las manos del joven director mexicano Alejandro Springall. ¿Y por qué decidió hacer la película con Springall si nunca había dirigido una película? Como en casi todo lo que hace, por instinto. "Y porque Alejandro es tan necio como yo", me dijo María Amparo. La cinta se rodó en Tlacotalpan, Tijuana, Los Ángeles y el D.F. Salió en México en octubre del 99, con muy buenas críticas, y en febrero del 2000 en Estados Unidos.

¿Por qué hacer algo tan arriesgado, algo en lo que casi nadie había tenido buenos resultados? El razonamiento de María Amparo era sólido. "Yo creo que, en parte, los hispanos estamos de moda", me dijo cayendo en el *espanglish* y hablando de los 33 millones de latinos que entienden (o medio entienden) español en Estados Unidos. "Fíjate, hay por lo menos dos *networks* de televisión en español; en la radio, las estaciones que dominan en ciertas ciudades —Los Ángeles, Chicago, Miami— son en español; en la prensa, las revistas y los discos, igual. Lo único que faltaba es que fueras al cineplex de tu barrio y que de 10 películas tuvieras la opción de ver dos en español. Ésa es la apuesta."

* * *

Ésa no fue la primera apuesta importante de María Amparo. La primera se la echó con Benito Martínez, el largo, delgado y excéntrico muchacho que conoció en México cuando ambos trabajaban en la oficina gubernamental del ISSSTE. "No vimos ninguna perspectiva de futuro en México", me contó María Amparo, "y dijimos: vámonos de aquí". Se fueron.

Sus cuates de la universidad, Chucho y Marco, se habían ido a Los Ángeles y ofrecieron a Benito y María Amparo una chambita ayudando en las tareas de publicidad para unas películas mexicanas.

Crearon una agencia que se llamó United Spanish Advertising, que luego se transformó en Acento Advertising. Pero no era lo que querían. Benito prefería pintar y María Amparo escribir. "A los tres años en Estados Unidos nos entró la *hartés*", recuerda ella y en 1986 se fueron a encerrar a un rancho en el estado mexicano de Hidalgo.

Ahí también se hartaron.

Para 1989 ya estaban de regreso en Los Ángeles, con un bebé de seis meses y otro más por nacer. Pero este regreso fue el definitivo.

"Por varios años me sentí como una turista en Estados Unidos", cuenta María Amparo. "Jamás me imaginé que me iba a quedar. Iba a Disneylandia y a Venice Beach y hacía todo lo que hacen los turistas. Pero un día me di cuenta que ya había ido a Disneylandia varias veces y dije, chin, yo creo que más bien soy una inmigrante." Y luego colocó una frase en concreto: "Yo creo que puedo vivir aquí (en Estados Unidos) el resto de mi vida". Punto.

Quienes los conocíamos creíamos que, al final, Benito acabaría siendo el artista y ella la administradora. Pero Benito se concentró en sacar adelante la agencia y tuvo que dejar, temporalmente, la pintura y la escultura.

De pronto, la tortilla se había volteado. "Yo escribía de noche mientras Benito veía a Seinfeld en la televisión", resumió ella. Además de ver Seinfeld, Benito masajeaba a clientes nuevos, hacía presentaciones, contaba la lana y hacía malabares para mantener bien a flote a la familia. La primera indicación de que Benito, el empresario, estaba haciendo las cosas bien fue cuando instalaron un jacuzzi en el jardín; la construcción del segundo piso de la casa significó que el esfuerzo que habían iniciado hacía años en un cuartucho cerca del centro de Los Ángeles había, al fin, fructificado.

Pero lo de Benito fue sólo un tropezón. La última vez que platiqué con él —desayunando como dos viejitos chochos rememorando otras épocas en que compartíamos las palomitas y las barras de chocolate— me contó de una exhibición que había presentado en el noroeste de Estados Unidos. Él solito, como en sus buenos tiempos. En verdad, su sensibilidad es muy especial y su arte está repleto de un agudo sentido del humor. Aún tengo un cuadro maravilloso de Benito que me ha acompañado en todas mis mudanzas.

Bueno, ahora volvamos con María Amparo. Ella está convencida que si se hubiera quedado en México, no tendría el reconocimiento a su creatividad que tan naturalmente se le dio en Estados Unidos. "Me pasó una cosa muy chistosa", me dijo. "En México vivía la vida, no la analizaba. En Estados Unidos pude ver a México desde lejos y ver los detalles y entender muchas cosas de la cultura de mi país. No hubiera podido escribir así en México."

¿Así, cómo?, le pregunté. "Como por ejemplo la cuestión de los santos", me contestó. "Todo el mundo vive día a día con santos en México; están en la cartera, en el taxi, en todos lados, pero la gente ya ni los ve. Al salirme de México pude analizar y ver esto."

Además, estaban las complicaciones de todos los días. "México es una traba tras otra; todo es una bronca", recordó sin nostalgia. "Es muy difícil la vida. En cambio aquí tienes toda una infraestructura para lograr lo que quieras."

—¿Qué se necesita para tener éxito como inmigrante en Estados Unidos, María Amparo?

—Hay que andar pedaleándole —me dijo—. Hay que trabajar muy duro y tomar decisiones adecuadas. Las oportunidades están ahí; el chiste es verlas y no frenarte hasta conseguirlas.

María Amparo, irónicamente, no se considera una escritora con éxito. "Hasta mi tercera novela no te puedo decir", me comentó entre risas. Ella se describe de una manera muy sencilla. "Me siento como una mexicana que vive en Estados Unidos", me dijo. "No soy un latin author. Yo no puedo decir que soy como Sandra Cisneros u Oscar Hijuelos. No es mi cultura".

Pero para muchos, sin duda, esta joven mexicana que por largo rato se sintió turista en Estados Unidos y que por las noches se peleaba con las ratas y las cucarachas en el Teatro Fiesta, pudiera convertirse en uno de los ejemplos más contundentes de lo que es el *American Dream* a la mexicana.

"Si no hubiera sido una inmigrante", concluyó María Amparo, "seguramente estaría en México y sería una mamá muy normal".

Nuestro futuro

45. ¿Y yo soy inmigrante, papá?

El otro día estaba platicando por teléfono con mi hija Paola, que vive en Madrid con su madre. Y de pronto surgió el tema de los inmigrantes marroquíes que estaban siendo perseguidos y golpeados por ciudadanos españoles.

—¡Uy!, papá —me dijo—. A esos inmigrantes les están echando la culpa de todo; dicen que hasta mataron a una chica.

—Sí —le contesté—. Al igual que nos echan la culpa de todo a los inmigrantes en Estados Unidos cuando las cosas van mal.

—No, papá, tú no eres inmigrante —brincó la voz de mi maravillosa hija de 13 años, seguramente recordando las palabras negativas que había visto y escuchado en los periódicos y telediarios sobre los inmigrantes en Europa.

—Sí, Paoli, sí lo soy —le contesté—. Los inmigrantes son los que nacieron en un lugar distinto a donde están viviendo, y tú bien sabes que vivo en Estados Unidos pero que nací en México.

—¿Y yo soy inmigrante, papá? —me preguntó con un poco de ansiedad.

—Bueno, tú naciste en Miami pero vives en España —le dije pensando bien lo que le decía—. Así que, sí, Paoli, en España también eres una inmigrante; en Estados Unidos no eres inmigrante, pero en España sí.

—¡Ahhh! —me dijo. Hizo una pausa y luego agregó—: Pues no está mal ser inmigrante; lo único que no me gusta de ser inmigrante es que me tengo que subir en un avión durante ocho horas para ir a verte a Miami.

46. La amnistía

En 1986 Estados Unidos otorgó una amnistía migratoria a tres millones de inmigrantes indocumentados. Cuando fue aprobada, los congresistas norteamericanos autorizaron simultáneamente una serie de sanciones contra los empleadores que contrataran a indocumentados, con la esperanza de evitar más migración ilegal.

No funcionó.

La inmigración indocumentada continuó entrando a Estados Unidos y ya para el año 2000 se contaban más de seis millones de personas sin el permiso para vivir, legalmente, en el país. Fue entonces que la agrupación de sindicatos más fuerte de Estados Unidos propuso una nueva amnistía. Su objetivo era convertir la amnistía para los indocumentados en un tema central de la campaña presidencial. Ésa había sido la propuesta más seria para resolver temporalmente el problema migratorio de millones de familias desde 1986.

Sin embargo, el gobierno mexicano no supo aprovechar la oportunidad para presionar por la situación migratoria de millones de personas en Estados Unidos cuando subieron los precios del petróleo. ¿Y qué tienen que ver los inmigrantes indocumentados de México con el aumento del barril de petróleo?

Mucho.

El petróleo y la oportunidad desaprovechada

Cuando México y Estados Unidos se pusieron a negociar el Tratado de Libre Comercio (TLC) marcaron dos límites muy claros. Los mexicanos dijeron: nosotros no queremos negociar nada sobre el petróleo; es un asunto muy delicado e históricamente trascendental. Okey, dijeron los norteamericanos. No les vamos a pedir nada sobre petróleo, pero ustedes no pueden presionarnos para abrir nuestras fronteras a más inmigrantes; ¡olvídense de otra amnistía! Sale y vale, contestaron los mexicanos.

Y así, desde el 1o. de enero de 1994, se respetó este acuerdo no escrito entre mexicanos y norteamericanos. Todo muy *cool.* Hasta que los precios del petróleo se dispararon.

En el primer trimestre del 2000 el barril de petróleo había superado los 34 dólares y los estadounidenses estaban escandalizados de tener que pagar una pequeña fortuna para llenar el tanque de gasolina de sus autos y camionetas. Pero mientras más pagaban los norteamericanos más ganaban los países productores de petróleo —como México, Venezuela y Arabia Saudita.

Para estos últimos países, la estrategia planeada con meses de antelación había funcionado. En todo el mundo se consumían unos 77 millones de barriles de petróleo diarios. Pero la Organización de Países Productores de Petróleo (OPEP), y otros como México que no son miembros de la OPEP, lograron reducir la producción mundial a sólo 75 millones de barriles. Con eso desbalancearon el mercado y el billete verde empezó a fluir de norte a sur.

Es decir, las malas noticias para los estadounidenses se convirtieron en excelentes noticias económicas para los mexicanos, venezolanos y árabes. Sin embargo, Estados Unidos no se iba a quedar con las manos cruzadas.

No hubo que pensarlo mucho para designar al secretario de Energía de Estados Unidos, Bill Richardson, como la persona encargada de apagar el fuego. Primero, porque era un diplomático que había salido airoso de las situaciones más complicadas. Y segundo, porque hablaba español; un elemento básico para lidiar de tú a tú con los mexicanos.

Pero el problema era que si Richardson pedía a los mexicanos que aumentaran su producción de petróleo, entonces se iba a romper el acuerdo no escrito entre las dos naciones. Y eso dejaría vulnerable a Estados Unidos en cuanto a temas migratorios.

A pesar de todo, Richardson tenía una orden del presidente Clinton de negociar con México para reducir, como fuera, el precio del petróleo. Durante meses continuaría el estira y afloja entre Estados Unidos y los países productores de petróleo para tratar de estabilizar el precio de la gasolina.

Sin embargo, la petición norteamericana de aumentar la producción mexicana de petróleo dejó la puerta abierta a México para hablar sobre el tema tabú de Estados Unidos: los inmigrantes indocumentados. Estados Unidos había perdido su autoridad moral para evitar negociar sobre este asunto.

Ahora, lo único que faltaba es que en México alguien pidiera una amnistía para los inmigrantes indocumentados mexicanos en Estados Unidos y que, por lo menos, se iniciaran discusiones informales sobre el libre tránsito de trabajadores mexicanos en Norteamérica. Éste es un asunto que se evitó por completo en las negociaciones del Tratado de Libre Comercio. Pero aunque parezca difícil de creer, nadie lo hizo. México estaba en medio de una campaña electoral. El mandatario mexicano Ernesto Zedillo, con su característica táctica de avestruz, no quería meterse en más broncas cuando le quedaban sólo unos meses en Los Pinos y ninguno de los candidatos presidenciales en México podía presionar con autoridad por una amnistía para sus compatriotas.

México, así, perdió una oportunidad histórica de influir de manera determinante y eficaz en el destino de millones de mexicanos que viven desprotegidos en Estados Unidos.

La AFL-CIO sale al quite

Irónicamente, lo que no quiso o no pudo hacer el gobierno mexicano lo hizo la AFL-CIO, la organización sindical más importante de Estados Unidos. Y digo irónicamente porque esta agrupación de sindicatos siempre se había opuesto a que los inmigrantes indocumentados en Norteamérica recibieran una amnistía. Para los sindicalistas, estos inmigrantes eran competidores potenciales.

Sin embargo, la AFL-CIO acabó por entender que los inmigrantes indocumentados no quitan puestos de trabajo a los norteamericanos y que, por el contrario, creaban nuevas oportunidades económicas y culturales para todos los que viven en Estados Unidos. En lugar de tenerlos como enemigos, los sindicalistas optaron por tratar de integrar a esos inmigrantes a sus agrupaciones.

Por eso, el 16 de febrero del 2000, en un anuncio que sorprendió a muchos, la AFL-CIO propuso otorgar una amnistía a los seis millones de inmigrantes indocumentados en Estados Unidos.

Los candidatos y The New York Times

Cuando se hizo el anuncio, John Wilhelm, encargado de asuntos migratorios de la AFL-CIO, dijo tajantemente que "el actual sistema no funciona y es utilizado como un arma en contra de los trabajadores". Y luego, explicando por qué esta organización cambió su punto de vista respecto a la amnistía, agregó: "La única razón por la que muchos empleadores quieren contratar a un gran número de extranjeros ilegales es para explotarlos". Bingo.

El debate se echó a rodar.

El candidato republicano a la presidencia, George W. Bush, mantuvo su postura en contra de la amnistía. En una entrevista a finales del 99, éste fue nuestro intercambio:

J.R.: ¿Está usted a favor de una amnistía general para todos los inmigrantes? Hay cerca de cinco millones de inmigrantes indocumentados.

G.W.B.: No por ahora. No por ahora. No lo haría.

J.R: ¿Por qué?

G.W.B.: Porque quiero saber más al respecto y quiero estar seguro que entiendo todas las consecuencias. No estoy a favor de una amnistía ahora mismo. Pero de lo que sí estoy a favor es de asegurarnos de que los programas que ya existen tomen en cuenta que la gente viene a buscar trabajo y que aquí hay gente que está buscando trabajadores. Así que podemos combinar las dos cosas... Voy a escuchar, pero todavía tengo que ser convencido sobre la idea de una amnistía.

A finales de su campaña nadie había podido convencer a Bush de las bondades de una amnistía.

La posición del candidato demócrata a la presidencia, Al Gore, era menos contundente. Pero, al igual que Bush, no se quiso comprometer a empujar por una amnistía. Esto fue lo que conversamos a principios de marzo del 2000:

J.R.: Usted ha dicho en el pasado que apoyaría esa amnistía "dependiendo de las circunstancias y dependiendo de la manera en que fuera descrita". Ahora, ¿pudiera ser más específico? ¿Qué tipo de circunstancias espera? ¿Cómo describiría usted esa amnistía?

A.G.: Bueno, yo voté por una amnistía la última vez que se propuso.

J.R.: Sí, en 1986.

A.G.: ...Yo creo que cualquier propuesta para dar (una amnistía) otra vez, debe estar acompañada con políticas que enfrenten los efectos a largo plazo. Y no queremos enviar una señal de que cada año vamos a tener (otra amnistía) porque eso no sería justo para quienes están siguiendo las reglas del juego, la mayoría que emigra legalmente a Estados Unidos.

J.R.: Pero, en general, ¿favorecería usted una amnistía?

A.G.: Depende de las circunstancias. Creo que se debe considerar cuidadosamente. Pero creo que se debe ver en el contexto de qué precisiones tiene y cuáles son sus límites. ¿Qué haces con alguien que emigró ilegalmente el día después de la fecha límite? ¿Cómo evitas enviar una señal de que esto va a volver a ocurrir? Porque entonces tendrás una política de puertas abiertas que no es justa para aquellos que han seguido los pasos correctos y han inmigrado legalmente. Pero, de todas maneras, creo que debemos tratar a todas las personas dentro de nuestras fronteras con respeto.

Por supuesto, muchas voces más se han escuchado en este debate. Pero cabe destacar otra que no tiene rostro pero sí mucha influencia.

El periódico *The New York Times* no tiene voto pero sí voz —y mucha— en la política norteamericana. Así que cuando publicó un editorial el 22 de febrero del 2000 oponiéndose a una amnistía, la idea estuvo a punto de ahogarse. Según el diario

> el principal problema de las amnistías es que promueven más inmigración ilegal... Las amnistías mandan una señal a los trabajadores extranjeros que se puede obtener la ciudadanía norteamericana cruzando ilegalmente la frontera o quedándose después de que expiran sus visas o escondiéndose hasta que el congreso pase una nueva amnistía.

Seis millones quieren vivir sin miedo y sin que los exploten

En parte los periodistas del *The New York Times* tenían razón. La última amnistía no logró detener la inmigración indocumentada porque las sanciones a los empleadores no han tenido el resultado que esperaban y en algunos casos es una verdadera burla.

De hecho, nada va a detener la inmigración ilegal, nada, hasta que no se comprenda que es la oferta y demanda de empleos la que la regula, no las leyes migratorias. Es decir, la inmigración indocumentada hacia Estados Unidos continuará de manera ininterrumpida a un promedio de 300 mil personas al año. A menos, claro, que hubiera una drástica medida, como militares estacionados en la frontera.

Pero aquí lo importante es destacar que la amnistía es justa y necesaria para las personas que ya están en Estados Unidos. Es absolutamente ingenuo pensar que estos inmigrantes van a regresar a sus países de origen sólo porque no tienen los documentos correctos para quedarse. Además, es absurdo imaginarse que, de pronto, estos seis millones de personas van a desaparecer. Y una deportación masiva, de millones o cientos de miles, es impráctica e imposible.

Los inmigrantes están aquí por ellos, sí, pero sobre todo por sus familias.

Conozco, por ejemplo, a una madre indocumentada que lleva casi 20 años viviendo en California. No calificó para la amnistía del 86 pero igual se quedó con la esperanza de que sus hijos, tarde o temprano, lograran la residencia o la ciudadanía. Y estuvo en lo correcto. Su hija mayor está a punto de convertirse en residente. El esfuerzo, para ella, valió la pena.

Y este tipo de historias se repiten una y otra vez. Es más. De los miles de inmigrantes indocumentados que he conocido durante mi estancia en Estados Unidos sólo he escuchado de la familia de una niña —cuya carta incluí en un capítulo anterior— que decidió regresar a México, su país de origen, por no contar con el permiso migratorio para quedarse. Todos los demás siguen aquí. No es, lo reconozco, un método científico ni estadísticamente correcto pero me parece que dice mucho.

La amnistía no va a resolver el peliagudo asunto de la constante inmigración indocumentada en Estados Unidos. También es necesario estudiar seriamente la posibilidad de que haya una libre circulación de trabajadores entre México y Estados Unidos. Pero una amnistía sí permitiría vivir con dignidad, libertad y sin ser explotados a millones de personas que con su esfuerzo y trabajo han hecho de éste un país mejor.

Vivir con miedo, escondiéndose, no debe ser parte del sueño americano.

47. 1o. de julio del 2059

Laguna Niguel @ Nueva California. El presidente de Estados Unidos de América, Peter Martínez, anunció hoy que por primera vez en la historia de la nación la población blanca ya no es mayoría. En una ceremonia en el jardín de los cactus en el rancho presidencial de Laguna Niguel, el doctor Martínez informó que a partir de hoy los anglosajones sólo son el 49.9 por ciento de la población (o 214 millones de personas).

Hablando en los dos idiomas oficiales, español e inglés, Martínez agregó que los latinos siguen ganando terreno y que ahora constituyen más del 26 por ciento de la población, es decir, unos 114 millones de habitantes. (La población afroamericana es de 57 millones de personas —13 por ciento— y la de los asiáticos 42 millones o casi 10 por ciento del total).

Lo que esto significa es que a partir de hoy todos los grupos étnicos de Estados Unidos son minorías.

"We are una nación of many cultures", dijo Martínez, quien estuvo acompañado en la ceremonia por su vicepresidenta Eliana King-Chávez. "Our fuerza depends on nuestra diversity." Recalcando el eslogan de su campaña electoral por la web —One Nación—, Martínez aprovechó la ocasión para calmar las ansiedades de la ahora minoría blanca que teme perder más empleos en Michikansas.

"Mi mother is neoportorriqueña, my father was born in Tijuana and my broder es de Los Ángeles", dijo en un larguísimo discurso de tres minutos y 52 segundos. "However my soul is american y voy a gobernar para everybody."

Siete millones de trabajadores michikanseños están muy preocupados por los planes de la empresa Beijing Incorporated de trasladar sus fábricas de tv-fonos a dos maquiladoras: una a Guatexpress y otra a Tegus City. La próxima semana, Martínez tiene una teleconferencia con el primer ministro chino para discutir ese tema y el proyecto binacional destinado a enviar una nave espacial tripulada a Marte. La nave despegaría de la República Independiente de Cuba-Rico.

Un microchip de historia

Hace dos décadas que la residencia oficial del presidente se estableció en Nueva California. Esto ocurrió por la poca seguridad de la Casa Blanca tras una serie de ataques de anarcogangs. Ahora está convertida en museo de la comunidad salvatrucha de Guachintón.

El ultraestado de Nueva California abarca desde Sandiego al sur hasta Seattlegon al norte y Las Tres Vegas al este. Ahí vive la mayor concentración de hispanos del país. Y ése es el principal bloque de apoyo para Martínez.

Según la Association of Cyberreporteros, la gente está satisfecha con la labor del primer presidente latino en la historia de Estados Unidos. El censo de la semana pasada indica que Martínez podría reelegirse para un segundo periodo de dos años en la Unity House @ Laguna Niguel. Las próximas elecciones virtuales son el 2 de noviembre del 2060 entre las 10 y 11 de la mañana.

En las pasadas elecciones cibernéticas (del 2058), Martínez venció con un margen de sólo 0.03294 por ciento de los votos digitales a su contrincante de Vieja York y presidente en turno, José Buchanan.

Los 24 meses del gobierno de Buchanan estuvieron caracterizados por disturbios raciales y un aislamiento de los asuntos globales. "I don't care about the world", refunfuñaba Buchanan. Además, había propuesto quitar la ciudadanía americana —y la posibilidad de votar por la internet— a los nietos de inmigrantes indocumentados. Su intención era fortalecer el voto blanco frente al surgimiento del voto mixto. Pero la movida le salió mal.

La propuesta fue rechazada por dos votos en el congreso unicameral de 751 tecnópolos en Texazona. Además, los hispanos votaron en cifras récord a través de la votenet y sacaron a Buchanan —y a su principal asesor Micky Dornan— de la presidencia. Hoy ambos se dedican a jugar microgolf.

La entrevista y el partido de futbol

Tras el anuncio de esta mañana —transmitido en vivo a las pantallas de los localizadores satelitales de los 432 millones de habitantes del país—, el presidente Martínez puso en contexto la histórica fecha en un tv-chat.

"Este 1o. de julio del 2059 debe significar el end definitivo del racism y la discrimination en todo el país", le dijo a la videoperiodista Bárbara Aguas del Espanglish TV-Times. "Nos tardamos 283 años en reach la verdadera equality, pero llegamos; here we are." Y luego, tras tomarse un buchito de agua de jamaica, concluyó: "En Estados Unidos de América nadie es mayority y —como decía mi grandfather— ni pelones ni chipotudos: ahora sí estamos todos parejos".

Para celebrar la ocasión, la selección nacional de soccer jugó un partido amistoso en el megastadium de Santa Anna con capacidad para 354 mil personas.

Estados Unidos, tricampeón del mundo, venció 4-1 al combinado de Portobrasil. Seis de los 11 miembros del equipo norteamericano eran mujeres.

Epílogo

48. ¿Dónde están? ¿Qué ha pasado?

Amelia lleva casi 20 años en Estados Unidos y todavía no tiene la residencia permanente; su hija Margarita ya tiene la *green card* y su hijo Enrique lucha por rehacer su vida y no ser deportado.

A los falsificadores Ricardo y Jorge Alberto les perdí la pista. Pero no me extrañaría que estuvieran todavía en el parque Mac Arthur de Los Ángeles y un paso adelante, tecnológicamente hablando, del Servicio de Inmigración (INS).

Sergio Arau está filmando un largometraje de *Un día sin un mexicano* para que nadie se quede sin verlo (y sin vernos a los mexicanos en Estados Unidos).

Los mexicanos que me encontré en la librería Lectorum de Nueva York no perdonan ningún 12 de diciembre sin ir a visitar a su Virgen de Guadalupe.

Zoe Baird, desde luego, ya no trabaja en el gobierno norteamericano y gana mucho dinero como consultora. Tampoco contrata a indocumentados en su casa.

Rebeca espera poder ir pronto a ver a sus dos hijos a San Luis Potosí. Su esposo no se quiere ir de Estados Unidos y ambos juegan con la posibilidad de reunir a toda la familia en el sur de la Florida.

José Ángel Pescador dejó el Consulado de México en Los Ángeles y California no ha sido reconquistada, todavía, por los mexicanos.

Han pasado varios años y todavía no encuentran a 20 estadounidenses que puedan remplazar en El Paso, Texas, a los integrantes de un mariachi que fueron deportados para —según el INS— "regresar sus empleos a trabajadores norteamericanos".

Aumentaron en Albuquerque, Nuevo México, los precios de los hoteles donde fueron detenidas 67 empleadas de limpieza.

En Chicago, el joven mexicano que me comentó que "ésos del PRI son unas ratas" sigue pensando que "ésos del PRI son unas ratas".

Y muchos de los 10 millones de mexicanos que vivimos en el extranjero —y a quienes la mayoría priísta en el senado no nos permitió votar en las elecciones presidenciales del 2 de julio del 2000— pensamos lo mismo que el muchacho de Chicago.

Gabriel y Bertha Barrientos, los padres mexicanos del niño que nació justo cuando entró el año 2000, no recibieron ninguno de los regalos que les habían prometido. El alcalde de Nueva York los dejó plantados. ¿Ángel cómo está? Muy bien... y con pasaporte norteamericano.

Heliodoro, quien pidió ayuda del gobernador de California, Pete Wilson, y del entonces presidente de México, Carlos Salinas de Gortari, recibió dos tacos de silencio.

Y la niña mexicana que le escribió al presidente Clinton, ni siquiera sabe si su carta fue leída por alguien en la Casa Blanca. Ella y su familia regresaron a Puebla.

Elián, bueno, Elián será siempre el niño-símbolo, tanto en Cuba del Norte como en Cuba del Sur.

A mi buen amigo Felipe lo veo casi todos los días en los estudios de televisión de Miami. Y casi todos los días "intercambiamos ideas"... y hablamos de Cuba.

Lázaro no ha acabado de adaptarse al sur de la Florida. Todavía se siente como un disidente sin tierra. Pero, eso sí, no pierde el entusiasmo por la vida ni la fe en un cambio en Cuba.

Doña Carla regresó a Tegucigalpa pero tiene puesta la mirada en Nueva York o Miami.

El hondureño José Lagos, el guatemalteco Julio Villaseñor, el salvadoreño Carlos Baquerano y el nicaragüense José Lovo viven con una nueva misión: evitar que cualquier centroamericano que califica para quedarse legalmente en Estados Unidos pierda la oportunidad por desidia, miedo, falta de información u obstáculos burocráticos.

Cada semana Mario Bruno me masajea el corazón y el espíritu.

Vieques es un recordatorio diario a los puertorriqueños de que no son norteamericanos. Y Juan Figueroa sigue luchando para que no se trate a ningún puertorriqueño como ciudadano de segunda.

¿Y el estatus permanente para Puerto Rico?

Bien, gracias.

Las yolas sobrecargadas de dominicanos continúan atorándose en el canal de la Mona. Y Víctor Morisete espera que los dominicanos en Estados Unidos no se atoren más en la pobreza.

No hay paz en Colombia y a nadie parece ocurrírsele una mejor idea —y más barata— que sentarse a negociar el fin de la violencia.

Terminó el diluvio en Venezuela, pero ahora llueve chavismo reciclado.

Colombianos y venezolanos mantienen su constante éxodo a Miami.

CNN se cansó de jugar a Cristóbal Colón. Durante la campaña presidencial del 2000 asignó a un equipo especial de periodistas para andar persiguiendo hispanos por todos lados.

California, todavía, es el futuro.

Loretta Sánchez ha solidificado su bien ganado puesto de congresista y Bob Dornan aún no entiende cómo perdió dos elecciones seguidas. Pero ya no puede hacer berrinches de un millón de dólares.

Las leyes de inmigración son cada vez más complicadas en Estados Unidos y los inmigrantes envían cada vez más dinero a sus países de origen. Y, sí, los inmigrantes continuamos aportando a este país más de lo que tomamos.

Uno de los más importantes centros de estudio en Michigan lleva el nombre de Julian Samora y, ahora sí, mexicanos, perros e indígenas pueden entrar a cualquier parque en Estados Unidos. Gracias, Julian, por el boleto de entrada.

Esta temporada John Rocker lanzó la pelota de beisbol como un alucinado, pero lo poncharon por racista.

Los policías de Nueva York que mataron de 41 balazos a Amadou Diallo están libres. Y los policías de California que golpearon brutalmente a Enrique Funes y Alicia Sotero también están libres.

El *espanglish* le gana terreno al inglés y al español. El *espanglish* va montado, como de caballito, de la internet.

El profesor Ilan Stavans ya tiene listo su diccionario de *espanglish.*

Marta se fue de México con sus niñas a cuestas.

Nicolás patea el balón de futbol como un Pelé en miniatura. *Goool.*

Ricky Martin y los artistas hispanos continúan siendo mejores que los políticos latinos.

El chef Cristino experimenta con nuevas recetas. Sigue prefiriendo las tortas al caviar.

María Amparo todavía no se considera novelista, aunque su libro se haya vendido en todo el mundo. Para ser novelista, dice, hay que tener tres novelas.

Y Benito regresó a la pintura. Enhorabuena, bomberito.

Paola no se siente inmigrante en España ni en ningún lado. Es Paola del mundo.

Y seis millones siguen soñando con la amnistía.